ACCESO GRATIS a la Lectura en la Nube

Para visualizar el libro electrónico en la nube de lectura envíe junto a su nombre y apellidos una fotografía del código de barras situado en la contraportada del libro y otra del ticket de compra a la dirección:

ebooktirant@tirant.com

En un máximo de 72 horas laborables le enviaremos el código de acceso con sus instrucciones.

PROCESO LEGISLATIVO PENAL: RACIONALIDAD Y JUSTIFICACIÓN

PASADO, PRESENTE Y PROPUESTAS DE FUTURO

Procedimiento de selección de originales, ver página web:
www.tirant.net/index.php/editorial/procedimiento-de-seleccion-de-originales

PROCESO LEGISLATIVO PENAL: RACIONALIDAD Y JUSTIFICACIÓN

PASADO, PRESENTE Y PROPUESTAS DE FUTURO

Emiro Cáceres-González
Doctor en Estado de Derecho y Gobernaza Global
Universidad de Salamanca

tirant lo blanch
Valencia, 2024

En caso de erratas y actualizaciones, la Editorial Tirant lo Blanch publicará la pertinente corrección en la página web www.tirant.com.

© TIRANT LO BLANCH
EDITA: TIRANT LO BLANCH
C/ Artes Gráficas, 14 - 46010 - Valencia
TELFS.: 96/361 00 48 - 50
FAX: 96/369 41 51
Email: tlb@tirant.com
www.tirant.com
Librería virtual: www.tirant.es
DEPÓSITO LEGAL: V-1246-2024
ISBN: 978-84-1056-888-4

Si tiene alguna queja o sugerencia, envíenos un mail a: *atencioncliente@tirant.com*. En caso de no ser atendida su sugerencia, por favor, lea en *www.tirant.net/index.php/empresa/politicas-de-empresa* nuestro procedimiento de quejas.

Responsabilidad Social Corporativa: http://www.tirant.net/Docs/RSCTirant.pdf

Al artífice del ajuste fino del universo.

A la memoria de Rosalba, mi hermosa madre.

A mi esposa, por ser el cielo que no me merezco, por creer hasta el final .

¿Y los juristas? Diríase que son obreros del derecho. También esto está bien. El parangón del derecho con una manufactura es cómodo y nada tiene de casual: los juristas son los que fabrican el derecho. Obreros, bien está; pero obreros calificados, y tan es así, que antes de fabricarlo, lo estudian; lo estudian precisamente en la Universidad. Basta, sin embargo, una mínima experiencia para demostrar que a fabricar el derecho concurren también obreros no calificados; en efecto, las leyes se hacen en los parlamentos, y hoy los parlamentos, más todavía con el sufragio universal, no le componen únicamente de juristas. Verdad es que los proyectos sobre los cuales discute y delibera el parlamento, los preparan casi siempre juristas; pero a menudo esos proyectos se modifican; y de todos modos, los no juristas, aun cuando no forman por sí solos las leyes, ciertamente cooperan a su formación. Ocurre incluso en este procedimiento lo contrario de lo que vemos en las fábricas, en las cuales los peones ejecutan las órdenes de los albañiles; en efecto, en el parlamento son los peones los que predominan o pueden predominar por lo menos. Las leyes, pues, están hechas, si no precisamente solo, por lo menos también por hombres que no han aprendido a hacerlas.

Francesco Carnelutti, *Como nace el derecho*

Cuando los dirigentes se convierten en postores de una subasta de popularidad, su talento no será de provecho para la construcción del Estado. Se convertirán en aduladores en vez de legisladores; en instrumentos del pueblo en vez de guías. Si alguno de ellos propone, por ventura, un plan de libertad sobriamente limitado y definido con garantías adecuadas, inmediatamente será sobrepujado por sus compatriotas que presentarán algo más brillante y popular. Se levantarán sospechas respecto a su fidelidad a la causa. La moderación será estigmatizada como virtud cobarde, y el compromiso como prudencia de traidores.

Edmund Burke, *Reflexiones sobre la revolución francesa.*

El humanismo solo informará el tratamiento de los delitos cuando haya penetrado a fondo en las leyes penales mismas, y la reeducación de muchos delincuentes sólo será viable cuando vaya precedida por una reeducación de la propia ley.

Antonio Escohotado, *majestades crímenes y víctimas.*

La gente es hábil para hacer el mal con sus manos.
El funcionario exige dinero y se soborna al juez.
Los líderes importantes hacen las leyes a su conveniencia
y todas ellas se cumplen.

Miqueas 7:3 (Versión PDT)

Índice

Prólogo

Hace tiempo que, Emiro Cáceres finalizó el Máster de Derecho Penal en la Universidad de Salamanca y se propuso abordar como Tesis Doctoral el tema de la racionalidad en la construcción de las leyes atraído por las investigaciones y debates del Grupo Español de Política legislativa penal. El libro que ahora tienen en sus manos pretende dar respuesta a preguntas fundamentales relativas a cómo se hace una Ley; si existen diferencias en su realización en los distintos sectores del derecho; si, para el caso de la Ley penal existen límites y hasta dónde llega su capacidad restrictiva en materia de derechos y garantías ciudadanas; ¿qué documentación se exige para el trámite y cuáles son sus fases?; a efectos del debate legislativo y del control de constitucionalidad, ¿tiene relevancia lo que sucede antes de la presentación de la iniciativa?; de existir, ¿son suficientes las reglas que disciplinan el trámite legislativo, especialmente en el ámbito político criminal?

Estas cuestiones, sobre las que prima la ignorancia actual, revelan la importancia de comprender el proceso legislativo y la posibilidad de que órganos técnicos le apoyen. Desde la Ilustración, cuando surge el concepto de *Estado legislador*, se vino forjando una *crisis en la legislación* ante la idea codificadora y su ideal de completitud y otras causas. Durante ese periodo, e incluso, en buena medida hasta ahora, la idea de racionalidad del legislador y el pensamiento positivista generaron un abandono de la *ciencia de la legislación*, que no camina a la par con la consolidación de un importante edificio dogmático fincado en principios, que para su mantenimiento, se estimó necesario separar del proceso legislativo con la finalidad de mantener su pureza para la conservación de la idea de ciencia y de protección del dogma.

Avanzando al presente, Emiro Cáceres analiza el proceso legislativo penal en Colombia y España, y sus intervinientes; comparando *el ser* con un *deber ser* del proceso legislativo que lo hiciera más operativo y acorde a la realidad. En cuanto a la teoría y la práctica del proceso legislativo penal, el autor aborda su composición, estructura en fases y subfases que, en *dinámica* y *estática* legislativa comprometen su resultado. Estas etapas se clasifican en *fase previa o prelegislativa, fase legislativa, y fase post-legislativa,* las que a su vez se subdividen en diversos estadios, detallando órganos intervinientes, funciones, procedimiento y criterios de evaluación.

En el caso de España, se evidencia en esta obra que la mayoría doctrinal y jurisprudencial acepta la tramitación de iniciativas legislativas penales, gubernamental y de otras instancias, por la vía de las Leyes Orgánicas. Sin embargo, como afirma el autor, en la realidad, esta aparente libertad de presentación de iniciativas legislativas de contenido penal presenta una explicita exclusión de las iniciativas legislativas populares (ILP), representando así, residuos de desconfianza hacia la ciudadanía, y estableciendo una autorización meramente aparente a favor del pueblo en el ejercicio de los procesos participativos. Desde el ámbito penal esta restricción se ha considerado positiva con el argumento de evitar el populismo punitivo; no obstante, el autor alude a la existencia de un *populismo por goteo,* ocasionado por la intervención opaca de sectores poderosos, medios de comunicación y grupos de presión que comprometen la toma de decisiones legislativas sin ninguna restricción, ante la existencia de la *no regla* o la falta de regulación.

En sus propuestas, en líneas generales, Emiro Cáceres propone, a mi entender con acierto, un retorno hacia la *ciencia o la teoría de la legislación,* asumiendo para su desarrollo una posición maximalista con la que se permita ir más allá de la mera técnica y se inmiscuya en la *estática y en la dinámica legislativa* al imponer, a quienes como sujetos que participan en su devenir, el cumplimiento de condiciones mínimas de justificación y sustento no negociables por ellos mismos. Para la aplicación de estos criterios, comparte como propios los criterios de racionalidad legislativa formulados por el profesor Manuel Atienza, y la actualización que para el derecho penal desarrolló el profesor Díez Ripollés.

Pero, no se queda ahí, puesto que matiza que estas racionalidades, al llevarse a cabo el proceso en un medio esencialmente *político* y no técnico, conlleva la necesidad de establecer *reglas* y *principios,* los cuales recibirán su trato (valga la redundancia, como regla o como principio), dependiendo de la fase en que se usen, sin olvidar la diferenciación entre principios estructurales y/o principios coyunturales como lo explica en su investigación. Así, teniendo en cuenta que una *regla* contiene una textura rígida conocida como la satisfacción «de todo o nada», plantea magistralmente la incorporación, especialmente para la fase prelegislativa y legislativa, del cumplimiento de reglas procedimentales que con esa condición de «todo o nada» permitan identificar si el prelegislador y el legislador cumplieron ciertos parámetros instrumentales que le habiliten para continuar a la fase siguiente.

El cualificado aporte que se nos presenta en este arduo estudio es al proceso legislativo como un escenario rodeado de debate y argumentación, desde el punto de vista de la *justificación,* donde será necesaria la diferenciación entre *argumentos doxásticos* y *argumentos epistémicos,* pues las *opiniones* personales o de partido serán importantes desde el diálogo político y social, siendo relevante para el control de constitucionalidad el fundamento epistémico que trasciende de la mera opinión, pues con él se sustentará empírica y éticamente la iniciativa defendida y propuesta.

Como puede notarse, se trata de un análisis riguroso sobre el proceso legislativo penal en España y Colombia, que va más allá del ámbito parlamentario, donde se proponen importantes y fundamentales alternativas de mejora, siendo deseable que tengan un alto impacto en este camino de la construcción racional de las leyes como contención a los populismos punitivitas que continúan predominando en nuestra política criminal. El esfuerzo realizado ha sido valorado como excelente por la Universidad de Málaga, concediendo el II Premio internacional de investigación en Ciencias penales, "Dr. José Luis Díez Ripollés", por lo que muestro mi gratitud y satisfacción por el mérito reconocido al magnífico trabajo que ve la luz de mi discípulo, el Dr. Emiro Cáceres González.

Salamanca 20 de febrero de 2024
Ana Isabel Pérez Cepeda

Introducción

Se afirma desde los comienzos de la filosofía griega, que uno de los métodos fundamentales utilizados por Sócrates para *alumbrar ideas* consistía en la formulación de preguntas a sus interlocutores de tal manera que ellos mismos se liberaran de lo que decían ignorar. El nombre de este método fue reconocido como *mayéutica ("maietikos"),* el que, curiosamente proviene del griego *μαιευτικη* con el que se describía la labor de ayuda realizada en el proceso de parto por la comadrona o partera. Así, mientras estás ayudaban a otras madres en su proceso de parto *para dar a luz* a hijos de otras mujeres, Sócrates ayudaba a otros sujetos *para que dieran a luz* sus ideas.

Al intentar explicar los orígenes que justificaron este trabajo, notamos que detrás de sus manifestaciones yacía el reflejo de unas preguntas base que, a título de introspección nos vinimos formulando y que en su ejercicio pretendimos rastrear. Dentro de los primeros cuestionamientos surgidos encontramos asuntos dirigidos a determinar si las decisiones que toma el legislador penal al adoptar, crear, suprimir o modificar un delito o una pena son racionales, si su fundamento suele estar sustentado, si al acudir al ejercicio del *ius puniendi* estatal ha analizado si existen otras vías de intervención y el alcance de optar por una u otra alternativa. Las respuestas –casi– automáticas que surgieron, tristemente resultaron negativas. Podría sostenerse que tales deficiencias envuelven el germen de lo que la doctrina ha reconocido como *crisis de la ley,* desarrollada en el capítulo primero. Allí, se pretende identificar su génesis para a partir de ella rastrear sus causas, ambivalencias, mutaciones y transiciones, con base en el cambio de modelo de Estado, la confianza en el mito del legislador racional y si tal decadencia alcanzó al derecho penal; si las cuestiones *que han hecho crisis* en otros sectores, corren igual para las políticas penales, si el edificio dogmático fincado en principios se mantiene, y si la *sociedad del riesgo,* la proliferación legislativa, la injerencia del Ejecutivo, la administrativización y *sobreconstitucionalización* de las leyes permiten su sostenimiento.

Los capítulos II y III revisan *el ser y deber ser* del proceso legislativo penal en España y Colombia; los requisitos formales y sustanciales para participar en las fases del proceso legislativo, el trámite en las Cámaras parlamentarias, el procedimiento interno, las discusiones y trámite para que una iniciativa se transforme en Ley, y las posibles deficiencias procedimentales que pueden presentarse. Tras ese ejercicio *mayéutico* brotan preguntas sobre, cómo se hace una ley, si, como en el caso del derecho penal, puede restringir o comprometer derechos y garantías, cuál es su procedimiento y fases. ¿Importa lo que sucede antes de presentar la iniciativa? ¿Existen y son suficientes las reglas que disciplinan el trámite legislativo penal? Por de pronto anunciaremos que las reglas que disciplinan el proceso legislativo son insuficientes, al no controlar el ejercicio de la fase prelegislativa; no restringir iniciativas legislativas sin sustento empírico; permitir legislación simbólica, de simple *ceño fruncido* al delincuente; no verificar el cumplimiento de planes de acción con objetivos, metas y estudio de alternativas y, en fase legislativa enfatizar el debate político y deteriorar lo técnico y jurídico haciendo prevalecer la tesis de la regla de mayorías, sin dar razones que justifiquen el porqué del descarte de la posición minoritaria.

La fase postlegislativa demostrará que los tribunales constitucionales mantienen una excesiva deferencia –fincada– en la racionalidad del legislador, más que en su producto (la Ley); yendo incluso en contravía de su jurisprudencia; no interesarse por exigir que se cumplan sus decisiones, o incurrir en excesos en su labor de intérprete. Complementariamente, desde el nivel postlegislativo, no se advierten ejercicios de evaluación legislativa, lo que impide que las fases del ciclo legislativo (fase prelegislativa, legislativa y postlegislativa), sean circulares.

En el último capítulo, como propuesta de mejora formularemos una vuelta a la teoría de la legislación, y bajo una posición *maximalista* invocaremos la necesidad de racionalizar el debate legislativo. Tomaremos los cinco niveles de racionalidad propuestos por el profesor Manuel Atienza, con los ajustes adoptados para el derecho penal por el Profesor José Luis Díez Ripollés. Al final, teniendo en cuenta que lo que se pretende es la operatividad de estas racionalidades, y en atención a que su aplicación se desenvuelve en un medio esencialmente *político* y no técnico, surge la necesidad de establecer y ajustar mediante *reglas*, los *principios* que componen los niveles de racionalidad legislativa, creando y fortaleciendo las *reglas vigentes* del circuito legislativo en todas las fases (prelegislativa, legislativa y postlegislativa), sin desconocer la utilidad del criterio democrático (democracia participativa) y la exigencia dentro de estas *reglas,* de la *justificación* de las decisiones que en antecedente-consecuente, se surten en cada fase.

La presente investigación corresponde a una versión ajustada – y reducida– de mi tesis doctoral, defendida en junio de 2023 en la Universidad de Salamanca, ante un tribunal conformado por los profesores Ignacio Berdugo-Gómez de la Torre (Universidad de Salamanca), José Becerra Muñoz (Universidad de Málaga), Roberta Simões Nascimento (Universidad de Brasilia), Luis Andrés Vélez-Rodríguez (Universidad de Manizales) y Demelsa Benito Sánchez (Universidad de Deusto), quienes por unanimidad me honraron concediendo la máxima calificación, además de la mención Cum Laude. A ellos agradezco sus aportes. Espero haber tomado correcta nota de las sugerencias allí formuladas.

En ese mismo escenario me fue aprobada la mención de Doctor internacional, fruto de una estancia de investigación realizada en el Departamento de Derecho Penal de la Universidad EAFIT, a quienes agradezco su hospitalidad durante el tiempo que allí estuve. Igualmente, en justicia, debo agradecer los generosos informes y comentarios presentados por el profesor Lorenzo Pasculli (University College London) y Carlos Andrés Guzmán Díaz (Universidad de los Andes - Colombia), como revisores internacionales de mi trabajo de investigación. Los posibles errores y deficiencias que pueda contener esta trabajo son responsabilidad exclusiva de su autor.

Capítulo I.

LA LEY A PARTIR DEL PENSAMIENTO ILUSTRADO

I. EL PERIODO DE LA ILUSTRACIÓN COMO PUNTO DE PARTIDA

1.1. Razones para tomar este periodo como punto de inicio

La pretensión de este título es comenzar por identificar las causas que llevaron al empobrecimiento del producto legislativo y a su pérdida de calidad. Identificadas éstas intentaremos sugerir alternativas que puedan resultar útiles para la mejora del proceso legislativo y su producto (la Ley). Conviene por tanto elaborar un breve barrido espacio-temporal que reseñe el panorama a través de los tiempos, la evolución del proceso y de la decisión legislativa, y los intersticios procedimentales –reglados, y los que se ciernen a la sombra– que directa o indirectamente comprometen su realización. Teniendo en cuenta que la adopción de decisiones legislativas por un poder delegado ha sido una labor de viejo cuño, y que su existencia se remonta a periodos previos al cristianismo, estimamos pertinente no retrocede tanto y tomar como punto de arranque el periodo ilustrado. La razón para ello no es vacua, pues como lo aprecia ZAPATERO[1], si bien la historia registra preocupación

---

1 *Vid.* ZAPATERO, Virgilio, *El arte de legislar*, Pamplona, Aranzadi, 2009, p. 13; BENTHAM, Jeremy, *Nomografía o el arte de redactar leyes*, (Edición y estudio preliminar de Virgilio Zapatero, Traducción de Cristina Pabón), Madrid, Centro de Estudios Políticos y Constitucionales, 2004, p. XVIII.

por las leyes y su proceso, es a partir de ese periodo que puede hablarse de un verdadero *Estado legislador*; pues antes de ese momento, al mezclarse el poder legislador con su detentador, no posible pensar en una crisis de certeza o de racionalidad en la legislación[2/3].

La «crisis de certeza en el derecho» tiene como una de sus fuentes, la presencia en el nuevo Estado Burgués, de un sinfín de leyes y normas de diversa índole, fuente y categoría, que genera permanentes dificultades de interpretación y abuso del arbitrio judicial[4]. Se empieza a generar roces legislativos entre el *ius comunne* basado en el derecho romano, el derecho consuetudinario, los derechos especiales, la legislación local (derecho patrio)[5] y la propagación del racionalismo a la política[6], que no fue ajena a las demandas del pensamiento moderno[7].

El efecto dominó no se hace esperar: La crisis de certeza del derecho ocasionada por la normatividad dispersa y el abuso de la jurisprudencia en la interpretación de la ley, el poder despó-

---

2 *Vid.*, AA.VV. *La proliferación legislativa: Un desafío para el Estado de derecho* (Dir. Aurelio Menéndez Menéndez), JIMÉNEZ APARICIO, Emilio, *El procedimiento de elaboración de los anteproyectos de Ley: La fase gubernamental*; LOSANO, Mario Giuseppe, *Las técnicas legislativas, de la «prudentia legislatoria» a la informática,* Madrid, Cívitas, 2004, pp. 163-181.

3 ZAPATERO, Virgilio, *op. Cit.*, p. 13.

4 *Vid.* VOLTAIRE, *Diccionario Filosófico,* T. III., (1764), voz «Leyes», Barcelona, Daimon, 1977.

5 *Vid.* GUZMÁN BRITO, Alejandro, *Codificación del Derecho civil e interpretación de las leyes –Las normas sobre interpretación de las leyes en los principales códigos civiles europeo-occidentales y americanos emitidos hasta finales del siglo XIX,* Madrid, Iustel, 2011.

6 ZAPATERO, Virgilio, *Op. Cit.*, pp. XVII-XVIII. Sobre la crisis del derecho en España, TOMÁS Y VALIENTE, Francisco, *Manual de Historia del Derecho Español,* Madrid, Técnos, 1983, p. 383.

7 *Vid.* GARCÍA DE ENTERRÍA Eduardo, MENÉNDEZ MENÉNDEZ Aurelio, *El Derecho, la Ley y el Juez, Dos estudios,* Madrid, Cívitas, 1997, pp.23-24.

tico del monarca y el de los jueces, hacen surgir una corriente ilustrada que creerá encontrar la clave de bóveda para la racionalidad de las leyes[8]: La *ciencia de la legislación* dará notoriedad a FILANGIERI (Ciencia de la Legislación), MONTESQUIEU (El Espíritu de las Leyes), ROUSSEAU (El Contrato Social), DIDEROT (Observaciones sobre la instrucción de la Emperatriz de Rusia a los Diputados respecto a la elaboración de las Leyes), BENTHAM (Nomografía o el arte de redactar Leyes) y BECCARÍA (Tratado de los delitos y de las penas), aparejando un nuevo concepto de derecho natural racional, y el nacimiento del modelo liberal y racional del derecho[9].

1.2. La influencia del pensamiento ilustrado en el proceso legislativo

El pensamiento ilustrado permea todos los campos de las ciencias, por lo que el derecho y la creación normativa no son ajenas. La racionalidad[10] por definición llevará a un «tránsito a la modernidad» y permitirá un nuevo orden social respetuoso y centrado en el goce de los derechos individuales[11]. Bajo el abrigo de las ideas ilustradas y del recurso a la razón, KANT[12]

---

8 *Vid.* PRIETO SANCHÍS, Luis, *La Filosofía Penal de la Ilustración,* México, Instituto Nacional de Ciencias Penales, 2003, pp. 12-13; GALIANA SAURA, Ángeles, *La legislación en el Estado de Derecho,* Madrid, Dykinson, 2003, p. 15; DÍEZ RIPOLLÉS José Luis, *La racionalidad de las leyes penales, práctica y teoría,* Madrid, Trotta, 2013.

9 *Vid.* PECES-BARBA MARTÍNEZ, Gregorio, *Tránsito a la modernidad y derechos fundamentales,* Madrid, Mezquita, 1982, p. 146.

10 *Vid.* WELZEL, Hans, *Introducción a la Filosofía del Derecho –Derecho Natural y Justicia Material,* (Traducción de Felipe González Vicén), Madrid, Aguilar, 1971, p. 114. Influida por «las ciencias de la naturaleza y el método cartesiano», diferente del iusnaturalismo clásico.

11 *Vid.* PECES-BARBA MARTÍNEZ, Gregorio, *Op. cit.,* pp. 156-157.

12 *Vid.* KANT, Immanuel, *Crítica de la razón pura,* (Traducción de Pedro Rivas), Valencia, Universidad de Valencia, 1990, p. 38.

fundará los rudimentos que invitarán al ciudadano a salir de su «minoría de edad» por vía del conocimiento. Se hace un llamado a que se permita la crítica por vía de la razón y el acceso al conocimiento científico. Se aboga por que el detentador del poder permita el libre pensamiento, y que a su consecución se llegue, por encima de ideas impuestas de cualquier tipo[13/14]. Por tanto propone un viraje desde la fe ciega, hacia la experimentación por medio de la razón. Esta labor experimental partirá de la aplicación de unos principios generales que, aunque inicialmente propuestos para las leyes naturales, deberán formularse y adecuarse a las leyes sociales con el argumento de que mediante el uso de la razón y la lógica deductiva debe ser posible conocer cuáles de esas leyes naturales sirven de fuente, racero y fundamento al legislador para regir la vida en comunidad para desarrollar el derecho positivo[15].

Se creerá haber logrado el círculo perfecto entre intérprete de la ley y creador. Según TOMÁS Y VALIENTE[16], el filósofo ilustrado leerá en los libros de la naturaleza humana las leyes y principios del Derecho natural, los organizará y expondrá al legislador quien acomodará la ley escrita a sus contenidos. El medidor, entonces, sobre si una ley crea o no derecho será la ley natural/ley suprema, cuyo fundamento es la moral. FILANGIERI[17] reconocerá el nacimiento de una nueva época donde

---

13 *Cit.*

14 *Vid.* KANT, Immanuel, *¿Qué es la Ilustración?*, (Traducción de Joan B Llinares), Valencia, Universidad de Valencia, 1990, p. 67.

15 Estas ideas no tuvieron su génesis en el siglo de las luces, pero durante ese periodo tuvieron su máximo apogeo. *Vid.* MARCILLA CÓRDOBA, Gema, *Racionalidad Legislativa, Crisis de la ley y nueva ciencia de la legislación.* Madrid, Centro de Estudios Políticos y Constitucionales, 2005, pp. 42-49.

16 TOMÁS Y VALIENTE, Francisco, *op. Cit.*, p. 393.

17 *Vid.* FILANGIERI, Cayetano, *Ciencia de la legislación, escrita en italiano por el Caballero Cayetano Filangieri, Traducida al castellano,* (Sin cita de su autor), Tomo I, Madrid, Imprenta de Ibarra 1813, pp. 2-33.

el casuismo deberá ceder a la generalidad, el feudo dar paso a la burguesía, y los debates trasladarse de las armas a la legislación como instrumento de gobierno. De esta manera – partiendo de MONTESQUIEU–, propondrá la creación de «un sistema completo y racionado de legislación» que una «los medios a las reglas, y la teoría a la práctica». De este proyecto surgirá, en siete tomos, un aparato argumentativo sobre la forma para crear las leyes, conocido como «el edificio de la legislación»; no obstante, del tránsito de un derecho divino percibido como ejercicio justo de un poder soberano e inmutable, al paso de un derecho natural profano en el que lo importante es el individuo, surgirá la dificultad de identificar y definir los alcances legislativos del gobernante para evitar que retorne en déspota –ilustrado, pero déspota–[18].

Como corolario el naturalismo racionalista formulará unos principios que constituirán el verdadero *espíritu de la ley*[19] sobre los que debe configurarse el edificio legislativo pero, a la par de este catalizador se levantará un asunto menos *racional,* más *popular* y *soberano,* referido a la procedencia del poder, que paradójicamente, al provenir del pueblo, y al ser éste un grupo tan diverso y heterogéneo, requerirá la unificación de sus anhelos e intenciones, por lo que por su propia naturaleza y para evitar la anarquía o el retorno al estado salvaje, será necesaria la delegación en el gobernante para su regulación bajo la tesis de que sus decisiones son racionales justas y equilibradas, al ser reflejo y manifestación de la soberanía popular. Surge la *concepción voluntarista de la ley,* que concederá prevalencia a la voluntad desnuda del soberano como máxima expresión del poder del pueblo (quién mejor que éste para entender las necesidades de sus gobernados), siendo su sabiduría la cree

---

[18] *Vid.* ZAPATERO, Virgilio, *Op. Cit.* p. XXIV.

[19] *Cit.* pp. XXIV-XXVI.

normas justas y consiga la felicidad de sus gobernados[20]. Por contera, la *ciencia de la legislación* no logrará anclaje en lo político ni en lo dogmático al ser incompatible, por lo que se le destina al ostracismo.

1.3. La percepción de la ley penal en la ilustración

El pensamiento ilustrado consigue que la ley desplace a la costumbre y al localismo propio del *ancien régimen.* La ley adquiere una posición privilegiada y se decanta como la fuente máxima de expresión del derecho, y por extensión otorga al legislador una posición de superioridad ante los demás poderes del Estado. Emerge el Estado legislativo de derecho[21]. Es la ley la máxima expresión de la voluntad general y la garantía ciudadana de certeza y seguridad jurídica. Empero, las pretensiones de superioridad de la ley no provienen del periodo ilustrado, pues previo a él, en tiempos del antiguo régimen se mantuvo un interés por que fuera la ley la máxima expresión de la voluntad del Estado, pues de esta manera el monarca concentraría su poder y superaría los poderes otorgados a los jueces, la iglesia y la nobleza[22]. Por lo tanto, el verdadero aporte del pensamiento iluminado sobre las virtudes de la ley fue el de aclamar que ésta fuera sencilla, publica, general y abstracta, amén del desarrollo del principio de *estricta legalidad*[23]. Bajo

---

20 Tesis que entrañará una falsa idea de racionalidad y justeza del legislador.

21 *Vid.* GARCÍA DE ENTERRÍA, Eduardo, *op. Cit.*, p. 36.

22 *Vid.* PRIETO SANCHÍS, Luis, *La Filosofía Penal…*, *Op. Cit.*, pp. 40-44.

23 FERRAJOLI, Luigi, *Derecho y Razón. Teoría del Garantismo Penal* (Prólogo de Norberto Bobbio, Traducción de Perfecto Andrés Ibáñez, Juan Carlos Bayón, Juan Terradillos Basoco, Rocío Cantaroro Bandrés) Madrid, Trotta, 1995, p. 95. «Mientras el axioma de mera legalidad se limita a exigir la ley como condición necesaria de la pena y del delito *(nulla poena, nullum crimen sine lege)*, el principio de estricta legalidad exige todas las demás garantías como condiciones necesarias de la legalidad penal *(nulla lex poenalis sine necessitate,*

este principio, el aporte ilustrado al derecho penal radicará en evidenciar que la nuda existencia de norma previa que incorpore una «denotación empírica taxativa» resulta insuficiente. Con esta nueva interpretación deberán tenerse en cuenta principios de garantía que rodearán el procedimiento y la eventual condena. Tales principios serán los de necesidad, proporcionalidad, *ultima ratio,* responsabilidad por el hecho, presunción de inocencia, actividad probatoria, debido proceso, defensa, y en general los relativos a toda la ritualidad procesal y el derecho penal.

En tiempos preilustrados la falta de *estricta legalidad* llevó a la *crisis de incertidumbre,* desatando caos de normatividad dispersa, desigualdad, desconfianza y desconocimiento de las normas vigentes; amplia libertad interpretativa y libertad –¿o libertinaje?– de configuración legislativa a favor del monarca. Ejemplo de la otrora normatividad dispersa en España, con repercusiones al otro lado del Atlántico[24], serán las consultas, pragmáticas, cédulas, recomendaciones y partidas que, previo a una verdadera codificación se elaboraron como intento de ganar certeza normativa[25]. MONTESQUIEU[26] con su *espíritu de las leyes* propenderá por que se diferencie religión y derecho, pena y penitencia; re-

---

sine iniuria, sine actione, sine culpa, sine iudicio, sine accusatione, sine probatione, sine defensione). Gracias al primer principio la ley es condicionante; gracias al segundo es condicionada».

24 Algunas dependiendo de la gravedad del delito ordenaban el cumplimiento punitivo en los arsenales peninsulares de Cartagena, Ferrol o Cádiz, como lo hizo la pragmática de 12 de marzo de 1771.

25 *Vid.* AA.VV. *Estudios de Derecho penal: homenaje al profesor Miguel Bajo* (Coord. Silvina Bacigalupo Saggese, Bernardo Feijoo Sánchez, Juan Ignacio Echano Basaldua), MATA Y MARTÍN, Ricardo M., *La privación penal de la libertad en la Constitución de 1812. La cárcel en los debates y en la norma fundamental de Cádiz,* Madrid, Ramón Areces, 2016, pp. 313-315.

26 MONTESQUIEU, Charles-Louis de Secondat, *Del Espíritu de las Leyes,* Libro XIX, capítulo XVI, Madrid, Técnos, 1995, p. 235.

chazará penas innecesarias (toda pena que no derive de la necesidad es tiránica), y pondrá en evidencia el abuso del poder monárquico (la ley no es un puro acto de poder). Con este influjo revolucionario, BECCARÍA realizará su aporte en, *de los delitos y de las penas,* rechazando la arbitrariedad y la desmesura, abogando por la creación de un *programa penal de la ilustración*[27] cuyas notas características propenderán por la creación de principios que rijan el proceso de criminalización. Los postulados supremos en materia sancionatoria se destacarán por separar los poderes públicos, procurando el fortalecimiento de la estructura estatal gubernativa por encima de los poderes sacros, judiciales y nobles, sin descuidar los límites al soberano para evitar ejercicios autoritarios de su poder delegado, dando paso a una desconcentración del poder hacia sujetos que hacen parte del Estado (Gobierno) para autolimitarlo.

Desde el derecho penal se propugnará por la humanización de las penas, la certeza legislativa (principio de legalidad)[28], la prevalencia de la dignidad humana, la necesidad y proporcionalidad de las penas, la aplicación del principio de publicidad en contraposición con los antiguos juicios secretos, el carácter o finalidad menos expiatorio y más preventivo de las penas, y la identificación de su utilidad social. La diferenciación entre derecho y moral, o derecho y religión, ofrecerán el cimiento para la creación del concepto de bien jurídico condicionando el *ius puniendi* a la protección y salvaguarda efectiva de derechos y no a la defensa de meras ofensas a pensamientos religiosos, ideológicos o morales. Así, BECCARÍA[29] alude que las leyes y

---

27 MATA Y MARTÍN, Ricardo M., *Op. Cit.*, p. 316.

28 *Vid.* HASSEMER, Winfried, *Fundamentos del Derecho penal,* (Traducción y notas de Francisco Muñoz Conde y Luis Arroyo Zapatero), Barcelona, Bosch, 1984, para reconocer en primer lugar al ciudadano.

29 *Vid.* BECCARÍA, Cesare, *Tratado de los delitos y de las penas,* Madrid, Universidad Carlos III, 2015, p. 47.

sus ejecutores sean inexorables, pero indulgente y humano el legislador.

Desde España, el *Beccaría español,* Don MANUEL DE LARDIZÁBAL[30] sostendrá que lo que más debe interesar a una nación, es la tenencia de «buenas leyes criminales, porque de ellas depende la libertad civil». Lamenta la forma como se legisla y denuncia que es por «efecto de la casualidad, o de urgencias momentáneas y pasajeras», abogando por su humanización y proporcionalidad. Los textos de KANT[31] serán insumo para el desarrollo dogmático del concepto de *Estado de Derecho* y sus principios, entre los FEUERBACH[32] configurará su *nullum crimen, nulla poena sine lege praevia,* que limitará el poder sancionador del Estado a la previa inclusión legislativa de una conducta para que sea delito. KANT[33] diferenciará la «pena judicial *(poena forensis)* de la pena natural *(poena naturalis)*», anotando la no cosificación del ser humano, al ser un fin en sí mismo, clasificando la ley como un imperativo categórico[34] basado en un derecho universal racional que pese a su universalidad precisa de conminación legislativa *ex ante* como desarrollo del

---

30 *Vid.* DE LARDIZABAL Y URIBE, Manuel, *Discurso sobre las penas, contraído* (sic) *a las leyes criminales de España para facilitar su reforma,* Madrid, Imprenta de Repullés, 1828, pp. III-XIV.

31 *Vid.* AA.VV. *La crisis del principio de legalidad en el nuevo Código Penal: ¿decadencia o evolución?* (Coord. Juan Pablo Montiel), HRUSCKA, Joachim, *Kant, Feuerbach y los fundamentos del Derecho penal,* Madrid, Marcial Pons, 2012, pp.87-89.

32 *Vid.* VON FEUERBACH, Paul Johann Anselm Ritter, *Tratado de Derecho penal,* (Traducción al castellano por Eugenio Raúl Zaffaroni e Irma Hagemeier), Buenos Aires, Hammurabi, 1989, pp. 47-48.

33 *Vid.* KANT, Immanuel, *La metafísica de las costumbres* (Traducción y notas de Adela Cortina Orts y Jesús Conill Sancho), Madrid, Técnos, 2008, p. 166.

34 *Op. Cit.,* p. 27. Leyes morales incondicionadas que no se adecúan a la voluntad pura; son imperativos (mandatos o prohibiciones) categóricos (incondicionados).

principio de legalidad. Siguiendo con FEUERBACH[35], del refinamiento de su tesis surgirán los subprincipios de *nulla poena sine lege* (toda imposición de pena presupone una ley penal); nulla *poena sine crimine* (la imposición de una pena está condicionada a la existencia de la acción conminada) y *nullum crimen sine poena legali* (el hecho legalmente conminado –el presupuesto legal– está condicionado por la pena legal). Estos principios se destinarán al legislador y al juez, erigiéndose insumo de certeza y seguridad jurídica hasta hoy, al constituir la médula de un sistema garantista que, como en el periodo ilustrado, sigue siendo una labor inacabada que precisa establecer cuándo castigar, con qué pena, su competente, y cómo hacer para someter al sancionado al castigo[36].

1.4. El mito del legislador racional

El concepto de Ley –en la práctica– no puede entenderse sin atender el momento histórico que atraviesa un determinado periodo; ese aspecto compromete el alcance evolutivo del proceso creador de leyes y lo que de ellas se puede esperar y entender, y de sus actores. El alcance del concepto de *Ley* no puede leerse igual en un periodo influenciado por la iglesia, ni en periodos de producción legislativa localista con la que se benefician ciertas relaciones bilaterales y se perjudica o desconoce a otros. Tampoco en etapas en que es latente el recurso a la costumbre como norma[37], y tampoco tendrá la

---

35 *Vid.* VON FEUERBACH, Paul Johann Anselm Ritter, *op. cit.*, p. 63.

36 *Vid.* AA.VV., *Homenaje al Dr. Marino Barbero Santos in memoriam*, (Dir. Luis Arroyo zapatero, Ignacio Berdugo Gómez de La Torre), PRIETO SANCHÍS, Luis, *La filosofía penal de la ilustración*, Universidad de Salamanca, 2001, volumen I, p. 490.

37 Para una descripción de estas etapas, *vid.*, MARCILLA CÓRDOBA, Gema, *op. Cit.*, pp. 31-49.

misma factura en periodos absolutistas, liberales o de apogeo constitucional[38]. En la época del absolutismo del siglo XVIII, en pleno auge iluminado y de nuevo despotismo ilustrado, el clamor social se decantará porque el príncipe unifique y establezca normas claras que eviten el abuso del poder judicial de interpretación –del que se desconfía[39]–, y procure unificación normativa para no retornar a viejas experiencias emanadas del derecho consuetudinario, normatividad dispersa, legislación caótica, confusa y desigual[40]. Según PRIETO SANCHÍS[41], con esto se pretendía reducir la incertidumbre y lograr el «triunfo del legalismo» basado en un derecho natural racional con el que se esperaba que la ley fuera única por virtud de la igualdad, *sencilla, abstracta, general y promulgada* para todos; *no secreta,* en *lengua vulgar, concluyente* y de fácil comprensión. La reducción de incerteza se encomendó al gobernante, para decidir el qué, el cómo y el cuándo del obrar sus súbditos; decidiendo sobre lo justo o injusto[42], en virtud del contrato social como reflejo

---

38 *Vid.* PRIETO SANCHÍS, Luis, *Ideología e interpretación jurídica.* Madrid, Técnos, 1993, p. 19.

39 *Vid.* BECCARÍA, Cesare, *De los delitos y de las penas,* (Introducción, notas y traducción de Francisco Tomás y Valiente), Madrid, Aguilar, 1982, pp. 75-76. *Cfr.* SALVADOR CODERCH, Pablo, *La compilación y su historia, op. cit., La compilación y su historia. Estudios sobre la codificación y la interpretación de las leyes,* Barcelona, Bosch, 1985, pp. 401-417.

40 *Vid.* PRIETO SANCHÍS, Luis, *"Del mito a la decadencia de la ley. La ley en el Estado Constitucional",* en *Ley, Principios, Derechos.* Madrid, Dykinson, 1998, p. 7.

41 *Ibid.,* p. 8.

42 *Vid.* HOBBES, Thomás, *Leviatán,* (Edición preparada por Carlos Moya y Antonio Escohotado), Madrid, Nacional, 1980, pp. 159-369 y 407.

del imperativo racional y del mantenimiento del orden, la paz social y la felicidad de su pueblo[43/44].

El mito del legislador racional mostrará su peor rostro con HOBBES y su interpretación del pensamiento *rousseniano*, pues, en el *contractualismo* la racionalidad comparte escena con la voluntad general, que al no ser única y evidente, se materializa por vía del soberano. Al final, las leyes no serán más que el ejercicio de ese poder delegado[45] que para BODINO[46] ni siquiera requiere del consentimiento del pueblo. Para ZAPATERO[47] el arte de legislar pondrá el acento en *el legitimado* para legislar, desplazando *el espíritu de las leyes* con la tesis del *contrato social* (su racionalidad). En opinión de GALIANA SAURA[48] el mito del legislador racional se irá superando poco a poco, pero en vez de adoptarse una visión que supere esta realidad, la Ley pasará paulatinamente de ser instrumento de racionalidad, a ser argumento de voluntad política surgiendo la supremacía política de la ley y generando que la voluntad política no necesariamente deba coincidir con la razón. Así, «más que una

---

43 *Vid.* MONTORO BALLESTEROS, Alberto, *Sobre la teoría imperativista de la norma jurídica,* en *Anales de Derecho.* Murcia, Universidad de Murcia No. 25, 2007, p. 148.

44 *Vid.* PUFENDORF, Samuel, *De los deberes del hombre y del ciudadano según la ley natural, en dos libros,* (Estudio preliminar de Salvador Rus Rufino, Traducción y notas de María Asunción Sánchez Manzano y Salvador Rus Rufino), Madrid, Centro de Estudios Políticos y Constitucionales, 2002, pp. 125-130.

45 *Vid.* MARCILLA CÓRDOBA, Gema, *Op. Cit.,* p. 70, al ser el contrato social una construcción artificial y no un proceso histórico, el consentimiento de los individuos cabe para Estados absolutistas, liberales y/o democráticos.

46 *Vid.* BODINO, Juan, *Los seis libros de la República,* (Edición y estudio preliminar de José Luis Bermejo Cabrejo, Traducción de Gaspar de Añastro Isunza), Madrid, Centro de Estudios Constitucionales, 1992, Libro I, capítulo XVIII.

47 *Vid.* BENTHAM, Jeremy, *Nomografía…, op. Cit.,* ZAPATERO, Virgilio, estudio preliminar, p. XLVII.

48 *Vid.* GALIANA SAURA, Ángeles, *Op. Cit.,* pp. 22-23.

supremacía "racional" de la ley, se estará ante la supremacía político-jurídica del Derecho».

El Estado liberal transfiere esa soberanía al pueblo quien determina cual debe ser el sentido de la voluntad general y generalizada, la que por encontrarse en cabeza del pueblo –se afirma– no está sujeta a errores[49]. Por lo tanto, se entenderá como recta y justa pues nadie se procura un daño para sí mismo[50/51], y menos cuando se persiguen ideales de *liberté, et egalité* ciudadanos. La lectura de García de Enterría[52] a este fenómeno –refiriéndose a la declaración de derechos de 1789– es la del florecimiento del *règne de la Loi,* ocupando ésta en el Estado liberal el espacio que en el absolutismo ocupaba el rey, pues nada podrá hacer el aparato gubernamental sin ley que le fije su competencia. En suma, «en lugar de los hombres, en adelante van a mandar las leyes»[53]; por tanto, las preguntas que quedarán pendientes serán ¿qué tipo de ley? ¿Cuál será el alcance de sus contenidos? ¿Bastará la ley para dar cuenta de la virtud razonada del príncipe? La respuesta se intentó resolver con la *nomofilia,* movimiento asociado con el arte de legislar[54] que aspiraba a transformar la ley en *voluntas ratione animata,* por virtud de la razón natural y de la naturaleza misma de las

---

49 ROUSSEAU, Juan Jacobo, *El Contrato Social o principios de Derecho Político,* Madrid, Taurus, 1969, Libro II p. 45-52. Sobre la realidad del legislador frente al mito, *vid.* NINO, Carlos Santiago, *Consideraciones sobre la dogmática jurídica,* México, UNAM, 1989, pp. 85-99.

50 *Ibid.*

51 *Vid.* MONTORO BALLESTEROS, Alberto, *op. Cit.,* p. 150.

52 GARCÍA DE ENTERRÍA, Eduardo, *La lengua de los Derechos. La formación del Derecho Público europeo tras la Revolución Francesa,* Madrid, Alianza, pp. 108-127.

53 *Vid.* CONSTANT, Benjamín, *Escritos políticos,* traducción, estudio preliminar y notas de María Luisa Sánchez Mejía, Madrid, Centro de Estudios Constitucionales, 1989, pp. 257-285.

54 *Vid.* BENTHAM, Jeremy, *Nomografía..., op. Cit.,* p. XVII.

cosas[55]. Sin embargo, la idea artificial del contrato social resultó ser el músculo que mantendría en pie el modelo de Estado, por lo que el poder soberano, al ser visto como exteriorización del poder popular, llevó a que esa voluntad única y *artificial* se posicionara por encima del racionalismo[56].

Durante esa época ya no se apelará a leyes físicas inexorables sino a la consecución de una legislación racionalmente justa, deducible a partir de unos principios naturales, y del momento histórico que se vive. Como dijera MONTESQUIEU[57], el arte de legislar deberá hacer posible que el legislador descubra la ley que más conviene para su sociedad, dadas las circunstancias. Ante esa sensación de coherencia y sabiduría soberana, ¿cómo entender que sus decisiones cumplen con los requisitos de coherencia y racionalidad? Paradójicamente la respuesta para muchos no requería mayor debate: Es el legislador quien tiene el poder supremo de decidir sobre lo *justo* o *injusto,* pues será su decisión quien le otorga tal calidad por el simple hecho de mandarla o prohibirla[58/59].

De lo que esa voluntad general no se percatará será de que esa racionalidad es simplemente instrumental y por tanto incapaz de garantizar la existencia de leyes justas. No podrá hacer más que tratar de conseguir los valores de certeza e igualdad jurídica. El tiempo se encargará de demostrar que «con leyes únicas, claras, abstractas y generales es obvio que se pueden co-

---

55 *Ibid.*, p. XXIV; FERNÁNDEZ-VIAGIAS BARTOLOMÉ, Plácido, *El poder legislativo entre la política y el derecho,* Navarra, Aranzadi, 2008, pp. 17-33.

56 *Vid.* PRIETO SANCHÍS, Luis, *Op. Cit.*, nota 27, p. 23; BOBBIO, Norberto, *Estudios de Historia de la Filosofía: De Hobbes a Gramsci.* Madrid, Debate, 1985, p. 95.

57 Citado por, BENTHAM, Jeremy, *op. Cit.*, p. XLIII.

58 *Vid.* HOBBES, Thomas, *Tratado sobre el Ciudadano,* (Edición de Joaquín Rodríguez Feo), Madrid, UNED, 2009, p. 154.

59 *Vid.* ROUSSEAU, Juan Jacobo, *Op. Cit.*, pp. 45-52, 112-113.

meter casi tantas iniquidades como con el viejo derecho feudal o consuetudinario»[60]. Pese a ello, el mito del legislador racional llegará a ser una realidad casi irrefutable, evidente y sobre la que no hay lugar a discusiones. Será un dogma con absoluto convencimiento, por lo que cuestionarlo será casi ofensivo. La respuesta automática ante visos de cuestionamiento será que *nadie obra perjudicialmente contra sí mismo.* De esta manera se mezclará lo público y lo privado bajo la égida de la voluntad general, alcanzando una provisional obediencia generalizada, reflejada en las manifestaciones legislativas emitidas por el poder soberano quien en su sabiduría conoce las necesidades comunes pendientes por satisfacer. La libertad se cimentará en el sometimiento a la ley (sin importar su alcance y contenido), por lo que las propiedades atribuidas al legislador no necesitarán contrastación empírica, su omnisciencia y su omnipotencia se transmiten a su creación, que por extensión, como lo advierte García Amado[61], también será perfecta en el sentido formal (claridad y evidencia, ausencia de antinomias y lagunas o redundancias) y material (conoce perfectamente la sociedad, sus males y sus necesidades, formulando así lo que a ella conviene). En consecuencia, el gobernante, al estar sometido al imperio la ley y no a su libre decisión representará los intereses de un grupo plural de ciudadanos que, ante lo nebuloso de la identificación de sus deseos y anhelos, quedará nuevamente sometido al voluntarismo de quien lo representa[62]. Nos encontraremos ante un legislador con una voluntad superior, casi divina, cuyas características son la singularidad (legislador

---

60 *Vid.* PRIETO SANCHÍS, Luis, *Ideología e interpretación..., Op. Cit.*, p. 9.

61 *Vid.* GARCÍA AMADO, Juan Antonio, *Razón práctica y teoría de la legislación*, en, *Derechos y Libertades. Revista del Instituto Bartolomé de las Casas*, Año V, Número 9, Madrid, 2000, p. 304.

62 *Op. Cit.*, p. 306. De un legislador *dios,* se pasa a un legislador *artista.*

único), imperecedero, omnisciente, coherente, operativo, útil en sus mandatos, justo, no redundante y omnicomprensivo[63].

1.5. Positivismo jurídico vs naturalismo racionalista

El proceso histórico descrito se movió básicamente en dos bandos que aunque internamente conservaban diferencias y tesis diversas, exteriormente conservaban un núcleo esencial básico que permitía que un intelectual se considerara seguidor de una u otra corriente de pensamiento. Así, la discusión se mantuvo entre naturalistas y positivistas[64].

La tesis *naturalista,* desde su sector racionalista propio del espíritu ilustrado, si bien no desconoce el poder legislador para crear derecho, sostiene la preexistencia de un derecho superior que no muta, de cobertura universal, ubicado por encima de las leyes humanas, las que deberán partir de aquel o al menos tenerlo en cuenta para que se consideren derecho válido. Ese derecho inmanente es el derecho natural, al que debe sujetarse el legislador pues sus leyes y principios son dados por la naturaleza misma, quien garantiza su coherencia, racionalidad y legitimidad. Tales principios corresponderán con el análisis valorativo de juicios morales que podrán ser cognoscibles mediante la observación de los hechos de la naturaleza. Así, al no desconocer la existencia del derecho positivo, sus cultivadores enfatizarán que la norma escrita deberá ser un reflejo de aquella[65]. Si ese derecho humano trasgrede de forma importante la principialística del derecho natural, podrá concluirse que

---

63 *Vid,* GALIANA SAURA, Ángeles, *op. Cit.,* p. 21.

64 Por todos, BOBBIO, Norberto, *Giusnaturalismo e positivismo giuridico,* Milán, Edizioni di Comunità, 1965; EL MISMO, *El problema del positivismo jurídico,* México, Fontarama, 1992.

65 *Vid.* FILANGIERI, Cayetano, *Ciencia de la legislación,* (Redactado por Don Bernardo Latorre), Madrid, Imprenta de Ignacio Boix, 1859, p. 3.

el ciudadano no se encuentra ante *verdadero derecho,* sino ante una norma con simple apariencia de aquél sin poder dispositivo. Al no ser una norma moralmente justa carecerá de fuerza vinculante[66].

Por su parte, la doctrina *positivista* parte de un concepto abiertamente contrario al del naturalismo al establecer la necesidad de diferenciación entre derecho y moral. Con esto no se pone en cuestión la moralidad de la norma al no hacer parte *del ser* de la ley, siendo tal moralidad parte del *deber ser,* que no es del resorte del dogmático dentro de la interpretación del texto. Su función será la de buscar su alcance y espíritu. Así, para el *positivismo* la validez de la norma se circunscribe a una cuestión de competencia, por lo que con carácter general, si la ley proviene de quien está facultado, bastará para ser considerada válida y exigible, sin que su contenido pueda ponerse en entredicho durante su vigencia y hasta que ese *deber ser (sollen)* constituya *el ser* querido por el legislador por vía de una modificación o norma nueva. Por esta causa, lo jurídico o lo antijurídico, lo coactivo o lo sancionable no se apoya en cualidades inmanentes ni en invocaciones a normas metajurídicas o valores morales sino exclusivamente en proposiciones jurídicas emanadas por quien tiene la competencia para ello[67]. Por consiguiente, para los *positivistas* el derecho positivo es la verdadera fuente creadora de derecho; no tiene contenido valorativo sino descriptivo, y en los casos en los que la vinculación entre derecho y moral ocurra, su presencia será contingente[68]. Como corolario el positivismo pretenderá derrocar las ideas

---

[66] *Vid.* KELSEN, Hans, *Teoría General del Derecho y el Estado,* (Trad. Eduardo García Máynez), México, Universidad Nacional Autónoma de México, 1995, p. 13.

[67] *Vid.* KAUFMANN, Arthur, *Filosofía del derecho,* (Traducción de Luis Villar Borda y Ana María Montoya), Bogotá, Universidad Externado de Colombia, 1999, p. 53.

[68] *Vid.* KELSEN, Hans, *Teoría Pura del Derecho,* Buenos Aires, Eudeba, 2009, p. 20.

metafísicas y los valores –por su origen especulativo–, mediante el fortalecimiento de los métodos científicos y empíricos (verificables) también para las ciencias sociales[69]. Según García Maynez[70], será positivista quien «adopte frente al derecho una actitud no valoradora o aestimativa, y para distinguir un precepto jurídico de otro no jurídico se basa, exclusivamente, en datos *verificables*».

Más adelante, en vigencia de los regímenes absolutistas, estos argumentos cobrarán importancia y mostrarán la interpretación de su alcance más deshumanizante. Unido a la tesis *hobbessiana* del poder absoluto se facultará al soberano a realizar todos los actos que estime pertinentes para el mantenimiento del Estado sin que se le permita a sus súbditos revocar el mandato o modificar la forma de gobierno. Cualquier manifestación en contra de ese poder constituirá una *injusticia* que facultará al Estado para ejercer autoridad y eliminar tal desafuero[71].

1.5.1. Ciencia de la legislación: Causas de su supresión del panorama dogmático-jurídico europeo

Con la llegada del pensamiento iluminado y su interés por conectar la realidad con hechos contrastables y verificables empíricamente para aportar racionalidad a las ciencias y a la vida en sociedad, cobra importancia la *ciencia de la legislación,* que procuraba la realización de un derecho más racional, más lógico y coherente. Buscaba el establecimiento de métodos dirigidos a mejorar el proceso y la actividad de producción de

---

69 *Vid.* KAUFMANN, Arthur, *op. cit.,* pp. 50-54.

70 GARCÍA MAYNEZ, Eduardo, *Positivismo Jurídico, Realismo Sociológico y Iusnaturalismo,* México, Universidad Autónoma de México, 1977, p. 10.

71 *Vid.* HOBBES, Thomás, *op. Cit.,* Capítulo XVIII, pp. 149-159.

normas jurídicas[72] para mejorar su calidad y contenido[73]. Sin embargo, esta *ciencia* se ve ensombrecida por la fuerza atractiva de la tesis contractualista, acarreando un debilitamiento de la ciencia de la legislación al pasar la ley a ser la manifestación de la voluntad soberana otorgada por el pueblo en ejercicio de su voluntad popular. La racionalidad cede lugar al querer del pueblo, quien a su vez confiará en la presunta sabiduría del legislador para el mantenimiento del equilibrio social. En este escenario, al carecer de contenido ontológico los conceptos de justo o injusto, malo o bueno, la función de la ley será asignar contornos al concepto de libertad, siendo su límite, no los contenidos morales, sino los que fije la norma jurídica como condición para el sostenimiento del contrato social[74].

Esta visión voluntarista de la ley trajo una némesis para la razón, que llevó a la quiebra de la racionalidad legislativa. Con el tiempo las decisiones políticas y las leyes vinieron a justificarse, no sobre la base de la razón, sino sobre el argumento del consentimiento y la voluntad general. Por lo tanto, pese a las pretensiones de racionalidad frente al derecho, no será posible su consecución pues la Ley será simplemente la manifestación de la voluntad de su productor. Esta visión desalentadora del legislador no desconoce los avances que las tesis racionalistas, naturalistas y positivistas aportaron a la evolución de la ciencia del derecho en general, y de la ciencia del derecho penal, pues pese a sus diferencias, también tuvo puntos de encuentro. Se

---

72 *Vid.* AA.VV. *La proliferación... op. Cit.*, MENÉNDEZ MENÉNDEZ Aurelio, *Introducción,* pp. 20-21.

73 Sobre ciencia de la legislación, *vid.*, entre otros, MARCILLA CÓRDOBA, Gema, *Racionalidad legislativa..., Op. Cit.,* pp. 251-271; ZAPATERO, Virgilio, *El arte..., Op. Cit.* pp. XXIII-XLVI; GALIANA SAURA, Ángeles, *La ley: Entre la razón y la experimentación,* Valencia, Tirant lo Blanch, 2008, pp. 17-25; LA MISMA, *La legislación..., op. Cit.*

74 *Vid.* WINTGENS, Luc J., *Legisprudencia como una nueva teoría de la legislación,* en, *Doxa: Cuadernos de Filosofía del Derecho,* Alicante, No. 26, 2003, pp. 262-263.

destaca por ejemplo, la intención de mudar el modelo del antiguo régimen que permitió cuestionar la relación del delito con el pecado y la supuesta conexión de la pena con la penitencia, cuyas connotaciones eran eminentemente religiosas; la imposición de contornos al ejercicio del *ius puniendi* ante la crueldad de sus procedimientos –especialmente frente el uso de la tortura y la pena de muerte–[75]; la búsqueda de proporcionalidad en las penas[76], la búsqueda de sus fines al ser la sociedad el constructo del querer de los individuos, y en general, procurar un espíritu humanizador al castigo[77]. Tomará fuerza la necesidad de intervención penal para la defensa de bienes jurídicos, el fortalecimiento de la responsabilidad penal por el hecho y no por la personalidad del individuo, contribuyendo también al fortalecimiento del principio de legalidad[78], del que FEUERBACH desprenderá su *nullum crimen, nulla poena sine lege praevia,* y del que en épocas más recientes FERRAJOLI[79] diferenciará mera legalidad, de estricta legalidad.

Con el paso del tiempo, las tesis naturalistas perdieron fuerza y creció el interés por el positivismo jurídico. Éste concentrará su estudio en el producto elaborado por el legislador sin fijarse en el proceso de creación, pues como intérprete, al no haber sido investido de la autoridad que le confiere el pueblo al legislador, no le está permitido opinar sobre esa etapa, reservando este campo a otras ciencias como la sociología o la filosofía, pero no a la dogmática jurídica cuya función es

---

75 *Vid.* FERRAJOLI, Luigi, *Derecho y Razón, op. Cit.*, p. 385-393.

76 *Vid.* MONTESQUIEU, Charles-Louis de Secondat, *Del Espíritu…*, Libro XII, capítulo IV, Madrid, Técnos, 1995.

77 *Vid.* PRIETO SANCHÍS, Luis, *La filosofía penal…, Op. Cit.*, pp. 13-19, 32-41.

78 *Vid.* VON LISZT, Franz, *Tratado de Derecho penal* -1851/1919 (Traducción de la 18ª edición alemana por Quintiliano Saldaña), Madrid, 1914/1917.

79 *Vid.* Nota 23.

exclusivamente normativa. Según MARCILLA CÓRDOBA[80], con el avance de las propuestas ilustradas se dará cabida al positivismo jurídico y se detendrá el desarrollo de la ciencia legislativa que circunscribirá el *saber científico* a la descripción, sistematización, interpretación y aplicación del derecho positivo; lo que se traducirá en pérdida de competencia de los juristas en el proceso legislativo, «dada la trivialidad o esterilidad de una reflexión científica centrada en los deseos o voluntad del poder». *Contrario sensu,* el iusnaturalismo racionalista pretendía poner contornos al poder del legislador; sobre la base de un derecho eterno que condiciona su contenido, por lo que la utilidad de una ciencia de la legislación es medular. Sin embargo, con el logro alcanzado con las codificaciones y las Constituciones nacionales, emerge la percepción de que se ha materializado tal racionalidad, y por tanto, la ciencia de la legislación pierde sentido y merma su importancia[81].

Entre tanto, las nuevas tendencias positivistas desplazarán el pensamiento *iusnatural* con el argumento de que la fuente válida de producción del derecho es la norma escrita –ahora contenida fundamental y racionalmente en códigos–, independientemente de su sujeción a valores supremos[82]; con lo que el modelo *Rousseauniano* se fortalece en detrimento de la razón[83]. El rol del Juez y del dogmático tendrá como fuente la norma escrita, sin que por virtud del poder soberano dado al legislador se le permita inmiscuirse en el proceso legislativo. Su fun-

---

80 *Vid.* AA.VV. *Legislar mejor 2009,* Madrid, Ministerio de Justicia, 2009, MARCILLA CÓRDOBA, Gema, *Legislar mejor en el paradigma Constitucional,* p. 16.

81 *Vid.* MARCILLA CÓRDOBA, Gema, *Racionalidad Legislativa..., op. Cit.,* p. 119. Donde triunfó la codificación declinó el interés por la ciencia de la legislación.

82 *Vid.* MIR PUIG, Santiago, *Introducción a las bases del Derecho penal,* Buenos Aires, B de F., 2003, p. 160-161.

83 Cobra importancia la escuela francesa de la exégesis, la histórica alemana y la jurisprudencia analítica inglesa.

ción será la de interpretar la ley y la voluntad del legislador[84] atado a su imperio y a la lectura exegética de su contenido. Los jueces serán «la boca que pronuncia las palabras de la ley, seres inanimados que no pueden moderar la fuerza ni el rigor de las leyes»[85].

Por contera, la facultad de interpretar los textos legales tendrá una triple premisa: El único derecho es el establecido en la ley; su contenido coincidirá con la voluntad del legislador y, al encontrarse su voluntad dotada de razón, su interpretación será por lo tanto un procedimiento lógico, coherente y necesariamente racional[86]. En suma, el positivismo jurídico condicionará la dogmática a la existencia del derecho positivo, a la que no le es dable inmiscuirse en las fases de su creación al carecer de competencia para ello y, al corresponderle su estudio a otras ramas del conocimiento como la filosofía o la sociología[87]. En contra, NAUCKE[88] crítica el abandono doctrinal al proceso legislativo, considerando que ha sido subvalorado y no reconocido como profesión, al igual que olvida que muchos abogados no solo aplican preceptos jurídicos, sino que también pueden crearlos. Lamentablemente, en la dogmática jurídica pervive esta percepción, decidiendo así cerrar los ojos a la fase de configuración y discusión que lleva a la toma de decisiones legislativas. Desconoce la academia que incluso, cuando formula de-

---

84 *Vid.* IGUARTUA SALAVERRÍA, Juan, *El postulado del legislador racional (entre método-logía y mito-logía)*, en Revista Vasca de Administración Pública, No. 28, 1990, pp. 113-125. El concepto de legislador racional entraña una idea no evidente en sí misma, pero admitida por el Juez.

85 *Vid.* MONTESQUIEU, Charles-Louis de Secondat, *Del Espíritu…*, *op. Cit.*, p. 110.

86 *Vid.* MARCILLA CÓRDOBA, Gema, *Racionalidad Legislativa…*, *op. Cit.*, p. 123.

87 *Vid.* CUERDA RIEZU, Antonio, *El Legislador y el Derecho penal (una orientación a los orígenes)*, Madrid, Centro de Estudios Ramón Areces, 1991, p. 74.

88 Citado por CUERDA RIEZU, Antonio, *Op. Cit.*, p. 77.

sarrollos doctrinales también postula propuestas de *lege ferenda,* al igual que dentro del trámite de legislativo también participa en representación del Gobierno o de los partidos, siendo ésta una arrogación implícita y extendida de la facultad de legislar. Por lo tanto, la división creada por el positivismo jurídico –desde su visión extremadamente formalista y voluntarista– debe reformularse[89/90]. Este giro no se traduce en una mengua del carácter científico de la ciencia del derecho penal[91], pues su participación en las fases prelegislativa y legislativa deberán enfocarse en los aspectos técnicos y no sobre los políticos[92].

La prevalencia del dogma de la ley, generado a partir del formalismo reverente planteado por el positivismo jurídico, y la percepción de la labor legislativa como un proceso político que no concierne al abogado, hicieron que la función del jurista se concentrara en el contenido de la ley para simplemente interpretarla, destinando así al ostracismo las tesis de BENTHAM, FILANGIERI, MONTESQUIEU, e incluso BECCARÍA, quienes abogaron por una *ciencia de la legislación.* Lo que en palabras de BOBBIO[93] llevó a la creación de un saber que al ser verdadero, no era jurídico, y que por mantener un saber tradicional, por su connotación jurídica, tampoco era verdadero.

---

89 *Op. Cit.,* pp. 79, 85.

90 *Vid.* WINTGENS, Luc J., *Op. Cit.,* p. 261. La separación del derecho del campo de la política se da simplemente por una razón política.

91 Sobre el DP como ciencia o técnica, *vid.* MIR PUIG, *Sobre la posibilidad y límites de una ciencia social del Derecho penal,* en *Derecho penal y ciencias sociales,* Universidad Autónoma de Barcelona, 1982, pp. 9-31; GIMBERNAT ORDEIG, Enrique, *Concepto y Método de la Ciencia del Derecho penal,* Madrid, Técnos, 1999. *Cfr.* ATIENZA, Manuel, *Contribución a una teoría de la legislación,* Madrid, Cívitas, 1997, pp. 21-23.

92 *Vid.* DONINI, Massimo, *Poder Judicial y ética pública, La crisis del Legislador y de la Ciencia Penal en Europa,* Buenos Aires, B de F, p. 17.

93 *Vid.* BOBBIO, Norberto, *Teoría de la Scienza Giuridica,* Torino, G. Giappichelli, 1950, p. 63.

Por su parte, VON KIRCHMANN[94] en su conferencia de 1847 cuestionará el valor científico de la ciencia del derecho afirmando que *la jurisprudencia no es ciencia*, donde critica la permanente mutabilidad del derecho, sus lagunas, su constante pérdida de vigencia y el contenido emocional de ciertas normas. Para el autor, el derecho escrito constituye un arma que puede usarse «tanto para la sabiduría del legislador como para la pasión del déspota»[95], concluyendo con su conocida frase sobre la ley positiva, como transformadora del jurista en «gusano que se alimenta de madera solitaria; alejándose de todo lo que es saludable» y anidando sólo en «madera podrida [donde] tres palabras de rectificación del legislador [llevan a que] bibliotecas enteras se convierten en papel de desecho»[96]. Similarmente, WELZEL[97] atestigua que el positivismo constituye *la teoría de la omnipotencia jurídica del legislador*, a quien ni siquiera el nominalismo lo pretendía dios, pues en éste, al menos la «Dei absoluta estaba sujeta siempre a dos limitaciones: su propia bondad y la posibilidad lógica. Dios por su propia esencia no puede actuar sino con bondad, puede transformar a Judas en un santo, pero no puede santificar una piedra. En el positivismo jurídico, por el contrario, no existen estas dos limitaciones para la omnipotencia del legislador terrenal [quien], desde luego está sujeto a lo *físicamente* posible (...) pero en todo lo demás es libre», siendo la omnipotencia jurídica del legislador, «el verdadero pecado original del positivismo jurídico»[98/99].

---

94 *Vid.* VON KIRCHMANN, Julius Hermann, *Die Wertlosigkeit der Jurisprudenz als Wissenschaft* (Traducción al italiano de Paolo Frezza), Pisa, 1942, pp. 3-35.

95 *Op. Cit.*, p. 16.

96 *Ibid.* p. 18.

97 *Vid.* WELZEL, Hans, *Más allá del Derecho Natural y del Positivismo Jurídico*, Córdoba, Universidad Nacional de Córdoba, 1962, pp. 34-35.

98 *Loc. Cit.*

99 *Vid.* NINO, Carlos Santiago, *Consideraciones sobre la dogmática jurídica*, México, UNAM, 1974, pp. 85-101. ATIENZA, Manuel, MANERO RUIZ, Juan,

Con lo anterior no pretendemos responsabilizar al positivismo jurídico –o mejor, al excesivo legalismo o al voluntarismo– por relativizar la ley limitando al jurista a que se fije sólo en la norma dada. Pero no puede desconocerse que el mantenimiento de esta tesis perjudicó la estructuración y sistematización del edificio legislativo. El excesivo formalismo facilitó el abuso del poder legislador al excluir de contenido valorativo la norma escrita, sin embargo, las tesis naturalistas tampoco quedan absueltas de responsabilidad, pues como lo aprecia KAUFMANN[100], si bien la degeneración hacia el *positivismo legal* llevó a otorgar validez al «más infame derecho legal», también el *iusnaturalismo,* en épocas del nacionalsocialismo permitió abusos «cuando se sobrepuso a un derecho natural "étnico" sobre el derecho vigente». Con similar percepción ELÍAS DÍAZ[101], evocando la España dictatorial Franquista señala que, desde el punto de vista formal, la Ley pese a su injusto contenido seguía siendo indiscutiblemente Ley, sin que por ello pueda responsabilizarse individualmente a las tendencias naturalistas o positivistas sobre los sucesos históricamente vivenciados (aquello que en legalidad era el Derecho, aunque en legitimidad fuera negación del Estado de Derecho). «Eran iusnaturalistas de un Derecho natural sin derechos naturales».

Dejemos atrás el positivismo jurídico, en *Isonomía, Revistas de Teoría y Filosofía del Derecho,* No. 27, México, 2007, pp. 7-28; AA.VV. *Algunos problemas actuales de técnica legislativa,* (Dir. Estanislao Arana García), Pamplona, Aranzadi, 2015, GARCÍA FIGUEROA, Alfonso, *Legislación y neoconstitucionalismo. Sobre la necesidad de superar los presupuestos positivistas de la ciencia de la legislación en el Estado Constitucional,* pp. 19-57. *Cfr.* ORTIZ DE URBINA GIMENO, Iñigo, *La excusa del positivismo, la presunta superación del «positivismo» y el «formalismo» por la dogmática penal contemporánea,* Pamplona, Aranzadi, 2007.

100 *Vid.* KAUFMANN, Arthur, *op. Cit.,* pp. 76-77.

101 *Vid.* DÍAZ, Elías, *El derecho y el poder, realismo crítico y filosofía del derecho,* Madrid, Dykinson, 2013, pp. 41-44.

1.5.2. El pensamiento iuspositivista en Suramérica – especial referencia al contexto colombiano

El impacto causado por el positivismo jurídico no fue solo a nivel europeo, la *revolución ilustrada*[102] y el positivismo jurídico influenciaron también al otro lado del Atlántico. Aunque la influencia de la revolución francesa no tuvo repercusión automática en el continente americano, en Suramérica las ideas ilustradas y su traslado fueron adoptadas con matices[103], tardando un poco más en llegar[104]. El periodo de conquista por las coronas española y portuguesa en buena parte del cono sur, no distó mucho de lo acontecido en el viejo mundo. Aunque efectivamente se transitó de las ideas metafísicas y de las creencias de los pueblos indígenas, a la aplicación del método deductivo –propio del iusnaturalismo–, y luego, al método inductivo o experimental –propio del positivismo–, la influencia de la corona durante la colonia, y luego, el pensamiento político producido durante la independencia, generó procesos y reacciones diversas en este continente. La lucha por el poder político generó un estancamiento en la evolución del derecho en general, y del derecho penal en particular, teniendo que someterse a un largo periodo de legislación dispersa, casuista y confusa, ocasionada por leyes locales, fueros municipales, bandos, recomendaciones e intentos recopilatorios de legislación fabricada desde la corona. En el caso de los llamados *Reinos de*

---

102 *Vid.* ESCOBAR VILLEGAS, Juan Camilo, MAYA SALAZAR, Adolfo León, *Ilustrados y republicanos. El caso de la "ruta de Nápoles" a Nueva Granada.* Medellín, Universidad EAFIT, 2011, pp. 45-81. No puede desconocerse el aporte que para *euroamérica* tuvo la *scienza della legislazione* de Filangieri.

103 *Op. Cit.*, p. 21.

104 *Vid.* JIMÉNEZ DE ASÚA, Luis, *Tratado de Derecho penal,* Buenos Aires, Losada, 1964; ZAFFARONI, Eugenio Raúl, *Los códigos Penales Iberoamericanos T.I.* (Introducción de Ignacio Berdugo Gómez de la Torre), Bogotá, Forum Pacis, 1994.

Indias las compilaciones –vigentes en territorio español– fueron traspuestas sin más al reino de ultramar (Siete partidas, Nueva Recopilación, Novísima Recopilación y Recopilación de los Reinos de Indias) bajo la condición de no contradicción o contravención de los principios básicos del Estado colonizador. Pero si la amalgama legislativa ya resultaba caótica, el control social podía enrarecerse más al tener que pervivir con el derecho nativo o indiano vigente[105].

Sobre el poder decisorio de los jueces, no se tiene certeza de si existió *activismo judicial* en la aplicación de la ley o si se sujetaron dócilmente a verificar y aplicar su contenido, pues, como lo aprecia JIMÉNEZ DE ASÚA, autores de la época mantienen posiciones contrarias al señalar que el poder jurisdiccional no tenía la capacidad de fijar baremos a las penas, debiendo cumplir su función de meros ejecutores penales en la forma y «cantidad establecida en la ley» (¿cuál?)[106], y otros refieren que los operadores judiciales adaptaban el monto imponible tanto a las penas pecuniarias como a las de perdón y represión[107].

La asimilación del pensamiento ilustrado en Suramérica no fue uniforme ni intempestivo, sino escalonado y gradual; especialmente, a causa de los movimientos políticos desencadenados en cada Estado a razón del derrocamiento del poder Luso

---

105 *Vid.* VELÁSQUEZ VELÁSQUEZ, Fernando, *Manual de Derecho penal –Parte General,* Bogotá, 2010, pp. 255-260. Extendido a otros sectores del continente suramericano, JIMÉNEZ DE ASÚA, Luis, *Tratado de Derecho penal, Tomo I,* Buenos Aires, Losada, 1964, pp. 959- 999.

106 *Vid.* JIMÉNEZ DE ASÚA, Luis, *Op. Cit.*, p. 978. Además de la dispersión normativa, «los virreyes y gobernadores imponían penas en sus edictos, incluso la [pena] de muerte».

107 *Op. Cit.*, pp. 965, 979. Al parecer, sí hubo intentos de arbitrio judicial el evidenciarse una tendencia a moderar penas, sobre el que «la Corona reiteradamente declaró que a los jueces "no les pertenece el arbitrio en ellas, sino su ejecución"».

e Ibérico, y la implantación de las nuevas repúblicas.[108] En Colombia la expansión del pensamiento iluminado no alumbró el derecho penal sino luego de un importante intervalo. Sin embargo, su transposición fue sólo *cosmética* al intentar trasladar un remedo de los principios iluminados a la esfera política como mecanismo de disuasión de los emancipadores para alentar la protesta, sin que su aplicación se ensamblara en el ámbito jurídico. La insistencia acarreó un permanente debilitamiento del poder español, finalmente fracturado en julio de 1810, mediante la proclamación del grito de independencia. Con este acontecimiento el pueblo revolucionado y emancipado del sometimiento español esperaba que las ideas humanistas empalmaran en todos los sectores de la sociedad, pero el fenómeno fue diferente: Liberados del poder opresor, se incurrió en un continuismo. A partir de esta época los dos partidos emergentes (liberales y conservadores) lucharán por el poder y sus pugnas políticas recrudecerán el subdesarrollo, la pobreza, la desigualdad social, el desplazamiento, la lucha de clases, la inestabilidad institucional, y más adelante, el nacimiento de grupos armados al margen de la ley cuyas pretensiones también serán las de gobernar y modificar el modelo de Estado[109].

Desde el derecho penal, pese al aparentemente *nuevo* modelo de Estado la legislación penal española se mantuvo vigente y sus variaciones fueron superficiales[110]. Proclamada la independencia, en 1810, no es hasta 1837 que se da paso a la primera codificación penal propia que tampoco varió de for-

---

108 *Vid.* AA.VV. *La aurora de la libertad – Los primeros liberalismos del mundo Iberoamericano, Madrid,* Marcial Pons, 2013, FERNÁNDEZ SEBASTIÁN, Javier, *En busca de los primeros liberalismos iberoamericanos,* p. 20.

109 *Vid.* VELÁSQUEZ VELÁSQUEZ, Fernando, *Manual..., op. Cit.,* p. 259; ZAFFARONI, Eugenio Raúl, *Los códigos Penales..., op. Cit.* p. 88.

110 El código Penal fue prácticamente el mismo al de España y Francia *Cfr.* ESCOBAR VILLEGAS, Juan Camilo, MAYA SALAZAR, Adolfo León, *Ilustrados y republicanos... op. Cit.,* pp. 93-111

ma importante la legislación antecedente. Mientras esto ocurre, la Constitución de Cúcuta de 1821 declarará como válidas las «Leyes de Indias, las pragmáticas y cedulas originarias de la Corona, a su vez que, la ley de trece de mayo de 1825 dispone que a falta de normas republicanas conservarán vigor las ordenanzas reales, las recopilaciones y las *siete partidas*»[111]. Por lo tanto el panorama de confusión por la legislación dispersa y el caos generado durante el periodo de la colonia terminó siendo análogo, pero ahora con un ingrediente adicional: El desinterés de los gobernantes *criollos* por un sistema penal garantista protector de los derechos humanos de sus conciudadanos[112]. Tal intento humanizador no verá la luz sino hasta 1863 con la expedición de la Constitución de Rionegro, que proscribirá la pena de muerte y fijará en 10 años el tope máximo de las penas imponibles[113]. Sin embargo, con la expedición de la Constitución de 1886 y la llegada de las corrientes neoliberales, el presidente de la República (Rafael Núñez) formulará la necesidad de centralizar el poder y unificar la República –compuesta entonces por Estados Federados–, por lo que derogará el código penal de 1873 y otorgará vigencia al Código Penal de 1837 reviviendo la pena de muerte[114].

Este repaso demuestra que al igual que en el viejo mundo, la influencia del pensamiento ilustrado alcanzó –al menos aparentemente– a los suramericanos. Pero ello no sugiere el surgimiento de opiniones doctrinales defensoras de la *ciencia de la legislación*[115], sin embargo hace evidente la consolidación del imperio de la ley escrita como manifestación del poder del

---

111 *Vid.* VELÁSQUEZ VELÁSQUEZ, Fernando, *op. Cit.*, p. 260.

112 *Vid.* ZAFFARONI, Eugenio Raúl, *op. Cit.* pp. 29-37.

113 Estos ideales se materializaron en un código penal, hasta 1873.

114 *Vid.* VELÁSQUEZ VELÁSQUEZ, Fernando, *op. Cit.*, p. 261-262.

115 *Vid.* ESCOBAR VILLEGAS, Juan Camilo, MAYA SALAZAR, Adolfo León, *op. Cit.*, p. 22.

Estado, y la intención de racionalización de sus contenidos. El cambio de modelo esperado con la emancipación, y la declaración de independencia como Estado nacional degeneró en un proceso lento y despreocupado por la incorporación de garantías y derechos en el proceso penal a causa de la apatía de los gobernantes; lo que llevó a un rápido olvido del motivo principal que llevó a la independencia. Así, el yugo opresor antigarantista se mantuvo en perjuicio de los más desfavorecidos. En realidad, el único y verdadero interés –antes y ahora– no se concentrará en la búsqueda y respeto por las garantías ciudadanas sino en la lucha descarnada por el mantenimiento político del poder, siendo incluso en ocasiones la misma ley penal el instrumento para la consecución de estas pretensiones[116]. Una confirmación de esta liberación aparente, y de la real continuación de opresión por el nuevo modelo *criollo* se nota en la creación del *frente nacional* formado por los partidos liberal y conservador que, como partidos políticos dominantes (1958-1974) acordarán repartirse alternativamente el Gobierno y los cargos de la Administración[117], al igual que la creación legislativa de beneficios y exenciones sectorizadas para beneficiar, no a la clase obrera, sino a las élites[118].

II. CRISIS DE LA LEY EN EL ESTADO LIBERAL

Las mutaciones sobre lo que pudo entenderse por Ley, y sobre la fuente de la que emerge, no son consecuencia de hechos o decisiones aisladas y sin contexto sino interpretaciones ligadas a la realidad histórica que las rodean. Es la influencia

---

116 *Vid.* SIMÓN, Jonathan, *Gobernar a través del delito,* Barcelona, Gedisa, 2012.

117 Al tener el control del Congreso de la República, el acuerdo se eleva a norma constitucional mediante Acto Legislativo 1 de 1959.

118 *Vid.* SANDOVAL HUERTAS, Emiro, *Sistema Penal y Criminología Crítica,* Bogotá, Temis, 1985, pp. 19-29.

del medio y la coyuntura social por la que atraviesan, la causa que desencadena el sometimiento o la intención de cambio y la aspiración hacia la espera o la transición. Así ocurrió durante el periodo liberal y la caída del Estado absoluto, donde el malestar causado por la confusión normativa, el localismo, el gobierno feudal, el abuso del poder judicial y el excesivo casuismo llevaron a otorgar al príncipe facultad legisladora para unificar el ordenamiento y asignar centralidad a la Ley como fuente suprema del derecho[119]. Esta dominancia será la que hacia el futuro le imprima su *imperio* e importancia. Sin embargo, el pensamiento ilustrado traerá sus revoluciones y con ellas el debilitamiento del antiguo régimen, dando lugar nuevos movimientos saturados de ideas liberales, como lo veremos a continuación.

2.1. La ley durante los primeros liberalismos – El estado de Derecho

Obtenida por la ley la posición privilegiada que la costumbre detentaba, es momento que el monarca haga uso de la norma escrita para regular las relaciones sociales. Sin embargo, la revolución se sigue cocinando. Si bien la ilustración permitió al monarca seguir usando su poder, tal potestad es provisional ante la decadencia del poder despótico y el florecimiento de la sociedad burguesa. De esta nueva sociedad refulgirá la necesidad de crear Constituciones, declarar una carta de derechos para hombres y ciudadanos, y se pactará a la Ley alcance e intervención. Habida cuenta que esta nueva sociedad tiene intereses propios, es necesario que las libertades sean más bien de textura abierta; no hacerlo conllevará un facto incómodo para el desarrollo de la libertad en términos de mercado. Por tanto, la intromisión debe dejarse sólo para lo estrictamente

---

[119] *Vid.* MARCILLA CÓRDOBA, Gema, *Racionalidad legislativa…*, *Op. Cit.*, pp. 41-42. Es la primera crisis de la legislación.

necesario y *racional,* en el entendido del nuevo orden social; es decir, en sus mínimas dimensiones para dar paso al libre juego de la voluntad ciudadana –dominante– y al ejercicio de su autonomía derechos y libertades[120].

El esfuerzo codificador constituirá el cénit de la racionalidad legislativa; visto como el instrumento compilador de todos los asuntos a regular, hace creer que todas las cuestiones donde el Estado debe intervenir están compendiadas en estos textos únicos. Será la época de la seguridad legislativa[121], el periodo en que el principio de legalidad obtiene su máximo fulgor, ligado al respeto de los derechos liberales en clara oposición a las arbitrariedades del antiguo régimen. La ley cumple con los requisitos de generalidad y abstracción predicados por los ilustrados[122], y su contenido se sujeta, no a conseguir fines, sino a conceder instrumentos que faciliten a cada uno perseguir y obtener sus ideales bajo normas que faciliten conocer de antemano lo que se espera de otros y del Estado mismo. En palabras de Irti[123], la seguridad no se refiere a la consecución del fin, sino a las condiciones que permitan esperar anticipadamente el comportamiento ajeno y el del Estado.

Los conceptos de generalidad y abstracción como condiciones de la legislación cobran importancia en el modelo de Estado *de derecho,* pues con el fin de buscar la igualdad formal de los ciudadanos, la ley no se dirige a un ciudadano en concreto,

---

120 *Vid.* CARONI, Pio, *Escritos sobre la codificación* (Traducción de Adela Mora Cañada y Manuel Martínez Neira), Madrid, Dykinson, 2012, pp. 313-314.

121 *Vid.* IRTI, Natalino *La edad de la descodificación* (Traducción e Introducción de Luis Rojo Ajuria), Barcelona, Bosch, 1992, p. 17; GARCÍA DE ENTERRÍA, Eduardo, *Justicia y seguridad jurídica en un mundo de leyes desbocadas,* Madrid, Cívitas, 1999, p. 32-33.

122 *Vid.* LAPORTA J. Francisco, *El imperio de la ley. Una visión actual,* Madrid, Trotta, 2007, p. 155.

123 IRTI, Natalino, *Op. Cit.,* p. 18.

para evitar rozar con la arbitrariedad y retornar a modelos de Estado superados. La ley se crea mediante fórmulas de contenido general, uniforme y abstracto, que perciban como iguales y con rasgos comunes a todos los ciudadanos pues, aunque se dirija a sujetos diferentes, esas diferencias no le conciernen al ordenamiento jurídico[124]. Según LAPORTA[125], los ingredientes comunes de esta primera época serán los de «voluntad parlamentaria, ley general y ciudadano abstracto». Estos tres elementos se materializarán mediante mandatos recopilados en los códigos[126], empero, el concepto de *ciudadano abstracto* llevará al Estado a una intencionada *ceguera*[127] con la que olvida las desigualdades sociales y las diferencias económicas entre las nuevas clases; factor que cultiva el germen de una legislación alejada de la realidad social, en la que es palmaria la desigualdad y la pobreza, a raíz de una regulación legislativa donde el Estado burgués se cubre de excesiva libertad para los fines de los individuos. Este hecho sólo beneficiará a la clase social emergente en contraposición de la también naciente clase obrera o proletaria. Se tendrá un Estado poco interventor, que deja a la libre injerencia de sus conciudadanos el desarrollo de sus medios de vida, donde la labor legiferante es escasa y solo cumple el rol de instrumento garantizador de derechos[128], los que por estar alejados de la realidad sólo beneficiaron a la clase dominante que se refugia en el *principio de libertad* e impone que las intervenciones estatales sean excepcionales y descritas en la ley. En palabras de ZAGREBELSKY[129] «para los órganos

---

124 *Vid.* AA.VV. *La proliferación…, op. Cit.,* pp.33-35; MARCILLA CÓRDOBA, Gema, *Racionalidad Legislativa…, Op. Cit.,* pp. 135-142.

125 *Vid.* LAPORTA, J. Francisco, *Op. Cit.,* p. 36.

126 *Vid.* PRIETO SANCHÍS, Luis, *Ideología …, op. Cit.,* p. 26.

127 *Vid.* LAPORTA, J. Francisco, *op. Cit.,* pp. 36-37.

128 ZAGREBELSKY, Gustavo, *El Derecho Dúctil* (Traducción de Marina Gascón), Madrid, Trotta, 2007, p. 25.

129 *Op. Cit.,* p. 28.

del Estado, a los que no se les reconocía ninguna autonomía originaria, todo lo que no estaba permitido estaba prohibido; para los particulares, cuya autonomía, por el contrario, era reconocida como regla, todo lo que no estaba prohibido estaba permitido». Técnicamente en ese periodo no se llegó a hablar de crisis de la Ley pues los grupos sociales que dominaban el mercado y el comercio no precisaban de la intervención del Estado en las relaciones económicas y sociales. Sin embargo, al no verificarse en la realidad la materialización de los principios de igualdad y libertad, esta apertura trasmutó en *actos libertinos* que solo beneficiaron al poder burgués y perjudicar al proletariado. La libertad devino en una *monetización* que, según JIMÉNEZ REDONDO[130] ocasionó una «sociabilidad sin sujeto», donde todo quedaba reducido «a valor monetario, y sobre esa base quedar equiparado con todo y volverse equivalente a todo». El cansancio demandó un viraje en el modelo de Estado, a la espera de una distribución más equilibrada de la riqueza y la regulación de ciertos ámbitos de la vida pública y privada.

2.2. *La ley ante la necesidad de intervención – El Estado Social*

Frustrada la expectativa de la autorregulación de los mercados para la mejora de la calidad de vida de las sociedades, *la mano invisible*[131] que equilibraría los mercados como consecuencia de la autoconsciencia de los individuos debió reformularse. La *disfunción social* puso en evidencia *la disfunción legal* y el fracaso del ideal codificador como configurador de las relaciones sociales. El efecto colateral fue la desconfianza y descrédito del instrumento codificador, que por sus fisuras demostró su

---

130 *Vid.* HABERMAS, Jürgen, *Más allá del Estado Nacional* (Traducción y presentación de Manuel Jiménez Redondo), Madrid, Trotta, 2008, p. 14.

131 *Vid.* SMITH, Adam, *La riqueza de las naciones,* (Estudio preliminar de Carlos Rodríguez Braun), Madrid, Alianza editorial, 1996.

incapacidad para responder a todas las cuestiones del tráfico ordinario de las relaciones de los individuos y del Estado[132]. El modelo de estado *garante*, no interventor, detona su nivel de incompetencia con la revolución industrial, cargada de nuevas estructuras de desarrollo, avances y novísimos modos de producción, nuevas relaciones laborales y riesgos impensados. El envejecimiento normativo se ve incapacitado para regular la vida en sociedad, y vacíos en diferentes sectores del derecho precisarán de urgente regulación que obligará a la creación de *leyes especiales*[133] para regular aspectos del devenir cotidiano.

Estas dificultades obligan al Estado a mutar, de vigilante silencioso de las relaciones sociales, a interventor activo de éstas[134]. Su finalidad será disminuir brechas sociales y dar lugar al Estado social[135]. El nuevo tropiezo a superar será la proliferación legislativa que surgirá como ejercicio de su facultad interventora, pues no de otra forma podrá ejercer control sobre un amplio número de cuestiones, al tener que equilibrar el uso y el abuso del poder, e intentar controlar los excesos en defensa del beneficio común y social. El cambio de modelo de Estado traerá un desbordamiento normativo como corolario de su poder regulador que llevará a una *hipertrofia de la legislación*[136], ocasionado por la multiplicidad regulativa con la que se pretende evitar el abuso del *principio de libertad* interpretado como autorización ciudadanía para obrar ante la ausencia de norma,

---

132 *Vid.* CARONI, Pio, *Op. Cit.*, p.314-315.

133 *Vid.* LAPORTA, J. Francisco, *Op. Cit.*, pp. 38-39.

134 *Vid.* DÍAZ, Elías, *Estado de derecho y sociedad democrática*, Madrid, Taurus, 1991, p. 209; GALIANA SAURA, Ángeles, *Op. Cit.*, pp. 25-31. La inclusión de la cláusula *social* no afecta la estructura misma del Estado sino sus fines, se pasa de una justicia *conmutativa* a una *distributiva*.

135 *Vid.* HABERMAS, Jürgen, *Más allá..., op. Cit.*, p. 20.

136 ZAGREBELSKY, Gustavo, *op. Cit.*, p. 27-28.

aparejado de una implícita prohibición de intervención estatal a raíz de dicha ausencia.

El nuevo Estado interventor pretenderá el bienestarismo popular y el mejoramiento de las políticas públicas *(welfare state)* originando un problema adicional: A más necesidad de regulación, más leyes; a más leyes, mayor necesidad de control; a más control, mayor demanda de ampliación del aparato burocrático, ocasionando desbordamiento de la capacidad estatal, imponiendo una *macrocefalia estatal burocratizada,* creadora de procedimientos de resolución de problemas sociales paquidérmicos incapaces de responder oportunamente. Entonces, en vez de solución a problemas sociales, surge la percepción ciudadana de incapacidad estatal a tales necesidades. GARLAND[137] resume el diagnóstico al indicar que las instituciones creadas para atender cuestiones de vivienda, salud, educación, trabajo, entre otros, en vez de encontrar soluciones y reducir las carencias, encontraron más necesidades por satisfacer; y a pesar del aumento constante de los presupuestos, estos siempre resultaron insuficientes. Este paternalismo estatal obligó, de nuevo, a un cambio en la regulación de las relaciones sociales recíprocas y con el Estado.

2.2.1. La ley penal en el nuevo modelo de Estado Social

La visión del Estado de Derecho no intervencionista consiguió una igualdad formal que no coincidía ni se materializaba en la realidad ciudadana. Esta realidad acarreó el aumento de los índices de criminalidad, especialmente de las clases excluidas como respuesta a la diferencia de clases y al surgimiento de estándares de pobreza generalizados en tiempos del poder

---

[137] GARLAND, David, *La cultura del control, crimen y orden social en la sociedad contemporánea* (Traducción de Máximo Sozzo), Barcelona, Gedisa, 2005, pp.163-165.

burgués. Así, los *favorecidos* consiguieron incorporar en la declaración de Derechos de 1789 la defensa de la propiedad como derecho universal, inviolable y sagrado, pese a que los beneficiarios eran castas minoritarias. Este escenario ahondó la desigualdad social y de clases, que no se acompasaba con el ideal de igualdad promulgado. Para Berdugo Gómez De la Torre[138] esta inclusión introdujo un componente de desigualdad que fraccionó las clases entre propietarios y no propietarios poniendo en crisis el modelo de Estado. La respuesta estatal creyó encontrarse en el ejercicio del *ius puniendi* mediante el uso de tesis peligrosistas, y el establecimiento de la pena como retribución por el mal que pudiera causarse a la clase propietaria, conllevando a una falta de encaje del proletariado, en el nuevo modelo de producción burgués. Adicionalmente, la nota característica de la época –además de la protección de la propiedad privada– fue la permanente creación de bienes jurídicos para la defensa del Estado, pasando así, de la otrora creación de tipos cobertores de la *moralidad* y la religión, a una nueva *sacralización* en favor de la administración pública y el Estado[139].

Ahora, coincidiendo con Marcilla Córdoba[140], al ser el modelo contractualista una construcción artificial, no define *per se* el tipo de Estado con el que se aspira ser gobernado, reflejando sólo el consentimiento otorgado por los individuos hacia sus gobernantes. Por lo tanto, esta figura podrá usarse para la implantación de modelos absolutistas, liberales o democráticos, lo que permitirá transitar hacia modelos sociales de derecho, o hacia modelos totalitarios[141]. En el primer se

---

138 *Vid.* BERDUGO GÓMEZ DE LA TORRE, Ignacio, *Viejo y Nuevo Derecho penal, Principios y desafíos del Derecho penal de hoy*, Madrid, Iustel, 2012, pp. 41-49.

139 *Vid.* ZAFFARONI, Eugenio Raúl, *Los códigos Penales…, op. Cit.* p. 47.

140 *Vid.* MARCILLA CÓRDOBA, Gema, *Op. Cit.*, p. 70

141 *Vid.* BERDUGO GÓMEZ DE LA TORRE, Ignacio, *Viejo y nuevo…, op. Cit.*, pp. 53-54, 73-91.

tenderá hacia un sistema estatal intervencionista, que procurará políticas activas que sirvan como contrapeso contra la desigualdad social y controlará el poder de los mercados; en el segundo se optará por el desarrollo de posturas ideológicas con tintes totalitarios nacionalistas o comunistas. Ambas opciones, con sus diferencias, conservarán como punto común la justificación del hombre en función del cuerpo social al que se encuentran subordinados, dejando de ser sujetos individuales y constituyéndose en entes orgánicos que componen el cuerpo del Estado. Estos sistemas traerán nefastas consecuencias para el derecho a castigar, tal como lo veremos seguidamente.

2.2.2. La ley penal en el Estado totalitario

De manera general, la doctrina ha sostenido que en este periodo la crisis de la Ley tocó fondo e razón al uso y abuso de una concepción extremadamente positivista del derecho. Para García Amado[142], lo ocurrido en ese periodo no puede verse como un abuso de este concepto, ni del principio de legalidad, sino más bien de falta de claridad en el concepto que devino en su deficiente uso. Así, se apelará al concepto de Ley, sin que en realidad el texto invocado cumpla tales características. De esta manera muchas de las aberraciones cometidas en esa época se consumaron sobre la base de textos con apariencia de Ley o mediante aplicación retroactiva o análoga con independencia de si eran o no perjudiciales al reo. No resultaba infrecuente que normas invocadas provinieran del Ejecutivo, sin necesidad de manifestación parlamentaria. Lo anterior, además de desbordar la percepción positivista de la Ley, en cuanto a su órgano productor, puso en evidencia el uso de una versión

---

142 GARCÍA AMADO, Juan Antonio, *Nazismo, Derecho y Filosofía del Derecho,* en, Anuario de Filosofía del Derecho, No. 8, 1991, pp. 341-364. Un «antipositivismo».

ampliada del concepto de Ley, o mejor, una deformación de su contenido formal al hacerla emanar, ya no del máximo órgano de representación popular, sino del Ejecutivo, quien mediante un exceso de su poder se abrogará funciones con las que desquiciará la división de poderes[143] con el conveniente argumento de la tesis *hobbessiana* del Estado absoluto.

Durante el periodo totalitario las leyes ya no se adhieren al cemento del principio de legalidad –pese a su invocación permanente–, sino a un nuevo *principio* que alude *al sano sentimiento del pueblo,* encarnado en el Estado como cuerpo político. Máxima que, por su ambigüedad, permitirá casi cualquier barbaridad. De esta manera, tal argumento constituirá el *mantra justificativo* que dará pie a una cada vez mayor restricción de derechos y libertades, abandono de garantías, control ciudadano con argumentos peligrosistas e inocuizadores[144] y uso continuo de un derecho penal de autor[145], aplicado por los cauces del código penal, ora, mediante normas especiales o del Derecho Administrativo Sancionador, también facultado para aplicar sanciones con alcance de norma penal en sede administrativa.

La voluntad del jefe de Estado constituye la Ley misma y el Estado será un aparato con vida propia del cual hacen parte los individuos, pero –recuérdese–, tal pertenencia se origina, no como un acto libre concebido por la voluntad general, sino como condición de miembros de ese organismo vivo llamado

---

143 Sobre el aporte doctrinal al derecho penal nacionalsocialista, *vid.*, por todos MUÑOZ CONDE, Francisco, *Edmund Mézger y el Derecho penal de su tiempo,* Valencia, Tirant lo Blanch, 2003. ORTIZ DE URBINA GIMENO, Iñigo, *La excusa del positivismo…, op. Cit.,* pp. 67-113.

144 *Vid.* BERDUGO, GÓMEZ DE LA TORRE, Ignacio, ARROYO ZAPATERO, Luis, FERRÉ OLIVÉ Juan Carlos, GARCÍA RIVAS, Nicolás, SERRANO PIEDECASAS, José Ramón, TERRADILLOS BASOCO, Juan, *Curso de Derecho penal, P.G,* Barcelona, Experiencia, pp. 108-114.

145 *Vid.* FERRAJOLI, Luigi, *Op. Cit.,* pp. 35, 99-103, 502-509.

Estado. Por lo que al individuo se le ve como un mero colaborador del Estado, por lo que sus facultades no constituyen fines en sí mismos sino medios para la consecución de un fin más alto[146].

La crisis legislativa de la época surgirá por la crisis del legalismo y del antiformalismo propuesto por la escuela del derecho libre que desembocará en la producción de textos con apariencia material de legalidad en los que se denota una permanente violación de requisitos de elaboración, y donde se trasgreden garantías elementales. Estas «leyes» encontrarán aceptación en un sector de la doctrina y del poder judicial, quienes se adherirán por activa o por pasiva a ellas y a la legislación totalitaria al sentirse ideológicamente identificados con su contenido. Este escenario reflejará *ex novo,* la improcedencia del sofisma positivista del contenido aséptico del derecho al no querer reconocer a la política como su *pariente incómodo*[147], y mostrará que para la creación y aplicación del derecho, esa subjetividad ideológica ha permanecido en segundo plano, sin que sus repercusiones se hayan valorado desde lo jurídico en su real dimensión.

2.3. Auge y protagonismo del poder Ejecutivo

Las nuevas necesidades de atención en materia de control de relaciones sociales, prestación de servicios públicos, satisfacción de necesidades básicas, intervención en la economía, y en general, el desarrollo de políticas públicas dirigidas a la satisfacción de los derechos de segunda generación, llevan a un

---

146 *Vid.* MARCILLA CÓRDOBA, Gema, *Op. Cit.*, pp. 144-146.

147 *Vid.* MUÑOZ CONDE, Francisco, *Edmund Mézger…, op. Cit.*, p. 98. No es posible desprender las construcciones dogmáticas de los condicionamientos políticos o político-criminales.

desbordamiento normativo sin precedentes[148]. Se hace notoria la inoperancia, falta de rigor técnico y descrédito del legislador, sumada a su incapacidad para abarcar cuestiones que por su especialidad dificultaban su normatización. Será la época en la que el poder Ejecutivo se agiganta, aspirando a tomar las riendas de la intervención y solucionar el caos social y la ausencia de regulación que se estaba causando. La base para esta abrogación radicará en su mayor aparato burocrático, que, al ser más robusto, se estima en mejores condiciones de encarar el nuevo desafío. Tendrá lugar su nueva función reguladora que de ser necesario, llevará a un desconocimiento de la intervención del aparato parlamentario, y por contera, al decrecimiento de la figura del legislador, dada su incapacidad para afrontar el nuevo modelo de Estado.

En contraste, se refuerza la rama del poder público que por naturaleza y desde épocas ilustradas se le había confiado el poder ejecutor de las leyes y las políticas púbicas. Ahora, el Ejecutivo ya no será un mero aplicador de la consagración legislativa sino que incursionará como creador normativo, lo que conducirá a un recrudecimiento de la crisis de la ley, como resultado, no sólo de la *hipertrofia,* sino también de la *hipostenia* legislativa[149], generada, la primera, por la producción de legislación desbordante, desordenada, inmediatista, desorientada, improvisada, y de pobre calidad técnica y rigor legislativo en

---

148 *Vid.* LAPORTA, J. Francisco, *op. Cit.,* p. 40.

149 *Vid.* PÉREZ LUÑO, Antonio Enrique, *El desbordamiento de las fuentes del Derecho,* Madrid, La Ley, 2011, pp. 115-117: LAPORTA J. Francisco, *El imperio…, op. Cit.,* pp. 157-166. Al margen del concepto, estimamos que a éste se le ha dado un alcance que no tiene cuando se asocia con la producción de reglamentos por los diferentes gobiernos, lo que constituye una causa facilitada por la pérdida de fuerza y prestigio de la ley. Será una manifestación colateral. Esto concuerda con lo que en terminología médica se entiende por *hipostenia,* que se relaciona con la *disminución, aminoración, reducción y descenso de fuerza, vigor o energía.*

su forma y contenido; y la segunda, causada por la pérdida de vigor, de debilitamiento de la ley por su irracional uso, e inmovilismo –o movilismo tardío– del Parlamento.

El Ejecutivo emerge haciendo uso de su aparato burocrático para ocuparse no sólo de la *ejecución* normativa, sino también de su *producción*; bien por los cauces de la presentación de proyectos de ley, ora mediante la expedición de normas de inferior categoría que en muchos casos se asociará a la norma primaria, y en ocasiones tenderá a suplantarla. La paradoja de esta normatividad de amplio espectro será que, si lo que se pretendía era la confianza ciudadana, se generará una situación opuesta; pues ante el cúmulo de leyes y de normatividad reglamentaria, la Ley se encontrará permanente en cuidados intensivos ante la percepción fija de que su contenido puede contener visos de inconstitucionalidad[150] por cuestiones de forma, de trámite, de competencia o de contenido, desmitificándose el ideal ilustrado de la racionalidad del legislador y su producto[151]. El cúmulo de leyes llegará a ser tan denso que los cimientos de la seguridad jurídica también tambalearán, generando que las pretensiones, tanto del Código Civil colombiano[152], como del Código Civil español[153] sobre la ignorancia de la ley y su inexcusabilidad de cumplimiento sean vistas «casi como un sarcasmo»[154]. Desde el punto de vista burocrático e

---

150 *Sobreconstitucionalización. Vid.* LAPORTA J. Francisco, *op. Cit.*, p. 159.

151 *Vid.* CARNELUTTI, Francesco, *Cómo nace el derecho* (Traducción de Santiago Sentís Melendo y Marino Ayerra Redín), Buenos Aires, Ediciones Jurídicas Europa-América, 1959, pp. 65-66. «Los inconvenientes de la *inflación legislativa* no son menores que los debidos a la *inflación monetaria:* Son como todos saben los inconvenientes de la *desvalorización*».

152 Art. 9.

153 Art. 6.1.

154 *Vid.* GARCÍA DE ENTERRÍA, Eduardo, *Justicia y seguridad jurídica…, Op. Cit.*, p. 159; NIETO GARCÍA, Alejandro, *Derecho administrativo sancionador,* Madrid, Técnos, 2012, p. 27.

interviniente el Ejecutivo se *infla* y refuerza su poder normativo[155] y en contraposición el Legislativo *se desinfla* y hace débil su aptitud reguladora. La mayoría de los proyectos de Ley –sin distingo de su contenido– provendrán del Ejecutivo[156], siendo estos proyectos legislativos, por su especialidad, o simplemente por el desinterés del legislador, frecuentemente ratificados sin mayor debate. Al final, las modificaciones sufridas por el texto legislativo en las discusiones parlamentarias resultarán superficiales, estéticas o intrascendentes, tornando este procedimiento en un mero acto de impulso o en una formalidad retórica para otorgarle su vigencia.

En conclusión, en el modelo de Estado social de Derecho el Ejecutivo *crea* y el Legislativo *acompaña, se adhiere, convalida*; es decir, el Estado no opera como un *Estado legislativo* sino que funciona como un *Estado administrativo o administrador*[157/158] que se subordina a las manifestaciones del Ejecutivo en los temas más variopintos. Se pasa así *de la generalidad y la abstracción, a la especificidad y la concretización normativa*, vista frecuentemen-

---

155 *Vid.* HIERRO, Liborio Luis, *El imperio de la Ley y la crisis de la Ley,* en, *Doxa, Cuadernos de Filosofía del Derecho,* No. 19, Alicante, 1996, pp. 287-308.

156 Una revisión de los proyectos de ley presentados por el Ejecutivo a nivel europeo (periodo 1978-1982). *Vid.* ZAPATERO, Virgilio, *El arte..., op. Cit.* p. 212-220.

157 *Vid.* MARCILLA CÓRDOBA, Gema, *op. Cit., Racionalidad legislativa...*, pp. 192.

158 Si bien el aparato bibliográfico utilizado en este punto corresponde, principalmente, a autores europeos –especialmente españoles–en poco varía el panorama latinoamericano. En Colombia, el poder del presidente de la República en el Congreso de la República, lo ha convertido «en un simple tramitador de las propuestas gubernamentales». *Vid.* AA.VV. *La política legislativa iberoamericana en el cambio de siglo.* (Coord. José Luis Díez Ripollés, Octavio García Ramírez), SOTOMAYOR ACOSTA, Juan Oberto, *Las recientes reformas penales en Colombia: Un ejemplo de irracionalidad legislativa,* Buenos Aires, B. De F. 2008, pp. 75-118, p. 89; CITA TRIANA, Ricardo Antonio, GONZÁLEZ AMADO, Iván, *La proporcionalidad de las penas en la legislación penal colombiana,* Bogotá, Ministerio de Justicia, 2017, pp. 195-200.

te con desconfianza, habida cuenta que en ocasiones surgirá, no como respuesta *de la razón sino de la presión* o del pago de compromisos institucionales; situación que hará necesaria la contemplación de nuevas alternativas y controles que eviten que el excesivo argumento del Estado social traspase los límites fijados por el mismo Estado de derecho[159].

III. LEY Y DERECHO PENAL EN LA ACTUAL SOCIEDAD DEL RIESGO

Los efectos del panorama de la crisis de la Ley y sus matices, en clave de la evolución del modelo de Estado no han sido ajenos al derecho penal. Las consecuencias generales han abarcado sin distingo todos los sectores de las relaciones sociales y jurídicas. El *desinflamiento* del poder legislativo, ante su incapacidad de responder a la reiterada demanda social y a la permanente sensación ciudadana de zozobra e inseguridad sobrevenida por los nuevos peligros de la *modernidad* permitieron al Ejecutivo, como aparato burocráticamente mejor estructurado, asumir roles para afrontar estos nuevos peligros mediante la presentación de iniciativas legislativas al Parlamento, ora por los cauces de actos administrativos con los que ejerce su poder reglamentario. A este cambio de paradigma se suma la influencia de los medios de comunicación y el fortalecimiento de grupos de presión que demandan más intervención estatal para paliar una realidad que en ocasiones no es generalizada, sino creada, *a medida*. La petición de intervención frecuentemente se resolverá mediante la intervención del derecho represivo, sin que previamente se contemplen opciones alternativas ni es-

159 *Vid.* GALIANA SAURA, Ángeles, *Op. Cit.*, pp. 61-72.

tudios que sustenten el aumento de los tipos sancionadores[160], por lo que, ante un nuevo riesgo –real o aparente–, el Estado creará una nueva respuesta –siquiera simbólica–, para tranquilizar al conglomerado o al sector que lo demanda[161]. Las consecuencias para el derecho penal, y sus mutaciones, han llevado a la norma positiva a la decadencia, inseguridad, pérdida de prestigio y poder coactivo.

3.1. Relaciones de familia entre el Derecho penal y el Derecho Administrativo Sancionador

Aunque para el derecho penal el cúmulo normativo no ha sido tan irracional como en otros segmentos del derecho[162], y conserva aún condiciones de abstracción y generalidad ilustradas[163], el derecho administrativo general y su vertiente sancionadora sí han ejercido notable injerencia. En este escenario, quizá el problema no se ubique en la proliferación normativa desbocada –en el sentido más genérico del término–, sino más

---

160 *Vid.* AA.VV., *Contornos y pliegues del derecho, Homenaje a Roberto Bergalli,* (Coord. Iñaki Rivera Beiras, Héctor C. Silveira Gorski, Encarna Bodelón González, Amadeu Recasens i Brunet), MAIER, Julio Bernardo José, *La esquizofrenia del derecho penal,* Barcelona, Anthropos, 2006, pp. 295-312. Derecho penal como «sanalotodo» de toda enfermedad social.

161 *Vid.* BECK, Ulrich, *La Sociedad del Riesgo, hacia una nueva modernidad,* (Traducción de Jorge Navarro/Daniel Jiménez/María Rosa Borrás), Barcelona, 2002, p. 26.

162 Es necesario diferenciar la *proliferación legislativa penal externa,* de una posible *proliferación legislativa penal interna.* La primera surgida de la creación de tipos penales por cauces alternativos al Código penal –sin perjuicio del reenvío para tipos penales en blanco– y la segunda de la creación de nuevos tipos penales dentro del mismo código, para salvaguardar nuevos bienes jurídicos o calmar demandas populistas de grupos de presión, medios de comunicación masivos, o simbólicas.

163 *Vid.* LAPORTA J. Francisco, *El imperio de..., op. Cit.,* p. 159.

bien en la verificación de las consecuencias que acarrea cuando se pone en cuestión la propia contundencia de las penas, la desnaturalización de lo penal, las consecuencias jurídicas en términos de prevención general, los problemas de administración judicial y la relajación de ciertos principios que, en últimas, ponen en tela de juicio el edificio dogmático construido a partir del pensamiento iluminado, como consecuencia de las necesidades de atención propias de la *sociedad del riesgo*[164].

En términos del ejercicio del *ius puniendi* estatal, esta sociedad, en su vertiente administrativo-sancionadora, como en su vertiente penal, lo obliga a no renunciar a su poder sancionador, empujándolo a un reforzamiento de su facultad administrativo-represora, pues no hacerlo, llevaría a una *hipertrofia del Derecho penal*[165], al tener que trasladar el conocimiento de todos los ilícitos al poder judicial.[166] El beneficiario de esta indeterminación será el Legislador y el Gobierno, quienes al crear tipos o reprochar conductas al ciudadano, tendrán amplios márgenes de configuración al definir la esfera de lo penal y lo administrativo-sancionatorio, ocasionando un nuevo efecto de crisis legisladora[167], que lleva a la tolerancia de un criterio de *arbitrariedad legislativa blanqueada,* resuelta a su dis-

---

164 Para un análisis sociológico, *vid.* BECK, Ulrich, *op. Cit.* Desde el derecho penal, SILVA SÁNCHEZ, Jesús María, *La expansión del Derecho penal, Aspectos de la política criminal en las sociedades postindustriales,* Madrid, Cívitas, 2001; MENDOZA BUERGO, Blanca, *El Derecho penal en la Sociedad del Riesgo,* Madrid, Cívitas, 2001.

165 CEREZO MIR, José, *Curso de Derecho penal español,* Parte General, T. I., Madrid, 2005, pp. 51-52.

166 *Vid.* GÓMEZ TOMILLO, Manuel, en prólogo al libro de CÁCERES GONZÁLEZ, Emiro, *Derecho penal y derecho administrativo sancionador: elementos de racionalidad legislativa,* Bogotá, Leyer editores, 2017. «Seguramente se trate de un fenómeno incómodo, pero inevitable, toda vez que no constituye un planteamiento realista encomendar al poder judicial la represión de toda conducta antijurídica, conforme a una estricta visión de la teoría de la división de poderes».

167 *Vid.* AA.VV. *La proliferación…, op. Cit.,* LAPORTA, J. Francisco, pp. 64-74.

creción en casos difusos.[168] La realidad refleja que el poder regulador del Estado acapara un importante grupo de normas y conductas que en no pocas ocasiones contienen sanciones penales y administrativas *camaleónicas* para regular una misma situación[169]; las sanciones administrativas, a veces, resultan más gravosas que las impuestas por el derecho penal, poniendo de manifiesto, su falta de racionalidad legislativa al diferenciar las materias colindantes, y arrastrando inseguridad jurídica para el ciudadano y para el aplicador del derecho.

3.2. Populismo punitivo y derecho penal como «código moral de la sociedad»[170]

La débil frontera entre Derecho Penal y Derecho Administrativo Sancionador no es la única dificultad que aqueja la ley penal; a ella de suma el proceder inapropiado del legislador frente a invocaciones sociales de protección ante ciertos peligros –reales o aparentes–, ofreciendo soluciones de bajo coste, con fines electorales, y sin respaldo empírico. El oportunismo político, y quizás la impotencia ante la demanda de soluciones inmediatas ha generado un *mutualismo*[171] entre sociedad,

---

168 *Vid.* HUERGO LORA, Alejandro, *Las sanciones administrativas,* Madrid, Iustel, 2007, p. 34; ZÚÑIGA RODRÍGUEZ, Laura, *Bases para **un modelo de imputación de responsabilidad penal a las personas jurídicas,*** **Navarra, Aranzadi, 2000, p. 24.**

169 *Vid.* AA.VV. *Fraude a consumidores y Derecho penal, fundamentos y talleres de leading cases,* (Dir. Corcoy Bidasolo Mirentxu, Gómez Martin Víctor), GÓMEZ TOMILLO, Manuel, *La protección de los consumidores por medio de la represión: Derecho penal, Derecho administrativo sancionador y daños punitivos,* Madrid, Edisofer, 2016, p. 47. Tipos mixtos o anfibio.

170 *Vid.* DÍEZ RIPOLLÉS José Luis, *La racionalidad..., op. Cit.,* p. 14.

171 El mutualismo es una interacción entre individuos de diferentes especies, donde desarrollando actividades de cooperación, todos obtienen beneficios mejorando su aptitud biológica.

grupos de presión, medios de comunicación y clase política. Bajo esta perspectiva, la atención a los temas de inseguridad ciudadana y miedo al delito encontrarán un mecanismo rápido y barato de placebos legislativos a la sociedad[172], tornando en *prima ratio* al derecho penal, y en argumento inseparable de su agenda política.

El actual modelo de sociedad ha desplazado la preocupación social, de la búsqueda de la *igualdad* de oportunidades –propia del modelo liberal–, a la búsqueda de la *seguridad* –propia de la sociedad del miedo–, masificada por los medios de comunicación[173]. Ahora, esta fuerza ya no se atribuirá al accionar de grupos de derechas o de izquierdas, sino que al final los partidos políticos asumirán la misma retórica *securitaria,* sin distingo de su ideología política[174]. Desde lo externo, este *mutualismo* se presenta mediante la intervención de los siguientes poderes institucionalizados y no institucionalizados:

Gráfico 1: Actores que confluyen en la conformación del populismo punitivo

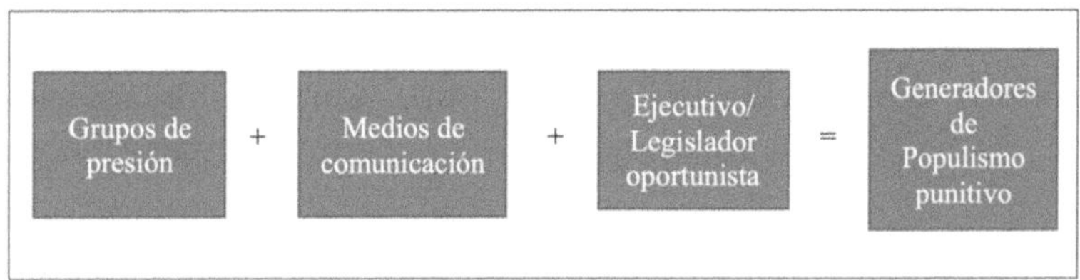

Fuente: Elaboración propia.

Esta clasificación no constituye una cláusula rígida sobre los agentes que intervienen en la decisión penal populista, ya que,

---

172 *Vid.* AA.VV. *Derecho penal y política transnacional,* (Coord. Silvina Bacigalupo Saggese, Manuel Cancio Meliá), LARRAURI PIJOAN, Elena, *Populismo punitivo y penas alternativas a la prisión,* Barcelona, Atelier, 2005, p. 284.

173 *Vid.* BECK, Ulrich, *op. cit.* pp. 55-56.

174 *Vid.* BECK, *La sociedad del riesgo mundial. En busca de la seguridad perdida,* (Traducción de Rosa S. Carbó), Barcelona, Piadós, 2007, p. 68.

en unos casos ocurrirá que la insistencia en la intervención legislativa represora solo provenga de uno de los agentes institucionalizados o no institucionalizados; en otros eventos, de dos de ellos, y con relativa frecuencia, de los tres.

Desde el punto de vista legislativo, estos *poderes* juegan un papel esencial en la posterior conformación de las normas represivas y su participación se origina a partir de momentos *formalizados* e *informalizados* que tienen cabida desde etapas muy anteriores a la fase legislativa propiamente dicha. En este ciclo de influencias concurrentes entre poder político, medios de comunicación y grupos sociales conformados, se debe relievar la relación emparentada entre los dos últimos al momento de la configuración de la disfunción social que lleva a la futura intervención legislativa. En ese proceso, para la creación de un descontento social aparentemente fuerte, se tendrá que conformar un estado de opinión en el que la *mass media* ejercerá un papel relevante al hacer eco del clamor del grupo de presión para que adquiera mayor visibilidad. De esta manera, quien finalmente decidirá la dirección que debe dársele a un determinado hecho, y eventualmente el horizonte a seguir para la adopción de una determinada política pública será el medio masivo de comunicación, quien se erige como vocero de la *opinión pública*[175] sincronizando la agenda informativa con la agenda política para articular un mismo idioma mediante la conformación de la *agenda-setting* con que se decidirá el tema, su énfasis, y el plazo de mantenimiento del asunto en la parrilla noticiosa y en la retina pública[176]. Como se anunció,

---

175 AA.VV. *La proliferación…, op. Cit.*, LÓPEZ AGUILAR, Juan Fernando, *La democracia mediática: La legislación parlamentaria y los medios de comunicación*, p. 591.

176 *Vid.* AA.VV. *Malas noticias. Medios de comunicación, política criminal y garantías penales en España*, (Dirs. Mercedes García Arán, Joan Botella), Valencia, Tirant Lo Blanch, 2008; PERES NETO, Luis, *Prensa, política criminal y opinión pública: El populismo punitivo en España*. Universidad Autónoma de Barcelona, Tesis doctoral, 2010, pp. 41-49.

en el proceso de conformación de la agenda *común,* los políticos y los medios de comunicación se encargarán de reforzar la anormalidad social que precisa de intervención penal, para transformarla en malestar social amplio o generalizado. Por esta razón, la sucesión entre las fases prelegislativa, legislativa y postlegislativa no puede ser vista como una traslación aislada de etapas, pues tales fases se interconectan y retroalimentan[177]. El resultado obtenido en cada una de estas fases estará íntimamente ligado a lo acontecido en su escenario antecedente, por lo que la fuerza gravitacional desplegada por los grupos de presión y los medios de comunicación se reflejará, en buena medida, en la respuesta que ofrezca el Ejecutivo y el Legislativo para acallar la presunta necesidad de intervención, importando más la demostración mediática de resultados, que la efectiva respuesta a la disfunción deprecada.

La consecuencia de este proceso degenerará en *hipertrofia* y caos legislativo, sumados a vanalización de la ley, y servidumbre permanente de ésta a la *mass media.* Se asume una posición reactiva ante cada demanda social y se legisla impulsivamente como una manifestación antagónica de racionalidad. El *ágora* de discusión se traslada, de los escenarios parlamentarios, al foro televisado y a la discusión en medios masivos[178], lo que genera que las propuestas políticas se generalicen y pierdan profundidad y compromiso[179].

En suma, los fundamentos de generalidad y abstracción de la norma, que desde el periodo ilustrado constituyeron el cimiento del principio de legalidad cederán terreno y serán suplantados por particularismos que harán emerger una especie de *contractualización* de la ley, cuya fuente surgirá de la negociación entre políticos, grupos de presión y medios de comunicación.

---

177 DÍEZ RIPOLLÉS José Luis, *op. cit.*, p. 19.

178 *Vid.* LÓPEZ AGUILAR, Juan Fernando, *op. cit.*, p. 591.

179 *Ibid.* pp. 592-593.

Ahora, pese a las similitudes expuesta sobre la crisis de la Ley a ambos lados del Atlántico también existen diferencias. Así, aunque el legislador ha optado por responder a la presión mediática, a los grupos de interés y a los riesgos reales o imaginarios mediante una reiterada inflación legislativa interna y externa, existe una diferencia en el trato dado a la Ley penal latinoamericana en comparación con la intervención penal en Europa en cuanto a sus destinatarios[180]. En Europa, la expansión ha sido prácticamente generalizada y extendida hasta la criminalización de conductas realizables por sujetos de las diferentes capas de la sociedad, incluidos delitos de cuello blanco.[181] Por su parte, en América Latina el desbordamiento normativo se ha enfatizado especialmente en los sectores más vulnerables, dedicándose especialmente a la criminalización de las conductas que ordinariamente son realizables por los individuos de menores recursos, cometidos por los sectores más marginados de la sociedad o delitos de *opera tosca,* poco sofisticados o groseros[182], en contraste con una notable benignidad a la criminalidad de los más poderosos o a aquellos que detentan cercanía con el poder.

Este diagnóstico refleja el estado de salud del derecho penal, al que se le suman otras dolencias que directa o indirectamente se desprenden de las referenciadas, pero que mantienen una causa común: el poco interés del legislador por buscar una alternativa idónea para solucionar el mal del que adolece este sector del derecho. Las dolencias pendientes serán el excesivo uso de leyes penales en blanco, la anticipación de barre-

---

180 *Vid.* AA.VV. *¿Tiene un futuro el Derecho penal?* (Comp. Julio B.J. Maier, Gabriela E. Córdoba), MONTIEL FERNÁNDEZ, Juan Pablo, *Peripecias político-criminales de la expansión del Derecho penal,* Buenos Aires, Ad hoc, 2009, pp. 123.126.

181 *Vid.* SUTHERLAND, Edwin H., *El delito de cuello blanco,* (Traducción de Laura Belloqui), Buenos Aires, B de F., 2009.

182 *Vid.* ZAFFARONI, Eugenio Raúl, ALAGUA, Alejandro, SLOKAR, Alejandro, *Manual de DP, PG,* Buenos Aires, Ediar, 2007, pp. 14-15.

ras de protección de bienes jurídicos colectivos, y la creación de modelos de criminalización anticipada mediante del uso de delitos de peligro abstracto que HASSEMER[183] rotula como injustos penales no verificables que el legislador ha decidido criminalizar.

Gráfico 2: Circuito sociológico del proceso legislativo penal

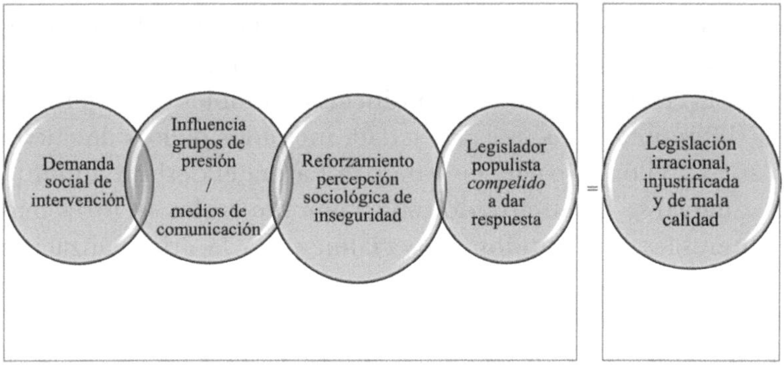

Demanda social de intervención
Influencia grupos de presión / medios de comunicación
Reforzamiento percepción sociológica de inseguridad
Legislador populista *compelido* a dar respuesta
=
Legislación irracional, injustificada y de mala calidad

Fuente: Elaboración propia

Nuestro diagnóstico pretende un actuar del legislador sujeto a criterios menos oportunistas, y más de oportunidad; a menos criterios de conveniencia personal, y más a criterios de racionalidad y justificación[184]. Coincidiendo con RODRÍGUEZ FERRÁNDEZ[185], la expansión del derecho penal debe verse como el «producto de un fenómeno social inevitable», donde lo que hay que hacer es «tratar de limitarlo desde las propias instituciones de decisión político-criminal, introduciendo pro-

---

183 *Vid.* AA.VV., *Pena y…*, HASSEMER, Winfried, *Op. Cit.*, pp. 23-36; MÉNDEZ RODRÍGUEZ, Cristina, *Los delitos de peligro y sus técnicas de tipificación*, Madrid, Universidad Complutense, 1993.

184 *Vid.* ASTARLOA HUARTE-MENDICOA, Ignacio, *El Parlamento moderno, importancia, descrédito y cambio*, Madrid, Iustel, 2017, p. 124.

185 *Vid.* RODRÍGUEZ FERRÁNDEZ, Samuel, *La evaluación de las normas penales*. Madrid, Dykinson, 2016, p. 46.

cedimientos que, inspirados en los fundamentos mismos del derecho penal, lleguen a controlar [o corregir] su incidencia», siendo ésta finalmente la pretensión que perseguimos con esta propuesta. Con acierto sostendrá ZAPATERO[186], que la teoría del derecho se ha ocupado mucho tiempo de la labor que realizan los jueces, pero muy poco de lo que hacen los legisladores, situación que debe llevar a una ampliación del enfoque.

IV. LA CRISIS DE LA LEY EN EL ESTADO CONSTITUCIONAL: OTRA VUELTA DE TUERCA

Como si fuera poco, al panorama de concausas que han llevado a la crisis de la Ley todavía le falta un aspecto adicional: La evolución normativa lleva a la necesidad del reconocimiento de textos supremos que incorporen derechos y garantías a los ciudadanos. Por su parte, la ley penal como Constitución negativa deberá someterse a su respeto, siendo su escrutinio realizado mediante Tribunales Constitucionales que verificarán su adecuación, avivando un activismo judicial correlato a su condición de guarda del texto fundamental.

Las causas del protagonismo judicial podrían subyacer en la desconfianza y el descontento ciudadano hacia el Legislador y el Gobierno, al percibir un mero volcamiento al ciudadano en periodos de campaña, seguido de un ejercicio abusivo e interesado del poder a espaldas del pueblo. Este estado de cosas conduce a la necesidad de buscar un órgano alternativo para depositar la confianza, siendo por tanto el poder jurisdiccional el bastión del que se aferra el ciudadano. Este hecho, sumado a la habilitación constitucional de intérprete y guarda de su contenido, lleva a los tribunales y a los jueces al activismo judi-

---

186 ZAPATERO, Virgilio, *De la jurisprudencia a la legislación,* en, *Doxa: Cuadernos de Filosofía del Derecho,* Alicante, No. 15-16, 1994, pp. 769-789.

cial, fungiendo así de *tabla salvadora* del sistema democrático al estar facultados de la verificación de las leyes penales, conforme a la epistemología del texto superior. Se despoja a la Ley de su centralidad e importancia[187] y se crea un poder legitimador de la democracia que oscila, del sistema político, al sistema judicial[188]. La norma deberá estar en armonía con el bloque de constitucionalidad, los tratados internacionales suscritos y con la normatividad internacional que, aunque constituya, dentro del sistema ordinario de fuentes, y de la estructura jurídica de los Estados, un *cuerpo extraño*, con ellas deberá articularse[189].

4.1. Sobreconstitucionalización: La Ley en permanente sospecha de inconstitucionalidad

La actual interpretación que los Tribunales Constitucionales realizan sobre las normas les ha permitido aplicar, con alcance elástico, la definición sobre si una norma es o no acorde con el ordenamiento constitucional vigente y en qué sentido.[190] La intercambiabilidad de un concepto puede llegar a tener un alcance en el que «la interpretación es capaz de transformar los principios en normas y las normas en principios»[191], confiando además la identificación de tales, bajo un juicio de valor del in-

---

187 *Vid.* BECERRA MUÑOZ, José, *op. cit.*, p. 35.

188 *Vid.* HIERRO, Liborio Luis, *El imperio de la Ley…*, *op. Cit.*, p. 300.

189 Omitimos mencionar el fenómeno de la *desregulación,* y el de la normativa procedente de Organismos Internacionales como fenómenos que contribuyen a la crisis de la ley pues nuestro enfoque radica en la necesidad de un modelo doméstico de legislación penal racional.

190 Sobre control de constitucionalidad, *vid.* QUINCHE RAMÍREZ, Manuel Fernando, *El control de constitucionalidad,* Bogotá, Universidad del Rosario, 2013.

191 *Vid.* GUASTINI, Ricardo, *Derecho dúctil, Derecho incierto* (Traducción al castellano de Marina Gascón), en *Anuario de Filosofía del Derecho,* XIII, 1996, pp. 111-123.

térprete, que muchas veces carecerá de propiedades empíricas y de análisis sobre su racionalidad y justificación.

Como resultado, la decisión de validez o encuadramiento de la legislación al ordenamiento jurídico estará sujeta a amplios niveles de discrecionalidad y de subjetividad de quienes conforman el Tribunal Constitucional, quedando la validez normativa a una indeterminación diseminada en el tiempo, sujeta a la revisión y confirmación jurisdiccional que efectúe este Tribunal, quien, como consecuencia de su pronunciamiento, convalidará o excluirá su legitimidad y adecuación dentro del ordenamiento jurídico nacional[192]. Si bien estamos de acuerdo con que el texto constitucional se erija en talanquera y límite para la invención legislativa como corolario del modelo de Estado vigente, y que constituya elemento condicional del actuar de los poderes públicos[193], deberá procurarse la consecución de herramientas que limiten el alcance interpretativo de los Tribunales Constitucionales, a fin de evitar que su participación se transforme en instrumento en el que el sistema de frenos y contrapesos bascule arbitrariamente en favor del intérprete constitucional. La razón de esta salvedad es que su discrecionalidad no puede mutar, ni en *deliberada libertad*, ni mucho menos en arbitrariedad, pues su causación llevará a un *imperialismo*[194] *o tiranía constitucional*[195] que podría poner en peligro la división de poderes, el equilibrio entre los tribunales

---

192 *Vid.* AA.VV. *La proliferación…, op. Cit.*, LAPORTA, J. Francisco, p. 48.

193 *Vid.* MARCILLA CÓRDOBA, Gema, *Racionalidad Legislativa…, op. Cit.*, p. 204.

194 *Vid.* AA.VV. *Imperialismo Constitucional*, (Comp. María Luisa Rodríguez Peñaranda), Bogotá, Universidad Nacional de Colombia, 2013.

195 Expresión utilizada por la Sala Plena de la Corte Suprema de Justicia colombiana en un comunicado en el que denunció que la Corte Constitucional se ha «autohabilitado para actuar como una entidad todopoderosa u omnipotente». *Vid.* http://www.semana.com/noticias/articulo/declaracion-corte-suprema-justicia/63901-3 (Consultado el 10/01/2023).

ordinarios y el constitucional, y la propia seguridad jurídica del texto legal, siendo éste un elemento necesario en materia penal; y con mucha mayor razón, cuando la decisión proferida proviene de una entidad que por naturaleza no es elegida democráticamente y sus posiciones pueden resultar de procedencia contramayoritaria[196]. La intervención de estos tribunales ha constituido una función no solo de legislador negativo con la que verifica el encuadramiento constitucional de la ley cuestionada decidiendo si la excluye o no del ordenamiento jurídico, sino también de legislador positivo cuando apela al argumento de la interpretación conforme a la Constitución, imponiendo el entendimiento que a su parecer resulta mejor adaptado al texto fundamental condicionando su alcance[197], o cuando emite órdenes al legislador para que regule un asunto en un determinado sentido[198]. Esta interpretación incondicionada es la que permite a Gascón Avellán[199] poner en entredicho la neutralidad y objetividad del intérprete constitucional, al considerar difícil que, «quien está llamado a custodiar la interpretación constitucional de las leyes no traspase esa frontera y termine custodiando la "mejor" interpretación de entre varias posibles, todas constitucionales».

---

196 Lo que no es necesariamente malo. *Vid.* LÓPEZ DAZA, German Alfonso, *La justicia constitucional colombiana ¿un gobierno de los jueces?,* Huila, Universidad Surcolombiana, 2005, pp. 82-92.

197 *Vid.* MARCILLA CÓRDOBA, Gema, *Racionalidad Legislativa…, Op. Cit.,* pp. 220-236.

198 En este caso no funge como legislador positivo al oficiar al competente para que legisle sobre la materia. MARTÍNEZ CABALLERO, Alejandro, *Tipos de sentencias en el control constitucional de las leyes: La experiencia colombiana,* en *Revista Estudios Socio-jurídicos,* Vol. 2., No. 1, junio, 2000, pp. 9-32.

199 *Vid.* GASCÓN ABELLÁN, Marina, *La justicia Constitucional: Entre legislación y jurisdicción,* en *Revista Española de Derecho Constitucional,* Año 14, Núm. 41, 1994, pp. 63- 87 (68); HIERRO, Liborio Luis, *El imperio de la Ley…, Op. Cit.* pp. 300-303; DIEZ PICAZO, Luis, *Constitución, Ley, Juez,* en *Revista Española de Derecho Constitucional,* Año 5, Número 15, Madrid, 1985, pp. 9-23.

Por lo anterior, resulta imperioso no solo la creación de herramientas que limiten el poder del legislador, sino también que estas herramientas constituyan fundamento y límite al arbitrio interpretativo del poder jurisdiccional. Por lo tanto, conviene un avivamiento del interés hacia la manera como se aborda el proceso legislativo, pues dicho despertar redundará no solo en la fase legislativa, sino también en las fases prelegislativa y postlegislativa que conforman el circuito legislativo. Coincidiendo con LAPORTA[200], «la solución no puede provenir de abandonar al legislador a su propio vértigo y buscar una solución ajena a él, sino, por el contrario, de concentrar nuestra atención sobre él y ver [la manera] de operar algunas modificaciones en su actividad normativa para paliar los defectos que observamos».

---

200 *Vid.* AA.VV. *La proliferación…*, *op. Cit.*, LAPORTA, J. Francisco, *Teoría y realidad de la legislación; Una introducción general*, p. 82.

Capítulo II.

SER Y DEBER SER DEL PROCESO DE ELABORACIÓN LEGISLATIVA EN ESPAÑA

I. EL *ÍTER* LEGISLATIVO DE LAS LEYES PENALES

El proceso legislativo –como *fuente*– se compone de fases y subfases internas que deberían mejorar la Ley –como *producto*–. Por largos años, la doctrina ha fijado su estudio en el *producto* sin prestar mayor atención a la manera como la *fuente* productora lo ejerce, por lo que, si pretendemos mejorar el resultado (la Ley), debemos también fijarnos en la manera como éste se ejecuta a lo largo de esta concatenación de fases, a fin de identificar sus debilidades, fortalezas y lagunas, e intentar ofrecer criterios de mejora que redunden en una mejor calidad normativa. Por esta razón, apoyamos la implantación de un modelo racional de legislación penal, a partir del análisis –y no de la mera descripción– de las fases del proceso legiferante, conforme a unas fases reconocidas doctrinalmente (fase previa o prelegislativa, fase legislativa y fase postlegislativa)[1].

---

1 *Vid.* ATIENZA, Manuel, *Contribución…, op. Cit.*, pp. 68-71; GARCÍA-ESCUDERO MÁRQUEZ, Piedad, *la iniciativa legislativa del Gobierno,* Madrid, Centro de Estudios Políticos y Constitucionales, 2000; SOTO NAVARRO, Susana, ***La protección penal de los bienes colectivos en la sociedad moderna*, Granada, Comares, 2003, pp. 145-163;** DÍEZ RIPOLLÉS José Luis, *La racionalidad…, op. Cit.*, pp. 18-58; BECERRA MUÑOZ, José, *op. Cit.*, pp. 337-458; RODRÍGUEZ FERRÁNDEZ, Samuel, *op. Cit.*, pp. 114-119.

1.1. La fase prelegislativa o previa al inicio del debate legislativo

Esta etapa se compone de dos subfases que se diferencian por su grado de informalidad/formalidad. Estos niveles se han clasificado doctrinalmente como momentos de procesos *espontáneos* y momentos de procesos *institucionalizados*[2]. Dentro de estos momentos se desarrollan fases que demarcarán si nos encontramos en el momento informal *(espontáneo),* o si hemos avanzado hacia el momento formal *(institucionalizado).* De manera general, siguiendo la clasificación elaborada por SCHNEIDER[3], y respaldada entre otros por DÍEZ RIPOLLÉS[4], SOTO NAVARRO,[5] y BECERRA MUÑOZ[6], la etapa prelegislativa estará compuesta por cinco fases secuenciadas, siendo las tres primeras eminentemente informales (acreditación de una disfunción social; generación de un malestar social y miedo al delito; creación de una opinión pública e intervención de los medios de comunicación)[7], la cuarta etapa (elaboración de un programa de acción) será un momento *híbrido* entre formalidad e informalidad[8], y la quinta fase (elaboración de un

---

Vid. AA.VV. *La proliferación..., op. cit.,* JIMÉNEZ APARICIO, Emilio. *El procedimiento de elaboración de los anteproyectos de Ley: La fase gubernamental,* p. 282. «El procedimiento legislativo es ciertamente único, pero no estricta o esencialmente parlamentario».

2 *Vid* DÍEZ RIPOLLÉS, José Luis, *op. Cit.,* p. 20.

3 *Vid.* SCHNEIDER, Hans Joachim, *Kriminologie,* Berlin-New York, De Gruyter, 1987, pp. 792-797.

4 *Vid* DÍEZ RIPOLLÉS, José Luis, *op. Cit.,* pp. 20-50.

5 *Vid.* SOTO NAVARRO, Susana, *op. Cit.,* pp. 147-151.

6 *Vid.* BECERRA MUÑOZ, José, *op. Cit.* pp. 337-344; RODRÍGUEZ FERRÁNDEZ, Samuel, *op. Cit.,* pp. 192-209; BENITO SÁNCHEZ, Demelsa, *evidencia empírica y populismo punitivo, el diseño de la política criminal,* Barcelona, Bosch, 2020, pp. 143-145.

7 *Vid.* DÍEZ RIPOLLÉS, José Luis, *op. Cit.,* pp. 20-30. EL MISMO, *Un modelo dinámico de legislación penal, op. Cit.,* pp. 295-302.

8 *Op. Cit.,* pp. 30-42; EL MISMO, *op. Cit.,* pp. 303-311.

proyecto o proposición de ley), constituiría la fase formal de la etapa prelegislativa[9]. Estas fases constituyen peldaños que deberán sortearse si es que en realidad se pretende ascender hacia la fase legislativa, por lo que si no se consigue avanzar hacia el siguiente nivel la disfunción social que se predica problemática no podrá convertirse siquiera en iniciativa legislativa.

Como puede observarse, la fase prelegislativa no se compone sólo del momento de elaboración de un proyecto o proposición de ley[10], pues previo a este deberán presentarse las condiciones necesarias para que ocurran procesos psicológicos y sociológicos que darán lugar al uso de este instrumento. Por lo tanto, no puede hablarse de iniciativa legislativa si originariamente no se ha acreditado la existencia de una disfunción social, que requerirá de un agente social que al tener interés en su resultado provocará su visibilidad ofreciendo ofrecimiento datos reales o ficticios dirigidos a sentar las bases para la discusión[11/12]. Al ser el *discurso* un elemento necesario para la *existencia* y visibilidad del problema social, el siguiente factor que se debe atender es la captación de la atención social necesaria, para lograr insertarse en la *agenda temática social*[13], a fin de evitar caer en el olvi-

---

9 *Cit.*, pp. 42-50; EL MISMO, *Cit.*, pp. 311-316.

10 *Cfr.* AA.VV. *Temas básicos de derecho constitucional,* T. II (Coord. Manuel Aragón Reyes), BIGLINO CAMPOS, Paloma, *procedimiento legislativo,* Madrid, Cívitas, 2001, pp. 158-162. AA.VV. *Estudios de derecho civil en homenaje al profesor Dr. José Luis Lacruz Berdejo,* T. II, SALVADOR CODERCH, Pablo, *La legislación en España: técnica y procedimiento,* Barcelona, Bosch, 1993, pp. 1991-2010. La fase prelegislativa es sólo el momento –gubernamental o administrativo– de elaboración, y hasta la presentación de la iniciativa que da lugar al debate legislativo.

11 *Vid.* DÍEZ RIPOLLÉS, José Luis, *La racionalidad..., op. Cit.,* p. 21.

12 *Vid.* EDELMAN, Murray, *La construcción del espectáculo político,* Buenos Aires, Manantial, 2001, p. 19.

13 *Vid.* DÍEZ RIPOLLÉS, José Luis, *op. Cit.,* pp. 22-23.

do[14]. A efectos de intervención penal, el reforzamiento de este sentimiento podrá conseguirse diseminando una sensación de miedo a ser víctima y de «miedo al delito»[15]. Los elementos que integran esta fase serán la consecución de una *estabilización cognitiva* de la disfunción, seguida de una *involucración emocional* que en el primer eslabón de la cadena aún no se ha conseguido, y que conlleva una *victimización irradiada* a partir de la reiteración de la distorsión social divulgada. Acreditada la situación disfuncional, y obtenida la generalización del malestar social, se hace necesaria la creación de una *opinión pública*[16]. Este tribunal de opinión –en términos *Benthamianos*– será el que posteriormente fuerce la creación de un plan de acción; mientras tanto, el reforzamiento de la opinión pública adquirirá un mejor, aunque insuficiente grado de definición a partir de la intervención de *opinadores expertos* (tertulianos) a los que la *mass media* les conferirá las credenciales de detentadores del conocimiento necesario para emitir un juicio de valor. A partir de este escena-

---

14 *Op. Cit.*, p. 22. EL MISMO, *Un modelo dinámico…, op. Cit.*, p. 297.

15 Sobre el concepto de *miedo al delito*: *Vid.* GARLAND, David, *La cultura del control, op. Cit.*, pp.208-216; GRAY, Emily and JACKSON, Jonathan, FARRAL, Stephen, *Reassessing the fear of crime*, 2008, en, *European Journal of criminology*, pp. 1-16. AA.VV. *Justicia penal siglo XXI, una selección de criminal justice 2000* (Ed. Rosemary Barberet y Jesús Barquín), WARR, Mark, *El miedo al delito en los Estados Unidos: rutas para la investigación y la formulación de políticas,* Granada, U.S. Department of Justice, pp. 181-222; DITTMANN, Jörg, *El miedo a la delincuencia. Concepto, medida y resultados*, en, *Revista Catalana de Seguretat Pública, No. 18, abril de 2008,* pp. 67-91. AA.VV. *Arquitectura política del miedo, Homenaje a Atilio Borón* (Dir. Robinson Salazar Pérez, Nchamah Miller), Buenos Aires, Elaleph, 2010.

16 Sobre el concepto de opinión pública: *Vid* EDELMAN Murray, *The politics of Misinformation*, Cambridge, Cambridge University press, 2001, p. 52. TOHARÍA, José Juan, *Opinión pública y justicia, la imagen de la justicia en la sociedad española,* Madrid, Consejo General del Poder Judicial, 2001, p.60-67. DÍEZ RIPOLLÉS, José Luis, *La racionalidad…, op. Cit.*, pp. 28-29; ZIMMERLING, Ruth, *El mito de la opinión pública*, en *Doxa*, No. 14, 1993, pp. 97-117.

rio, surgirá la necesidad de proponer un plan de acción, siendo éste –o debiendo ser– la hoja de ruta en la que se trazarán los objetivos, metas y estrategias dirigidos a obtener la mejora de la disfunción social.

Esta fase define en buena medida el contenido de la iniciativa legislativa y el curso del debate legislativo, por lo que no es comprensible la razón por la que, a estas alturas del siglo, no se prestado la suficiente atención a este momento del proceso legislativo. La pretensión de *menos populismo* y *más racionalidad* en esta subfase tiene la ventaja de no estar sujeta a las prisas –o al menos a la sujeción– de los plazos que impone el inicio formal de la etapa legislativa, por lo que dentro de este momento podrían considerarse la realización de actividades y procesos que, en términos temporales, podrían llegar a ser más dificultosos en fases ulteriores. El surgimiento de grupos de interés interesados con el éxito de su plan de acción debería ser suficiente para imponer la necesidad de que su propuesta se *justifique*[17] y *racionalice*[18]; podrían generarse espacios donde se informen las bases en las que apoyan sus argumentos y las medidas consideradas y descartadas (un abrebocas de su conveniencia y oportunidad) para llevar adelante su plan. La generación de estos espacios redundará en la calidad del texto de la futura iniciativa legislativa, e incluso de su exposición de motivos; servirá como medio depurador de propuestas *eslogan* o de frases *cliché*, con carente o débil sustento, o pobres argumentativamente, lo que facilitará evidenciar su improcedencia. Como lo sostiene BECE-

---

17 *Vid.* PAREDES CASTAÑÓN, José Luis, *Vademécum del legislador racional (y decente): Noventa reglas para una buena praxis legislativa en materia penal*, en *Libertas, Revista de la Fundación Internacional de Ciencias Penales*, No. 2, 2014, pp. 347-396.

18 *Vid.* ZINTL, Reinhard, *Comportamiento político y elección racional*, Barcelona, Gedisa, 1998, p. 11. «Racionalidad no implica información perfecta sino óptima».

RRA MUÑOZ[19], la legislación penal debe dejar de verse «como el simple producto de una serie de trámites administrativos sucesivos que llevan a la redacción de un documento», para pasar a verse «como la secuencia (imperfecta) de un conglomerado de aspectos» que lo condicionan.

1.1.1. La elaboración y presentación de proyectos de ley de contenido penal (iniciativa del gobierno)

Superadas las fases informales del *íter* prelegislativo, llega el momento de formalizar las alternativas mediante la presentación de una iniciativa legislativa. En el caso español, dependiendo de su procedencia, esta iniciativa será reconocida como proyecto o como proposición de ley, y su tramitación estará también rodeada de ciertas singularidades que las diferencian; sin embargo, en esta oportunidad nos ocuparemos de las iniciativas de procedencia gubernamental. Comencemos entonces por indicar que desde el mismo texto constitucional existe un primer intento de racionalización de la iniciativa por vía del artículo 88. La importancia que tiene este momento prelegislativo ha sido menospreciado en la práctica, otorgado preponderancia al momento legislativo formal, dejando esta fase como un escenario sin mayor trascendencia para el futuro de la discusión legislativa.

La intención del constituyente primario con el establecimiento de las condiciones vertidas en el artículo 88, si bien loable y novedosa[20], resulta insuficiente al no definir el alcance y contenido de las exposiciones de motivos y lo que debe

---

19 *Vid.* BECERRA MUÑOZ, José, *op. Cit.*, pp. 267-268.

20 *Vid.* AA.VV. *Comentarios a la Constitución española, op. Cit.*, GARCÍA ESCUDERO-MÁRQUEZ, Piedad, *Artículo 88*, p. 251. En el derecho comparado, sólo la Constitución griega contiene un pasaje similar. CERDEIRA BRAVO DE MANSILLA, Guillermo, *Principio, realidad y norma: El valor de las exposiciones de*

entenderse por *antecedente necesario.* En cuando al desarrollo de esta directriz, la Ley 50 de 1997, de 27 de noviembre, conocida como Ley del Gobierno (LG), estipulaba someramente[21] en su artículo 22, un procedimiento sobre el que la doctrina construyó sus opiniones y propuso acciones de mejora[22]. Esta Ley fue posteriormente modificada, en cuanto al *íter* prelegislativo por la Ley 40/2015, de 1 de octubre, (Ley del Régimen jurídico del Sector Público–LRJSP) en su disposición final tercera numeral 12, ordenando que el Gobierno ejerciera la iniciativa y la potestad reglamentaria de conformidad con los principios y reglas establecidos en el Título VI de la Ley 39/2015, de 1 de octubre, del Procedimiento Administrativo Común de las Administraciones Públicas.

En cuanto a los principios, estos corresponden con los de *necesidad, eficacia, proporcionalidad, seguridad jurídica, transparencia, y eficiencia,* los cuales, de conformidad con el artículo 129.1 de esa ley corresponden a *principios de buena regulación (better regulation).* En ese mismo artículo se señala que en la exposición de motivos o en el preámbulo del PL debe quedar «suficientemente justificada su adecuación a dichos principios»

---

motivos (y de los preámbulos), México-Madrid, Ubijus-Reus, 2015, p. 20, añade la Constitución francesa (artículo 69).

21 *Vid.* GARCÍA ESCUDERO-MÁRQUEZ, Piedad, *La iniciativa legislativa..., op. Cit.* pp. 75-76. LA MISMA, *Iniciativa legislativa del gobierno y técnica normativa en las nuevas leyes administrativas (leyes 39 y 40/2015),* en *Teoría y Realidad Constitucional,* No. 38, 2016, pp. 433-452.

22 Desde el derecho penal, DÍEZ RIPOLLÉS, José Luis, *op. Cit.;* SOTO NAVARRO, Susana, *op. Cit.;* MUÑOZ DE MORALES ROMERO, Marta, *El legislador penal europeo: Legitimidad y racionalidad,* Pamplona, Civitas, 2011; BECERRA MUÑOZ, José, *op. Cit.;* RODRÍGUEZ FERRÁNDEZ, Samuel, *op. Cit.;* AA.VV. *Hacia una evaluación racional de las leyes penales,* (Dirs. Adán Nieto Martín, Marta Muñoz de Morales Romero, José Becerra Muñoz), Madrid, Marcial Pons, 2016; CORRAL MALAVER, Noelia, *Racionalidad Legislativa y Elaboración Del Derecho Penal en La Unión Europea,* Valencia, Tirant lo Blanch, 2020.

(129.1), al igual que respecto de su *necesidad y eficacia,* deberá justificar con base en el interés general, identificando los fines perseguidos y asegurarse de que es el instrumento más adecuado para garantizar su consecución (129.2). Con relación a la *proporcionalidad* (129.3), la iniciativa «deberá contener la regulación imprescindible para atender la necesidad a cubrir con la norma tras constatar que no existen otras medidas menos restrictivas de derechos, o que impongan menos obligaciones a los destinatarios»; y sobre *seguridad jurídica,* exige coherencia «con el resto del ordenamiento jurídico, nacional y de la Unión Europea». Relativo a la *transparencia,* impone un «acceso sencillo, universal y actualizado a la normativa en vigor y los documentos propios de su proceso de elaboración», reiterando la obligación de que se definan claramente los objetivos de las iniciativas, su justificación (en los preámbulos o en las exposiciones de motivos), al igual que el posibilitar que los potenciales destinatarios tengan una participación activa en la elaboración de las normas (129.5). En términos de *eficiencia,* expone que «la iniciativa normativa debe evitar cargas administrativas innecesarias o accesorias y racionalizar, en su aplicación, la gestión de los recursos públicos» (129.6), regulando finalmente la obligación de cuantificar y valorar las repercusiones y efectos de la iniciativa en los casos en los que la misma pueda afectar «gastos o ingresos públicos presentes o futuros». La positivización de estos principios aspira a ser el camino correcto hacia una mejora del producto legal, así como una respuesta a las demandas que la doctrina venía invocando sobre la materia[23].

---

[23] *Vid.* GARRIDO MAYOL, Vicente, *El control extrajudicial de la actividad normativa del Gobierno,* en *Anuario de Derecho Parlamentario,* No. 30, 2018, pp. 101-143. AA.VV., *La elaboración de las leyes penales en España (Memorias de las Jornadas sobre la elaboración de leyes penales: En busca de un diagnóstico de las necesidades actuales),* (Eds. José Becerra Muñoz, Samuel Rodríguez Ferrández), DÍEZ, RIPOLLÉS, José Luis, *Identificación de las necesidades del proceso legislativo penal*

Para la conformación de toda la documentación e información que componen los *antecedentes necesarios* del proyecto de ley se deberá conformar un expediente administrativo que deberá contener la totalidad de las fuentes y bases que se recopilaron para la elaboración de la norma. En el caso español, su conformación puede llegar a revestir cierta complejidad, debido al modelo de redacción normativo utilizado, el cual corresponde a un modelo de redacción mixto[24] (modelo sincrético entre el sistema de redacción normativo difuso y el sistema de redacción concentrado)[25]. Esto quiere decir que en la gestación del documento y antes de que éste llegue al conocimiento del Consejo de ministros, el texto –y sus soportes– habrá venido aumentando (documentalmente) y siendo objeto de modificaciones, discusiones, revisiones y análisis, por parte de un nutrido grupo de sujetos, quienes en su condición burocrática, política o técnica habrán participado y emitido opiniones sobre su contenido. Por ello la documentación que se recopile a lo largo de esta fase es medular para la confrontación de la coherencia y racionalidad del texto que llega, primero ante el Consejo de Ministros –quien toma la decisión definitiva de envío al poder legislativo–, y después a la sede parlamentaria, lo que nos conduce a afirmar la necesidad de que junto a la consolidación del texto articulado –e incluso antes de su realización–, la Administración cuente con un expediente en el que aglutine la totalidad de la información relevante relacionada

---

desde la óptica académica. Especial consideración del papel de los servicios de apoyo parlamentario, Valencia, Tirant lo Blanch, 2021, p. 24.

24 *Op. Cit.,* p. 90. En España el sistema es difuso. ESCUIN PALOP, Catalina, *El Parlamento en el Derecho,* Madrid, Congreso de los Diputados, 2008, p. 99, (descentralizado).

25 Prevalentemente difuso. *Vid.* BECERRA MUÑOZ, José, *op. Cit.,* pp. 347-348. Sobre sistemas comparados de redacción de proyectos de ley, *vid.,* GARCÍA-ESCUDERO MÁRQUEZ, Piedad, *Manual de Técnica Legislativa,* Navarra, Civitas, 2001, pp. 31-33.

con el proceso prelegislativo y que debe transitar por cuantas oficinas y actores participen en su concepción. Dicho lo anterior, podría pensarse que la conformación de este expediente corresponde a toda la documentación y soportes que *ad intra* proviene de la Administración (discusiones e información recopilada por los Ministerios y por las diversas dependencias que participan de este momento de la fase prelegislativa); sin embargo, como dentro del proceso de formación de la voluntad prelegislativa también participan actores y entes externos, nada obsta para que la intervención de los sujetos que *ad extra* pretenden influenciar y dejar su impronta en la conformación del texto que a futuro se presentará ante el Parlamento quede también documentada. De hecho, es posible que para efectos de transparencia y para evitar posibles cuestionamientos de corrupción, el registro de su participación deba ser visible. Este registro es lo que la doctrina ha identificado como *huella normativa*[26] y que no es otra cosa que el registro de los sujetos que *ad extra* y –por qué no, también– *ad intra* participan o inciden de forma directa o indirecta en la elaboración de la futura norma jurídica y de la posibilidad que ese registro sea accesible al público. De esta manera, este mecanismo actuará «como un elemento de prevención de la corrupción y de rendición de cuentas tanto del poder ejecutivo, como del legislador»[27/28].

---

26 *Vid.* PONCÉ SOLÉ, Juli, *mejora de la regulación, lobbies y huella normativa, un análisis empírico de la realidad,* Valencia, Tirant lo Blanch, 2019.

27 *Op. Cit.*, p. 114, Huella normativa es diferente al registro de grupo de interés.

28 *Vid.* PONCE SOLÉ, Juli, *op. Cit.*; RUIZ-RICO RUIZ, Catalina, *La transparencia como límite de la autonomía parlamentaria en las asambleas legislativas autonómicas,* en *UNED, Revista de derecho político,* No. 99, mayo-agosto, 2017, pp. 263-299; AA.VV. *Innovación en el ámbito del buen gobierno regulatorio: ciencias del comportamiento, transparencia y prevención de la corrupción,* (Coord. Juli Ponce Solé, Agustí Cerrillo I. Martínez), Madrid, Instituto Nacional de Administración Pública, 2017.

La unión de estas percepciones se ha tratado de incorporar en las modificaciones efectuadas a la Ley del Gobierno, que en su artículo 26 pasó de referirse escuetamente a la obligación de que los actos del Gobierno se sujeten a la CE y a la Ley, a desarrollar un amplio procedimiento para la elaboración de las leyes[29], siendo esta modificación «tributaria de las iniciativas llevadas a cabo sobre *better regulation* en la Unión Europea», en cumplimiento de las recomendaciones de la OCDE en su informe de 2014[30/31].

1.1.2. La elaboración y presentación de proposiciones de ley de contenido penal (iniciativa de los demás sujetos habilitados constitucionalmente para hacerlo)

Pese al énfasis prodigado por la doctrina a la intervención del Gobierno en el trámite parlamentario, y al mayor volumen y tasa de éxito de sus iniciativas por sobre las radicadas por los demás sujetos autorizados, no puede pasarse por alto que las sugerencias legislativas de estos últimos (Cortes Generales, Asambleas de las Comunidades Autónomas y ciudadanía en general)[32] también deben de ser objeto de racionalidad y justificación. Ante la actual exigencia impuesta al Gobierno

---

29 Se ocupa de estos aspectos la LRJSP y la LPAC. *Vid.* GARCÍA ESCUDERO-MÁRQUEZ, Piedad, *Iniciativa legislativa del Gobierno y técnica normativa…, op. Cit.*

30 LRJSP, preámbulo.

31 Similarmente, el preámbulo de la LPAC y su articulado. *Vid.* AA.VV. *Régimen jurídico del sector público y procedimiento administrativo común,* (Dir. Miguel Ángel Recuerda Girela), DURÁN VICENTE, Héctor, *De la iniciativa legislativa y de la potestad para dictar reglamentos y otras disposiciones,* Navarra, Aranzadi, 2016, pp. 841-847.

32 Incluimos la posibilidad de intervención del pueblo de manera directa, sin desconocer la actual exención en materia de iniciativas de contenido orgánico que obedece a un procedimiento agravado por la desconfianza de retorno a tiempos superados, y no una limitación constitucional legítima.

a partir de las novedades legislativas introducidas en la LG –que imponen el cumplimiento de criterios de transparencia, racionalidad y justificación de las iniciativas legislativas–, nada excusa la incorporación de un baremo de racionalidad similar sobre los demás sujetos habilitados para presentar iniciativas legislativas en materia penal, atendiendo a la trascendencia de derechos que pueden verse envueltos, pues si retrocedemos hacia fases previas del *íter* prelegislativo, debemos recordar el proceso sicológico-sociológico que debe surtirse para que una disfunción social desencadene en una iniciativa legislativa.

En la práctica, no existiría una justificación racional para imponer al Gobierno la obligación de demostrar suficientemente la necesidad de intervención legislativa penal y no hacer lo propio para los demás sujetos con iniciativa legislativa. Si bien, el artículo 88 de la CE se refiere a los casos de iniciativas legislativas gubernamentales (proyectos de ley), nada obsta para que ese estándar de racionalidad se extienda *menguado*, a las demás iniciativas legislativas (proposiciones de ley). Este parece ser el alcance interpretativo ofrecido por el artículo 124 del Reglamento del Congreso de los Diputados (RCD)[33] al imponer que las proposiciones de ley sean presentadas «acompañadas de una exposición de motivos y de los antecedentes necesarios para poder pronunciarse sobre ellas». Por último, en caso de que la ciudadanía no tuviera vedado presentar proposiciones de ley orgánica penal o iniciativas que comprometieran la política criminal estatal, la LO 3/1984[34] ya consagraba en su artículo tercero como requisito para acceder a ella, que la iniciativa popular contara con un documento que detallara las razones que a juicio de los firmantes aconsejaban el trámite y aprobación de la propuesta. La eliminación de esta condición

---

[33] Menos exigente, pero con similar fin, art 108.1 RS.

[34] Reguladora de la iniciativa legislativa popular (ILP).

se hizo mediante el artículo único dos de la LO 4/2006[35]; con lo que se hizo un flaco favor a este tipo de iniciativas.

Ratificamos la necesidad de incorporación de criterios de racionalidad y justificación sobre la base del aporte de los denominados «antecedentes necesarios» para la totalidad de los sujetos a los que la CE les ha conferido la facultad de iniciativa legislativa. La razón de este pedimento radica en la evitación de un fenómeno adicional que puede presentarse: La presentación de iniciativas legislativas *en cuerpo ajeno*. Esta posibilidad de acceso a la facultad de presentación de propuestas legislativas podría resultar como consecuencia de la evasión de los controles y requisitos por parte del Gobierno a partir de las modificaciones de las que fue objeto la Ley del Gobierno (LG). Ante la imposición exhaustiva de controles a los proyectos de ley gubernamentales, y existiendo la posibilidad de burlar el cumplimiento de estos requisitos por otra vía, el Gobierno podría plantearse la posibilidad de presentar sus iniciativas legislativas penales por la senda de proposiciones de ley, y no por medio de proyectos de ley, haciendo uso para ello de su partido político o de cualquier otro sujeto habilitado, a fin de que sea este quien radique la iniciativa, sin necesidad de acudir al cumplimiento de las disposiciones vertidas en la LG y que hacen referencia a la mejora de la calidad normativa y los principios de mejora de la regulación.

1.2. La fase legislativa penal propiamente dicha

De conformidad con el artículo 66 de la CE, debería constituir la fase estelar del devenir legislativo al ser el Parlamento el ágora donde se aglomera la pluralidad de intereses e ideologías con que se identifican los gobernados, constituyéndose así en

---

35 Ley Orgánica 4/2006, de 26 de mayo, de modificación de la Ley Orgánica 3/1984, de 26 de marzo, reguladora de la ILP.

el representante de las diversas voces del pueblo español. Sin embargo, esta teórica proclamación encuentra sus limitaciones en la realidad, al tener que compartir escena con factores extraparlamentarios y controles de partido que condicionan, y hasta riñen con la pretensión inicial descrita por el constituyente primario[36]. Dentro de esas limitaciones podemos citar la influencia de los *lobbies* o grupos de presión en la estructuración de la iniciativa legislativa para condicionar la propuesta legislativa penal a sus intereses; la influencia y dominancia de la iniciativa gubernamental en la fase previa –e incluso en sede legislativa–, la menor capacidad de participación y redirección en la consolidación del texto legislativo por parte del Parlamento[37]; la implantación de una disciplina de partido[38], en la que la opinión del parlamentario individual pasa a un plano residual y donde su opinión debe ir en consonancia con las políticas de su bancada, haciendo con ello prevalecer *el voto,* que es el que finalmente importa al partido político sobre *la opinión* del parlamentario[39]. Esta disonancia lleva a que el texto del artículo 66 constitucional pase a un lamentable segundo lugar al momento del debate legislativo, evidenciándose un proceso legiferante deslucido, sin trasfondo, y meramente formalizado donde las ideas de intervención legislable han sido acordadas

---

36 *Vid.* MARTÍNEZ ELIPE, León, *Tratado de Derecho Parlamentario, Introducción al Derecho Parlamentario, conexiones históricas y político-jurídico-parlamentarios,* Navarra, Aranzadi, 1999, p. 35.

37 *Vid.* BECERRA MUÑOZ, José, *op. Cit.* p. 430.

38 *Vid.* BUSTOS GISBERT, Rafael, *Calidad democrática, Reflexiones constitucionales desde la teoría, la realidad y el deseo,* Madrid, Marcial Pons, 2017, pp. 35-38.

39 *Op. Cit.,* pp. 51-52. Las listas cerradas y bloqueadas genera que el elector vote por un partido político y no por un candidato, lo que genera distanciamiento entre representante y representado. AA.VV. *La proliferación..., op. Cit.,* CAZORLA PRIETO, Luis María, *La participación del Parlamento en la creación del derecho,* p. 380.

extramuros en desmedro de la posición que debería ocupar el foro de discusión constitucional creado para ello.

Lo anterior, ha generado una desconfianza y un debilitamiento del poder legislativo, por lo que, partiendo del deber ser descrito en la CE, si el Parlamento pretende conseguir el repunte del reconocimiento que, como representante de los plurales intereses sociales debería ostentar, la labor a realizar será la de encaminarse a mejorar, aplicar y/o afinar los procedimientos legislativos actualmente existentes, a fin de procurar una mejora técnica y democrática del proceso legislativo, y específicamente del *íter* legislativo en materia penal, el que últimamente se ha visto permeado por posturas populistas dirigidas al aumento punitivo, intentando *vender* con ellas *placebos legislativos* a la ciudadanía frente a problemas reales o aparentemente coyunturales.

Huelga anotar que cualquier mejora técnica, al igual que la eventual modificación o cumplimiento reglamentario será insuficiente si este ajuste normativo no se acompaña de voluntad política, pues, como asevera MARTÍNEZ ELIPE[40], el esquema *técnico-jurídico* es *políticamente* importante, ya que su significación no lo da sólo el contenido procedimental de la actividad parlamentaria, sino el efecto político que produce como instrumento de garantía de la eficacia del trabajo parlamentario. Por lo anterior, entre mejora técnica y voluntad política deberá existir una simbiosis cuyo resultado genere, a futuro un Parlamento empoderado, capacitado, y fortalecido en escenarios de debate técnico y político que *atienda* y no solo *escuche*, las opiniones y puntos de vista de todos; donde la toma de decisiones legislativa sea el producto de acuerdos basados en criterios políticos, técnicos y jurídicos, dirigidos a lograr una legislación racionalmente más coherente.

---

40 *Vid.* MARTÍNEZ ELIPE, León, *Tratado de Derecho Parlamentario..., op. Cit.*, p. 56.

1.2.1. El Control preliminar de la iniciativa legislativa penal: La calificación y admisión a trámite en el Congreso de los Diputados

Cumplidos los requisitos del artículo 88 de la CE, extendida –con sus respectivas salvedades– la posibilidad del cumplimiento de esta condición a las proposiciones de ley, como el asunto que nos interesa es el de la elaboración de las leyes penales, debe recordarse que la doctrina mayoritaria ha estimado como regla general que su trámite debe conducirse por los cauces de ley orgánica, y que, con alcance ampliado, la práctica parlamentaria ha optado por esta vía independientemente de si compromete o no derechos fundamentales, nos corresponde ahora ocuparnos del trámite que el legislador ha asignado a las leyes de contenido orgánico, considerada como de aquellas con un procedimiento especial[41]. Con carácter general, la diferencia existente entre ésta y el procedimiento ordinario radica fundamentalmente en la mayoría decisoria exigida en la Constitución (quorum reforzado) para que la decisión legislativa se transforme en Ley[42]. En desarrollo de lo anterior, el artículo 131.1 del Reglamento del Congreso de los Diputados (RCD), consagra que los proyectos y proposiciones de Ley Orgánica se tramitarán mediante el procedimiento legislativo co-

---

41 *Vid.* FERNÁNDEZ, Tomás-Ramón, *Las leyes orgánicas y el bloque de la constitucionalidad, en torno al artículo 28 de la Ley Orgánica del Tribunal Constitucional,* Madrid, Civitas, 1981; SANTAOLALLA LÓPEZ, Fernando, *Derecho parlamentario español,* Madrid, Espasa, 1990, pp. 307-310; AA.VV. *Memento práctico..., op. Cit.,* pp. 270-271; GARCÍA-ESCUDERO MÁRQUEZ, Piedad, *El procedimiento legislativo ordinario en las Cortes Generales,* Madrid, Centro de Estudios Políticos y Constitucionales, 2006; SANTAMARÍA PASTOR, Juan Alfonso, *Las leyes orgánicas: Notas en torno a su naturaleza y procedimiento de elaboración,* en *Revista del Departamento de Derecho Público,* No. 4, 1979, pp. 39-57.

42 Art. 81.2 CE. Para su aprobación, modificación o derogación se exigirá mayoría absoluta del Congreso, en una votación final sobre el conjunto del proyecto.

mún, con las diferencias correspondientes. Por lo tanto, el *íter* legislativo aplicado es el de las leyes ordinarias, con sus respectivos ajustes, indicando en lo pertinente, el trato que reciben las iniciativas legislativas de contenido orgánico.

En cuanto a la Cámara legislativa competente para la tramitación de proyectos y proposiciones de ley de contenido orgánico, partimos de la base que su trasegar legislativo arranca siempre en el Congreso de los Diputados y no en el Senado[43/44]. Conocido el órgano competente la acción a seguir es su radicación oficial a fin de que internamente la dependencia asignada para ello (Mesa del Congreso)[45] proceda a la verificación formal de los requisitos impuestos en el artículo 88 constitucional. Al inicio del título, nos referimos a la facultad de *calificación y admisión a trámite* de las iniciativas legislativas de trascendencia político criminal. En cuanto a la labor de *calificación,* este rol se encuentra atribuido a la Mesa del Congreso de los Diputados[46], quien mediante autorización reglamentaria procederá a definir si una iniciativa legislativa debe ser tramitada por vía de Ley Orgánica o si se le debe imprimir un procedimiento diverso[47]. La importancia del señalamiento del tipo de procedimiento que se debe imprimir a las leyes penales no debería ser superficial o simplemente intuitivo por parte de esta Mesa, pues, amén de esa labor de calificación, la acción subsiguiente es la de verificación de los requisitos para su *admisión,* los que en virtud del artículo 88 de la CE corresponden a requisitos

---

43 Artículos 87, 88 y 90 de la CE.

44 En Colombia, según el 134 constitucional, la iniciativa legislativa puede radicarse en cualquiera de las Cámaras.

45 Art. 31 RCD.

46 Art. 130 RCD.

47 *Vid.* PAU VALL, Francesc, *La admisibilidad de las proposiciones de ley y otras iniciativas parlamentarias en relación con la vulneración del derecho de participación política,* en *Revista de las Cortes Generales,* No. 26, 1992, p. 23.

obligatorios y no meramente potestativos como erradamente lo ha entendido el Tribunal Constitucional español[48] y reiteradamente lo ha denunciado la doctrina[49]. En este sentido, en virtud de su función de órgano rector de las Cámaras[50], de su capacidad reglamentaria para adoptar todas las medidas y decisiones que estime necesarias para la organización del trabajo al interior de la Cámara[51], de su facultad de calificación de los escritos y documentos de índole parlamentario, de decisión sobre su admisibilidad o inadmisibilidad[52], y de su capacidad de resolución respecto del trámite a seguir sobre los escritos y documentos que de raigambre parlamentario recibe[53], la Mesa del Congreso debería ocuparse de efectuar un control más estricto sobre el cumplimiento de los llamados *antecedentes necesarios,* tomando como punto de apoyo para su verificación, el cumplimiento por el Gobierno, de las directrices señaladas en la LG, las que se imponen en fase prelegislativa, y matizadamente ejercer, a partir de ese mismo baremo, un control similar sobre las iniciativas de ley penal presentadas por los demás sujetos[54]. El grado de exigencia sobre el cumplimiento en la

---

48 *Vid.*STC 108/1986.

49 *Vid.* AA.VV. *La calidad de las leyes... op. Cit.,* SAINZ MORENO, *Fernando, Antecedentes necesarios;* GARCÍA-ESCUDERO MÁRQUEZ, Piedad, *La iniciativa legislativa..., op. Cit.,* p. 174; DÍEZ RIPOLLÉS, José Luis, *op. Cit.,* EL MISMO, *El control de constitucionalidad de las leyes penales,* en *REDC,* No. 75, septiembre-diciembre, 2005, pp. 59-106; BECERRA MUÑOZ, José, *op. Cit.* pp. 452-455. *Cfr.* TORRES DEL MORAL, Antonio, *Interpretación teleológica de la Constitución,* en *Revista de Derecho Político,* No. 63, 2005, pp. 13-38; BIGLINO CAMPOS, Paloma, *Los vicios en el procedimiento legislativo,* Madrid, Centro de Estudios Constitucionales, 1991, pp. 119-121.

50 Art. 30.1 RC, 35.1 RS.

51 Art. 31.1 RC.

52 Art. 31.4 RC, 36.1 RS.

53 Art. 31.5 RC.

54 Sobre las facultades de la Mesa del Congreso, *vid.* SANTAOLALLA LÓPEZ, Fernando, *Derecho parlamentario..., op. Cit.,* pp. 186-188; ALONSO DE ANTO-

entrega de estos antecedentes podría analizarse a partir de diferentes niveles de intensidad dependiendo del tipo de ley que pretenda presentarse. Por lo tanto, para la presentación de leyes –por ejemplo– ordinarias, podría exigirse por la Mesa, un nivel de cumplimiento de menor categoría sobre la entrega de estos antecedentes, pero, evidentemente, en el caso de proyectos o proposiciones de ley de contenido orgánico, el nivel de exigencia deberá ser más estricto en atención a la intromisión en derechos que representa la intervención[55]. Por lo tanto, la consecuencia jurídica del incumplimiento de estos requisitos podría ser la inadmisión o rechazo de la iniciativa hasta tanto no se subsane esta deficiencia[56].

Para el ejercicio de esta facultad, la función que se desempeñaría sería homologable a la que realiza una oficina de reparto en los Palacios de Justicia, donde al recibir el texto que contiene la demanda, sólo se verifica que el titular aporte la documentación e información esencial que compone la acción a impetrar (aspecto formal), sin que se inmiscuya en la revisión de si cumple con las cuestiones sustanciales del escrito presen-

---

NIO, José Antonio, ALONSO DE ANTONIO, Ángel Luis, *Derecho Parlamentario,* Barcelona Bosch, 2000, pp. 114-117; PAU VALL, Francesc, *La admisibilidad…, op. Cit.*; AA.VV. *Manual de Derecho Constitucional, T. II,* (Coord. Francisco Balaguer Callejón), Madrid, Tecnos, 2017, pp. 546-548; LÓPEZ GUERRA, Luis, ESPÍN, Eduardo, GARCÍA MORILLO, Joaquín, PÉREZ TREMPS, Pablo, SATRÚSTEGUI, Miguel, *Derecho Constitucional, T. II,* Valencia, Tirant lo Blanch, 2018, pp. 79-80. PENDAS GARCÍA, Benigno, *Procedimiento legislativo y calidad de las leyes,* en *Revista Española de Derecho Constitucional (REDC),* Año 10. No. 28, enero-abril, 1990, p. 88.

55 El control de constitucionalidad de la ley penal podría ser más intenso en el segundo caso.

56 *Vid.* GARCÍA-ESCUDERO MÁRQUEZ, Piedad, *La iniciativa legislativa…, op. Cit.,* pp. 176-177. Se debe diferenciar entre «omisión total de antecedentes» y «existencia de un "contenido mínimo"». PUNSET BLANCO, Ramón, *La iniciativa legislativa en el ordenamiento español,* en *Revista de derecho político,* No. 14, 1982, p. 75.

tado (aspecto material), que será competencia de otro sujeto interviniente. Lo dicho, permite colegir que este primer filtro se ocupará de un *control de legalidad formal*[57], con el que no se prejuzga la iniciativa legislativa sino que constituye un *derecho al procedimiento*[58], al que se aviene, una vez cumplida la formalidad exigida en la Ley y en los reglamentos para su acceso[59]. La utilidad de un control serio y no permisivo en esta fase sobre el cumplimiento siquiera formal de las iniciativas conllevará a la no continuación hacia fases más avanzadas del procedimiento, al no existir razones para ello, pues, ante la existencia de hechos legislables rodeados de deficiencias, irregularidades de forma, e información incompleta, la Mesa del Congreso estaría habilitada para frenar su impulso tempranamente[60]. Por el contrario, en caso de que la Mesa del Congreso, una vez efectuada la respectiva *calificación y admisión a trámite* de la iniciativa legislativa penal encuentre que satisface los requisitos formales para su continuación, y específicamente, con el aporte de los *antecedentes necesarios* para su pronunciamiento[61], el paso a seguir será el de su publicación en el boletín oficial de las Cortes Generales[62]. A partir de este momento las proposiciones de

---

57 TC, Sección Segunda. Auto 428/1989, de 21 de julio de 1989.

58 *Vid.* PAU VALL, Francesc, *La admisibilidad…, op. Cit.*, p. 23.

59 Sobre competencia formal o material de la Mesa del Congreso, *vid.* STC 205/1990; STC 242/2006. Su evolución jurisprudencial, *vid.*, GÓMEZ CORONA, Esperanza, *el control parlamentario en la jurisprudencia constitucional*, en *Teoría y realidad constitucional*, No. 19, 2007, pp. 365-396; ARCE JANARIZ, Alberto, *El trámite de admisión de los procedimientos parlamentarios en la jurisprudencia constitucional*, en *REDC*, Año 16. Núm. 46. Enero-abril, 1996, pp. 207-238; PAU VALL, Francesc, *La admisibilidad…, op. Cit.*

60 *Vid.* BECERRA MUÑOZ, J. *op. cit.* p. 455. «No nos resistimos a hacer la comparación con cualquier situación cotidiana en la que un ciudadano inmerso en un procedimiento administrativo no entregue alguno de los documentos que le son exigidos en la regulación aplicable».

61 Art. 109 (proyectos de ley) y 124 (proposiciones de ley) del RC.

62 *Ibid.*

ley y los proyectos de ley recibirán un tratamiento diferente, por lo que a continuación intentaremos referir *grosso modo* sus divergencias.

1.2.2. Proposiciones de ley y proyectos de ley: La diferencia de trato antes de la fase de enmiendas

Al inicio de este capítulo mencionamos la importancia que le ha dado la doctrina especializada a la iniciativa legislativa del Gobierno, la que por su influencia y mayor capacidad de intervención ha generado que su participación acapare el foco de atención sobre las demás modalidades de iniciativa. Este poder atractivo no ha sido ajeno al ámbito de la política criminal española, y los estudios adelantados sobre el tema lo demuestran, pues, como regla general, la doctrina se ha ocupado más incisivamente del trámite que se sigue sobre las iniciativas legislativas gubernamentales, dejando de lado implícitamente la descripción del procedimiento legislativo aplicable en el caso de los demás sujetos facultados para presentar iniciativas legislativas (Congreso de los Diputados y Senado, Asambleas de las Comunidades Autónomas y pueblo)[63]. Este proceder genera que, al abordarse el trámite de las iniciativas legislativas penales en general, se pase del momento de radicación y publicación, a la fase de enmiendas y ponencia, sin que se detalle la fase intermedia que entre la publicación y el periodo de enmiendas se impone a las proposiciones de ley y que no se contempla para los proyectos de ley, dándose a entender que el trámite asignado a uno y otro es el mismo.

La realidad constitucional y reglamentaria demuestran que en este momento sustancial existe una bifurcación procedimental para una y otra modalidad de iniciativas, pues además

---

[63] Incorporamos al pueblo en este listado pese a la exclusión constitucional hecha respecto de proposiciones de ley orgánica.

de la prioridad en el trámite que para los proyectos de ley establece el artículo 89.1 de la CE[64], el artículo 109 del RCD establece que, una vez radicada la iniciativa del Gobierno «[1] a Mesa del Congreso ordenará su publicación, la apertura del plazo de presentación de enmiendas y el envío a la Comisión correspondiente». En sentido contrario, el artículo 126.2 del RCD establece un procedimiento agravado para las proposiciones de ley al señalar que «[e]jercitada la iniciativa, la Mesa del Congreso ordenará la publicación de la proposición de ley y su remisión al Gobierno para que manifieste su criterio respecto a la toma en consideración».

En otras palabras, una vez radicada la iniciativa legislativa penal del gobierno y realizada la respectiva *calificación y admisión a trámite* por la Mesa del Congreso, si se supera esta fase *formal,* la iniciativa pasa automáticamente a la verdadera etapa procedimental de debate legislativo al enviarse a la Comisión competente (Comisión de Justicia en nuestro caso), para que arranque la fase *material* de la discusión legislativa[65]. No acontece lo mismo en el caso de las proposiciones de ley que presentan los demás facultados constitucionales, ya que llegado el momento de publicación de la iniciativa legislativa, esta debe superar una fase adicional tanto en sede de Gobierno –en ciertos casos– como en sede parlamentaria (toma en consideración), la que incluso, dependiendo del sujeto que la ejerza, contará con más o menos talanqueras. En suma, podemos anotar que para el caso de las proposiciones de ley, el momento de *calificación y admisión a trámite* posee un requisito ampliado, pues luego de *calificarse* la proposición de ley, para proceder a su *admisión* se exige el cumplimiento, no solo de criterios

---

64 *Vid.* GARCÍA-ESCUDERO MÁRQUEZ, Piedad, *La iniciativa legislativa..., op. Cit.,* pp. 18-22, 47-72.

65 *Vid.* ARAGÓN REYES, Manuel, *La iniciativa legislativa,* en, *Revista Española de Derecho Constitucional,* No. 16, 1986, p. 288. (Fase constitutiva).

formales, sino también de criterios *políticos* no impuestos a las iniciativas gubernamentales en esta franja procedimental[66].

a. El procedimiento de toma en consideración

Esta figura consiste en la facultad del pleno de la Cámara de decidir si acepta o no a trámite la iniciativa legislativa radicada, por lo que en puridad constituye un filtro adicional para la tramitación de iniciativas legislativas no gubernamentales[67]. El uso de la facultad de iniciativa legislativa por los demás sujetos ajenos al Gobierno ha sido visto por la doctrina y por la práctica legislativa, como una posibilidad residual de la facultad del Gobierno, razón por la que ha recibido un trato de segunda mano, al ser vista como una función simplemente complementaria del impulso legislativo gubernamental[68]. Bajo esta interpretación, la importancia de esta modalidad de intervención legislativa se ha visto limitada y hasta cercenada mediante la aplicación del procedimiento de toma en consideración debido al análisis político que sobre ella versa. De hecho, puede suceder que en comparación con los proyectos de ley, las proposiciones de legislación sean cuantitativamente mayores en

---

66 No se evidencia un registro claro que permita determinar en qué estadio cabría el procedimiento de toma en consideración, sin embargo, al ser un escenario complejo donde participan, la Mesa del Congreso (primero), y el Pleno (después), nos encontraremos en fase preliminar de iniciativa legislativa.

67 Para la doctrina mayoritaria, solo el Gobierno y las Cortes Generales poseen auténtica capacidad de iniciativa legislativa. *Vid.* GARCÍA-ESCUDERO MÁRQUEZ, Piedad, *La iniciativa legislativa…, op. Cit.*, pp. 18-22, 47-72. MERINO MERCHÁN, José Fernando, *Rasgos definidores de la iniciativa legislativa prevista en el artículo 87 de la constitución (I)*, en *Revista de Derecho Político*, No. 17, 1983, pp. 43-84. *Cfr.* SANTAOLALLA LÓPEZ, Fernando, *Derecho parlamentario…, op, cit.*, pp. 257-268.

68 *Vid.* GARCÍA-ESCUDERO MÁRQUEZ, Piedad, *op. Cit.*, pp. 23-24.

su radicación pero que su reflejo en fase de tramitación no sea correlativo al generarse en esta fase un *efecto embudo,* en el que se filtran las iniciativas y se merma la capacidad de intervención de otros actores con aptitud legisladora[69]. En palabras de Díez Ripollés[70], las proposiciones de ley «dejan de ser trascendentes en una temprana fase de la tramitación parlamentaria», presentándose este fenómeno con mayor recurrencia, en periodos en los que el Gobierno cuenta con mayorías parlamentarias[71].

De conformidad con el artículo 126.4 del Reglamento del Congreso de los Diputados (RCD), el trámite de toma en consideración se guiará mediante un debate de totalidad en el Pleno del Congreso[72]. Para dar claridad al concepto de «debate de totalidad» que en esta fase se surte, la doctrina ha equiparado este debate con el que se aplica sobre las «enmiendas a la totalidad»[73], las que de conformidad con el artículo 110.3 RCD, se realizan sobre aspectos referidos a la *oportunidad, los principios o el espíritu* de la iniciativa legislativa, y que por su contenido político demandaría un debate *in totum* en el Pleno del Congreso. Sin embargo, y sin ánimo de enervar una discusión mayor sobre el tema, consideramos que este «debate de totali-

---

69 *Vid.* AA.VV. *Memento práctico…, op. Cit.,* ASTARLOA HUARTE-MENDICOA, Ignacio, p. 218.

70 *Vid.* DÍEZ RIPOLLÉS, José Luis, *op. Cit.,* p. 52.

71 Según, PARRA GÓMEZ, David, *La función legislativa en Parlamentos fragmentados,* en *Anuario Jurídico y Económica Escurialense,* No. 53, 2020, pp. 1-37, a partir de la XI legislatura se ha empezado a generar un cambio de tendencia.

72 Art. 74.2 RC.

73 *Vid.* ASTARLOA HUARTE-MENDICOA, Ignacio, *op. Cit.,* p. 234; LAVILLA RUBIRA, Juan José, *Las proposiciones de ley remitidas por la Comunidades Autónomas al Congreso de los Diputados. op. Cit.,* p. 65; GARCÍA-ESCUDERO MÁRQUEZ, Piedad, *Toma en consideración, retirada y caducidad de las proposiciones de ley,* en *Cuadernos de Derecho Público,* No. 21, enero-abril, 2004, pp. 79-104 (p. 92)

dad» no es completamente equiparable a este procedimiento, por lo que debería recibir un trato diferenciado. La causa de esta afirmación radica en el enunciado que sigue en el mismo artículo luego de referirse a l*a oportunidad, los principios o el espíritu* del hecho legislable. Donde dice que del resultado del debate y sus enmiendas deberá postularse la devolución del texto al Gobierno, ora la presentación de un texto alternativo. Como puede advertirse, la primera posibilidad no podría presentarse, pues la toma en consideración se establece para los demás sujetos con iniciativa legislativa ajenos al Gobierno, y con relación a la segunda alternativa ello tampoco acaece por simple sustracción de materia al no contemplarse esta posibilidad en el RCD al referirse a esta figura parlamentaria. De hecho, el único camino que ese reglamento contempla para las proposiciones de ley una vez sometidas a este trámite es su admisión o rechazo por parte del Pleno del Congreso[74].

La importancia que debería revestir esta fase del procedimiento legislativo debería ser de mayor exigencia a la impuesta actualmente; con mayor razón en el caso de presentación de iniciativas legislativas político-criminales. El modelo implantado reglamentariamente, se ocupa de un análisis *formal* y de un posterior análisis *político* de la iniciativa legislativa, la que, como consecuencia de este segundo baremo puede descartarse si se considera que su contenido no se adecúa a *la oportunidad, los principios o el espíritu* (al parecer, de la ideología parlamentaria mayoritaria[75]). Por esta razón, si consideramos que la celebración de esta fase constituye el escenario para desbrozar anticipadamente *la oportunidad, los principios o el espíritu* de la iniciativa sobre la que se espera su tramitación, consideramos que

---

74 Art. 126.5. RCD.

75 LAVILLA RUBIRA, Juan José, *Las proposiciones de ley remitidas por la Comunidades Autónomas al Congreso de los Diputados, op. Cit.*, p. 65.

amén del criterio *político,* debe considerarse un criterio *material* en el que se aborde la proposición legislativa desde su contenido a partir del análisis de los *antecedentes necesarios* que la acompañen, del plan de acción formulado, del sustento que ofrece la información recaudada en fase prelegislativa –que debe llevar un trabajo considerable– sobre las posibilidades existentes, las alternativas contempladas y descartadas, la necesidad de intervención legislativa (por ejemplo, mediante la regulación de nuevas conductas, ora, mediante su despenalización), y a partir del estudio razonado de esta información, decidir sobre su descarte o mantenimiento. Por lo tanto, el debate no puede conformarse con un análisis estrictamente *político,* debiéndose por tanto extenderse hacia esferas técnicas en las que, entre otras cosas, se contemple la intervención y la opinión de expertos[76].

La dificultad real que ha impedido un debate serio a partir de estas premisas radica en un problema arraigado en todas las fases del procedimiento legislativo y ratificado a nivel doctrinal donde se cree que el legislar es el territorio de la mayoría, y el control es el de la oposición[77]. En este sentido, será de común aceptación la teoría de que las proposiciones de ley de los grupos minoritarios persiguen simplemente los fines de, i). Generar un debate político para forzar una posición del Gobierno y de la mayoría sobre temas polémicos y de repercusión en la opinión pública; ii). Obligar a que se responda inquietudes de las minorías o, iii). Configurar un elemento adicional de control gubernamental en casos de retraso en su

76 *Vid.* MERINO MERCHÁN, José Fernando, *Elementos para un estudio de los actos del procedimiento legislativo,* citado por GARCÍA-ESCUDERO MÁRQUEZ, Piedad, *op. Cit.*

77 *Vid.* ASTARLOA HUARTE-MENDICOA, Ignacio *op. Cit.,* p. 156.

programa legislativo[78]. Estas apreciaciones, si bien hacen parte del ejercicio democrático y de la existencia de la pluralidad ideológica existente al interior de las Cámaras legislativas, no puede ser considerado como adecuado y suficiente, sobre la base de un programa político dominante en detrimento del pensamiento de las minorías, pues como es sabido, tanto la conformación del Gobierno, como la representación parlamentaria no obedece –o al menos, no debe obedecer– a la desnuda aplicación de la regla de las mayorías sin que importe la posición de los demás sectores involucrados. Recordemos que con independencia del color político que detente el poder, la función legislativa se extiende a todo el conglomerado social y no solo sobre un sector del electorado, por lo que resulta insuficiente concebir la toma en consideración como el espacio en el que los grupos minoritarios pueden dejar constancia de sus posturas y aspiraciones, y los grupos mayoritarios pueden «eliminar del trabajo legislativo todo lo que no concuerda con el programa político»[79], ya que esto no se acompasa con el modelo de estado social y democrático de derecho adoptado en la Constitución. Esta trivialización del procedimiento legislativo ha generado que en las diversas fases del *íter legislativo* se opte más por el *debate publicitario* que por el *debate de argumentos,* por el *postureo legislativo,* más que por la discusión técnica, prefiriéndose por tanto la intervención en el hemiciclo para criticar políticamente la iniciativa legislativa, sacrificando por completo la argumentación técnica.

Como puede notarse, la percepción normalizada de que las minorías se oponen y las mayorías legislan también ha permea-

---

78 *Vid.* GARCÍA-ESCUDERO MÁRQUEZ, Piedad, *La iniciativa legislativa…, op. Cit.,* p. 28.

79 *Vid.* SANTAOLALLA LÓPEZ, Fernando, *Derecho parlamentario…, op, cit.,* p. 294. Desde el derecho penal, SOTO NAVARRO, Susana, *op. Cit.,* p. 125.

do la fase de toma en consideración, al punto que la doctrina ha llegado a considerar como un acto *obvio,* el hecho de que el grupo dominante advierta esta etapa como «un formidable instrumento para cercenar la capacidad de iniciativa de los grupos que no forman parte de la mayoría de gobierno»[80], lo cual ha generado en la práctica un descuido por los sujetos con iniciativa parlamentaria –ajenos al Gobierno y su grupo mayoritario–[81] a percibir este escenario como un espacio de *denuncia* pública generadora de opinión, más no como una fase útil para que se preste atención y se dé impulso a sus proposiciones legales. De *lege ferenda,* con el fin de conceder un mayor protagonismo a esta primera –y por lo visto–, liminar lectura que constituye la toma en consideración, podríamos plantearnos la posibilidad de que este procedimiento deje de ser de los que Díez Ripollés[82] rotula como aquellos que *se cierran sobre sí mismos,* significando con ello que «carecen de previsiones respecto a la intervención de otros agentes extra o incluso interparlamentarios». Por lo tanto, y siguiendo la posición ofrecida por este autor, sería conveniente la apertura del debate permitiendo la participación de sujetos ajenos al Pleno del Congreso, mediante la recepción de información pública y audiencia sobre sectores que eventualmente puedan llegar a verse afectados con la proposición legal[83] –tal como en sede prelegislativa se contempla actualmente en la Ley del Gobierno para los pro-

---

80 *Vid.* LÓPEZ GARRIDO, Diego, SUBIRATS, Joan, *El proceso de toma de decisiones legislativas. Las relaciones gobierno-Parlamento en España (1977-1986),* en *Papers, Revista de Sociología,* No. 33, 1990, pp. 35-49 (p. 41). BUSTOS GISBERT, Rafael, *Calidad democrática…, op. Cit.,* p. 25.

81 Que también podría utilizar el Gobierno para presentar proposiciones de Ley de evidente factura gubernamental (iniciativas en *cuerpo ajeno*). *Vid.* GARCÍA-ESCUDERO MÁRQUEZ, Piedad, *op. Cit.,* p. 27; PENDAS GARCÍA, Benigno, *Procedimiento legislativo…, op. Cit.,* p. 89.

82 *Vid.* DÍEZ RIPOLLÉS, José Luis, *La racionalidad…, op. Cit.,* p. 52.

83 *Ibidem.*

yectos y anteproyectos de ley–. La justificación para dar lugar a una apertura del debate en la que puedan participar sujetos ajenos al Pleno del Congreso reside en la esencia misma de la toma en consideración, la que como ya lo hemos enunciado, deberá estudiar la oportunidad, los principios y el espíritu de la proposición legal, siendo que el análisis de estos elementos sea constitucionalmente insuficiente a partir de un debate que en realidad es aparentemente *abierto*, solo para la vista pública, pero realmente *cerrado*, en cuanto al proceso decisional.

b. El traslado al Gobierno, previo a la toma en consideración

El artículo 84 de la CE consagra la posibilidad de que el Gobierno se oponga en los casos en que una proposición de ley o enmienda sea contraria a una delegación legislativa vigente. En ese caso, podrá presentarse una proposición de ley para la derogación total o parcial de la ley de delegación. Así mismo, el artículo 134.6 *ídem* expone que toda proposición o enmienda que suponga aumento de créditos o disminución de ingresos presupuestarios requerirá de conformidad del Gobierno para su trámite. Sobre las proposiciones de ley, la materialización de esta orden constitucional se ve reflejada en los numerales 2 y 3 del artículo 126 del RCD, que en aplicación de este reglamento ordena a la Mesa del Congreso a que concomitantemente con la publicación de la iniciativa proceda a remitir el texto al Gobierno a fin de que manifieste su criterio respecto de la toma en consideración y de su conformidad o no al trámite, y si implica aumento de los créditos o disminución de los ingresos presupuestarios.

Sobre la primera posibilidad (oposición por delegación legislativa), encontramos que no podría haber lugar a objeción gubernamental en materia penal, pues, por expresa prohibición del artículo 82.1 de la CE, el Parlamento no está facultado para conceder delegación legislativa al Gobierno para la regulación de materias relativas al desarrollo de derechos fundamentales y libertades públicas (Leyes orgánicas); modalidad utilizada en la actualidad por las Cortes Generales para la configuración de los tipos penales y sus consecuencias jurídicas. Por lo tanto, al no existir una inicial potestad de delegación por el Parlamento sobre esta materia, tampoco podría surgir posibilidad de objeción gubernamental ante proposiciones de ley penal que se radiquen por sujetos ajenos a esta rama del poder.

La segunda alternativa que habilita al Gobierno a manifestar su objeción para que sea analizada por el Pleno al momento de la toma en consideración, ocurre en los casos en los que la proposición penal suponga aumento de créditos o disminución de ingresos presupuestarios. El trámite que se lleva a cabo en este evento será el de traslado al Gobierno por la Mesa del Congreso para que en el plazo de 30 días emita su pronunciamiento[84].

Leído el informe, el Pleno decide si acepta o no las razones expuestas por el Gobierno, y si toma o no en consideración la

---

84 En la práctica, recibidas las objeciones del Gobierno, la Mesa del Congreso –y no el Pleno– realiza un estudio técnico-jurídico (no político pues éste es del resorte del Pleno) para decidir si acepta o no el escrito que veto. El TC ha sido ambivalente en este tema. *Vid.* STC 223/2006, de 6 de julio; STC 242/2006, de 24 de julio; STC 34/2018, de 12 de abril; STC 44/2018, de 26 de abril, STC 94/2018, de 17 de septiembre, STC 17/2019, de 11 de febrero. *Vid.* MARTÍ SÁNCHEZ, Sylvia, *Sobre la compleja aplicación práctica del artículo 134.6 de la Constitución. Comentario a las sentencias del Tribunal Constitucional 139/2018, de 17 de diciembre y 17/2019, de 11 de febrero, en los recursos de amparo núm. 729-2018 y 1104-2018 (B.O.E. Núm. 22, 25 de enero de 2019 y 67, de 19 de marzo de 2019,* en *Revista de las Cortes Generales,* No. 106, primer semestre, 2019, pp. 559-569.

proposición legislativa[85]. Para GARCÍA ESCUDERO-MÁRQUEZ[86] la importancia de este veto gubernamental radica en la función de dirección política que constitucionalmente le concierne como resultado de la confianza congresual que le ha sido depositada a la cabeza del Ejecutivo (Presidente de Gobierno) al momento de su designación, correspondiendo por lo tanto a la función «que permite al Gobierno supervisar la actividad legislativa del Parlamento que no procede de él mismo, que le permite advertir sobre aquellas iniciativas que no se ajustan a la dirección por él fijada y que, en consecuencia, deberían ser rechazadas por las Cámaras en el trámite de toma en consideración»[87]. Pese a lo coherente que pudiera parecer esta estimación, en nuestra opinión, esta conclusión desborda las facultades de oposición consagradas en el 134.6 de la CE y el 126.2 del Reglamento del Congreso de los Diputados (RCD). En caso de que la opinión del Gobierno se refiera a cuestiones relativas a la oportunidad, conveniencia u otro aspecto diferente al conferido en el mandato constitucional, deberá

---

85 *Vid.* Nota anterior; también, AA.VV. *El procedimiento legislativo, V Jornadas, op. Cit.*, PEÑA RODRÍGUEZ, Luis, *Calificación y admisión a trámite de iniciativas legislativas…*, pp. 351-382; AJA FERNÁNDEZ, Eliseo, *Caracteres y principios generales del procedimiento legislativo*, en *Anuari de Dret politic*, 1983, pp. 159-171; MERINO MERCHÁN, José Fernando, *Las facultades de calificación de las enmiendas por las Mesas de las Cámaras*, en *Revista de las Cortes Generales*, No. 23, 1991, pp. 133-152; PÉREZ JIMÉNEZ, Pablo Jesús, *Las limitaciones a la iniciativa legislativa financiera en la Constitución española*, en *Revista de Derecho Político*, No. 9, 1981, pp. 111-159; PUNSET BLANCO, Ramón, *La fase central del procedimiento legislativo*, en *Revista Española de Derecho Constitucional*, No. 14, 1985, pp. 11-134; MARTÍNEZ SANTAMARÍA, Paola, *Facultades de la Mesa respecto de calificación de los escritos de disconformidad del Gobierno y la tramitación de proposiciones de ley*, en *Revista de las Cortes Generales*, No. 106, primer semestre, 2019, pp. 333-547.

86 *Vid.* GARCÍA-ESCUDERO MÁRQUEZ, Piedad, *Toma en consideración, retirada y caducidad de las proposiciones de ley, op. Cit.*, p. 87.

87 *Cit.*

esperar al análisis del Pleno, quien como ya lo anunciamos, sí está autorizado para realizar un estudio de oportunidad, por lo que en caso de tomar en consideración la iniciativa, tendrá el Gobierno otros escenarios dentro del futuro debate legislativo para manifestar las razones de su disenso, pudiéndolo hacer de manera directa o por intermedio de la cuota partidaria que en el Parlamento lo representa. Por lo tanto, en caso de que el Gobierno decidiera presentar un informe que desborde el alcance constitucional de su facultad de objeción, el Pleno de la Cámara debería abstenerse de su lectura y proceder a decidir sobre la toma en consideración sin atender al contenido de lo dicho por el Ejecutivo.

En suma, las razones expuestas nos permiten realizar las siguientes precisiones: i). En materia penal, este instrumento no puede constituir una carta comodín para que el Gobierno, sin ofrecer explicaciones suficientes, afirme que la proposición de ley implica aumento de créditos o disminución de ingresos presupuestarios, y con base en esa afirmación, el pleno del Congreso[88] descarte la iniciativa legislativa sin efectuar análisis alguno[89]; ii). Que en los casos en los que el Gobierno, contando con mayoría parlamentaria, decida guardar silencio y prefiera acordar extraparlamentariamente la no toma en consideración de la proposición de ley[90], el Pleno del Congreso deberá ofrecer las razones políticas, jurídicas y técnicas por las cuales niega el trámite de la iniciativa[91] como resultado del respeto al *ius in officium* parlamentario; iii). En los casos en los que el Gobierno, al no contar con mayoría parlamentaria objete el

88 O incluso la Mesa del Congreso como lo hemos indicado.

89 *Vid.* GARCÍA-ESCUDERO MÁRQUEZ, Piedad, *op. Cit.*, p. 88; RUBIO LLORENTE, Francisco, *El procedimiento legislativo en España, el lugar de la ley entre las fuentes del derecho,* en *REDC,* Año 6, No. 16, enero-abril, 1986., p. 90.

90 *Ibid.* p. 89.

91 Apoyados incluso en el estudio sobre los aspectos técnicos hecho por la Mesa.

trámite de la iniciativa legislativa, deberá explicar de forma clara, detallada y suficiente las razones por las que encuentra que la misma incurre en aumento de créditos o disminución de los ingresos presupuestarios vigentes, a fin de que el Pleno pueda estudiar su justificación y como resultado realice un debate razonado y reflexivo acerca de las motivaciones gubernamentales y su procedencia, persiguiendo con ello que la decisión adoptada al momento de la toma en consideración no se torne en infundada o arbitraria[92].

Estas precisiones adquieren connotación superior en nuestro ámbito de estudio, pues si se llegaren a presentar proposiciones de ley con consecuencias jurídico-penales que no fueran del parecer gubernamental, bastaría con la escueta mención de que ésta implica un compromiso presupuestal inasumible dentro de la vigencia aprobada, y por lo tanto, todas las iniciativas legislativas presentadas por los partidos de la oposición acabarían archivadas en atención a su no coincidencia con el programa de gobierno y al desarrollo del catálogo de políticas públicas que pretende impactar el Gobierno como consecuencia del voto de confianza que le fue conferido a partir de su investidura. No desconocemos que ordinariamente el archivo de las iniciativas legislativas de las minorías suele terminar en el anaquel del olvido o archivadas como consecuencia de la falta de *quorum* para sacar adelante sus propuestas de legislación; lo que queremos significar es que, si bien, puede pensarse el Gobierno, al tener la potestad exclusiva en materia presupuestal, y al existir la posibilidad de que las iniciativas legislativas puedan comprometer los presupuestos aprobados, los partidos de la oposición se esfuercen por justificar suficientemente su

---

92 En un asunto no penal la Mesa del Congreso de los Diputados en reunión de 18/10/2016, al estudiar una proposición de ley y leer el informe del Gobierno concluyó que éste no justificaba objetiva y suficientemente el «aumento de créditos o disminución de ingresos del Presupuesto en vigor».

texto, acompañándolo de todos aquellos antecedentes –incluido un estudio sobre el impacto económico–, que permitan al momento de la toma en consideración, valorar si éste compromete efectivamente los gastos de la vigencia presupuestal aprobada y si desde un análisis costo-eficiencia, coste-beneficio, existe la posibilidad de que se tramite o aplace su regulación para futuras vigencias, en vez de acudir a su rechazo automático. Esta posibilidad podría plantearse pues, evidentemente, todas las iniciativas penales (de creación o de aumento intensivo o extensivo del código penal) podrían implicar aumento del gasto presupuestario y en consecuencia terminar en el archivo *in límine* como consecuencia del informe del Gobierno. De hecho, no solo nos referimos a iniciativas penales, sino también a políticas públicas dirigidas a la prevención del delito, las que en principio podrían considerarse como generadoras de aumento del gasto presupuestal, pero que a futuro podrían redundar en la reducción del delito y que condicionarían el estudio de estos gastos desde una visión diferente a la que ordinariamente se aplica sobre una determinada política pública[93]. En idéntico sentido, el informe que debe presentar el Gobierno debe ir más allá de la lacónica mención al aumento de créditos o disminución de ingresos presupuestarios, ya que, como lo ha reconocido el TC[94] «rara vez las iniciativas parlamentarias serán enteramente neutrales en relación con las cuentas públicas, de modo que cualquier propuesta de medida legislativa es susceptible de tener un impacto sobre el volumen de los ingre-

---

93 El análisis económico de la política criminal debe contemplar la valoración de los efectos intangibles, pues no hacerlo podría determinar que «en ocasiones un robo consumado [tenga] más costos que una violación». *Vid. Vid.* BRANDARIZ GARCÍA, José Ángel, *El modelo gerencial-actuarial de la penalidad,* Madrid, Dykinson, 2016, p. 90.

94 *Vid.* STC 34/2018, de 12 de abril.

sos y gastos públicos, siquiera de forma hipotética o indirecta o, en todo caso, un impacto económico sobre alguna política pública».

Finalmente, en los casos de despenalización, el Gobierno no tendría ese poder de veto, y en este sentido, por simple sustracción de materia, no habría lugar al traslado del texto a éste por parte de la Mesa del Congreso. En los casos de regulación por otras vías de intervención estatal menos restrictivas, habría lugar al traslado gubernamental en los casos en lo que dicha decisión implique un correlativo aumento de la carga burocrática del poder central. En todo caso, resulta discutible que una iniciativa legislativa penal termine como producto *no nato,* con el temprano argumento del impacto presupuestal, impidiéndole iniciar su andadura por otras fases del *íter* legislativo que eventualmente podrían analizar su viabilidad con mayor detenimiento, e incluso, en caso de conseguir trasegar las fases respectivas y llegar a constituirse en Ley, contemplar el eventual aplazamiento de su entrada en vigor.

1.2.3. Fase de Comisión en el Congreso: Dictamen, Ponencia, elaboración de informe, presentación de enmiendas y tipología

Superadas las anteriores fases, dependiendo de si nos encontramos frente a un proyecto o proposición de Ley, se envía el texto a la Mesa de la Cámara quien procederá –ahora sí– a enviarla a la Comisión –de justicia– ordenando la apertura del plazo para la presentación de enmiendas. A partir de este momento, una vez flanqueado este procedimiento, el trato (al menos virtualmente) ofrecido a las proposiciones y a los proyectos de ley se normaliza y unifica[95], por lo que unas y otros se guiarán por el mismo procedimiento[96].

a. Enmiendas y tipología

De lo dicho se desprende que, luego de la publicación del texto en la gaceta respectiva existirá un trámite intermedio para ambos tipos de iniciativa: El de la presentación de enmiendas, el que, dependiendo de su tipología será de competencia del Pleno de la Cámara, ora de la Comisión de Justicia conforme al envío de la iniciativa penal por parte de la Mesa del Congreso de los Diputados. En el primer caso, éste tendrá lugar en los eventos en los que, concedido el plazo de quince días para que los Diputados y los Grupos Parlamentarios decidan presentar enmiendas a la iniciativa legislativa, lo hagan a su totalidad. Esta modalidad de enmienda pretende atacar el corazón de la propuesta legal al versar *sobre la oportunidad, los principios o el espíritu del proyecto de ley*[97/98]. Con este tipo de enmienda sus

---

95 Para la doctrina, desde este momento la iniciativa legislativa deja de ser propiedad de quien la radica y pasa a ser de propiedad parlamentaria. *Vid.* AA.VV. *Memento práctico…, op. Cit.*, p. 223; ARAGÓN REYES, Manuel, *La iniciativa legislativa, op. Cit.*, p. 298; GARCÍA-ESCUDERO MÁRQUEZ, Piedad, *La iniciativa legislativa…, op. Cit.*, pp. 41-42. DE ESTEBAN, Jorge, LÓPEZ GUERRA, Luis, *El régimen constitucional español*, Tomo II, Barcelona, Labor Universitaria, 1982, p. 149. *Cfr.* SANTAOLALLA LÓPEZ, Fernando, *Derecho parlamentario…, op, cit.*, p. 286.

96 Según el 126.5 del RCD., la única diferencia será que a las proposiciones de ley tomadas en consideración no les procede la presentación de enmiendas a la totalidad de devolución, al haber sido superada su aceptación por el Pleno.

97 Art. 110.3 RCD.

98 Llama la atención que la doctrina cite casi literalmente el 110.3 del RCD («Serán enmiendas a la totalidad las que versen sobre la oportunidad, los principios o el espíritu del proyecto de ley…»), sin ocuparse de analizar qué quiso decir el legislador con estos conceptos.

autores pretenden que el Pleno ordene la devolución de la iniciativa legislativa a su autor (en realidad al Gobierno), o bien, procederán a presentar un texto alternativo completamente nuevo.

En puridad, aunque así no lo diga el RCD, la posibilidad de presentación de enmiendas a la totalidad prácticamente se consagra para las iniciativas legislativas gubernamentales, pues si analizamos el artículo 126.5 *ídem*, evidenciamos que allí se hace mención a la inadmisibilidad de presentación de enmiendas de totalidad de devolución una vez tomada en consideración la proposición de ley, por lo que cabría plantearse la posibilidad de presentar enmiendas de totalidad de texto alternativo completo. Sin embargo, esta alternativa es poco usual, amén de que suele ser descartada por el legislador, quien opta en su remplazo por dar aplicación al segmento normativo que en ese mismo artículo dispone que «el presidente preguntará si la Cámara toma o no en consideración la proposición de ley», con la que el Pleno del Congreso decide si acepta o rechaza la iniciativa (debate de si o no). En el primer caso se aceptará tal como fue presentada y se enviará a la Comisión de Justicia –donde se podrán presentar propuestas parciales de modificación–. La segunda alternativa es el rechazo en su totalidad al no considerarse para su trámite[99]. Por lo tanto, si se pretende mantener en el ámbito español esta primera lectura para descartar proyectos[100] o proposiciones de ley[101] de contenido político criminal, debería existir un procedimiento más riguroso a fin de que esta primera toma de pulso permita la realización

99 *Vid.* MERINO MERCHÁN, José Fernando, *Enmienda a la totalidad a una proposición de ley. Necesidad de una reforma a los reglamentos de la Cámaras legislativas*, en *Revista del Departamento de Derecho Político,* No. 7, otoño, 1980, pp. 167-177.

100 Solamente ocurrirá esta primera lectura en caso de que los grupos parlamentarios presenten enmiendas a la totalidad.

101 En las proposiciones de ley siempre ocurrirá esta primera lectura mediante la toma en consideración.

de un debate público que permita a su autor defender política, jurídica y técnicamente su iniciativa legislativa, al igual que quienes pretendan su devolución o modificación total (texto alternativo completo), ofrezcan, de cara a la opinión pública, el material político, jurídico y técnico[102] dirigido a cuestionar el texto original y justificar la procedencia de su devolución/ modificación plena a partir de un estudio sustanciado acerca de su oportunidad, sus principios o su espíritu. De esta manera, esta primera lectura ante el Pleno deberá –como se anunció respecto de la toma en consideración– contemplar un debate abierto en el que se permita la participación de sujetos (legos y expertos) interesados o eventualmente afectados con la proposición legal[103], de la misma forma como actualmente se contempla en la LG para la fase prelegislativa de los proyectos y anteproyectos del Gobierno. Con ello se avanzará en la trascendencia del debate y se evitará la condenación automática al fracaso[104] de las enmiendas a la totalidad presentadas por los grupos de la oposición, se evitará que se presenten proyectos de ley disfrazados de enmienda,[105] se fijará de mejor forma «el objeto del texto que se va a tramitar»,[106] se procurará la mejora

102 El corto plazo concedido a los Grupos Parlamentarios para ofrecer los *antecedentes necesarios* no impide ofrecer un insumo sumario que demuestre la procedencia de la enmienda sugerida.

103 *Vid.* DÍEZ RIPOLLÉS, José Luis, *op. Cit.*

104 *Vid.* SANTAOLALLA LÓPEZ, Fernando, *Por un nuevo procedimiento…*, Madrid, Dykinson, 2015, p. 30.

105 *Vid.* SANTAOLALLA LÓPEZ, Fernando, *op. Cit.*, p. 31.

106 *Vid.* GARCÍA-ESCUDERO MÁRQUEZ, Piedad, *La iniciativa legislativa…, op. Cit.*, p. 215.

técnica, el mayor consenso de voluntades[107] y se sentarán las bases «de un inminente intercambio de pareceres»[108/109].

La segunda tipología de enmiendas corresponde a las de supresión, modificación o adición al articulado[110]. Su trámite corresponderá a la Comisión respectiva quien verificará por intermedio del órgano designado por ella que, en el caso de las solicitudes de enmienda de modificación y/o de adición se presente el texto alternativo que pretende remplazarlo. En términos generales, estas enmiendas son las que mayor eficacia práctica tienen en la pretensión de modificar el texto articulado que originalmente compone la iniciativa. Sin embargo, la diferenciación entre enmiendas a la totalidad y enmiendas al articulado presenta en la práctica serios problemas, siendo la Comisión Legislativa Competente, en su labor preparatoria para el debate futuro la encargada de calificar el tipo de enmienda que se presenta con independencia del rótulo que a ésta le asigne el grupo parlamentario que la radica[111].

---

107 *Vid.* GARCÍA-ESCUDERO MÁRQUEZ, Piedad, *op. Cit.*, p. 216.

108 *Vid.* BECERRA MUÑOZ, José, *op. Cit.* p. 460.

109 A favor de realizar una primera lectura (debate de totalidad) para los proyectos de ley (como sucede con las proposiciones de ley), y no solo cuando se presenten enmiendas de totalidad, *vid.* PENDAS GARCÍA, Benigno, *Procedimiento legislativo…*, *op. Cit.*; CAZORLA PRIETO, Luis María, *La participación del Parlamento en la creación del derecho, op. Cit.* p. 386. *Cfr.* BECERRA MUÑOZ, José, *op. Cit.* p. 463; SANTAOLALLA LÓPEZ, Fernando, *op. Cit.*, pp. 88-89.

110 Art. 110.4 RCD.

111 Artículo 1 Resolución de la Presidencia del Congreso de los Diputados, de 12 de enero de 1983, «sobre normas que regulan la calificación de los escritos de enmiendas presentadas a textos legislativos».

b. La ponencia y su importancia para el proceso legislativo

Al interior de las Comisiones Legislativas existen órganos con funciones transitorias[112] que se conforman para el correcto cumplimiento de la labor encomendada, por lo tanto, como lo expone el 113.1 del RCD, una vez finalizo el debate de totalidad en el Pleno –si lo hubo–, y en todo caso, una vez concluido el plazo de presentación de enmiendas, la Comisión deberá nombrar una ponencia[113], para que analice la propuesta de legislación y las enmiendas al articulado para que en el plazo de quince días[114] presente informe a la Comisión para su posterior debate y dictamen. Sobre la ponencia, conviene anotar que, a diferencia del caso colombiano, donde este concepto alude al «informe o documento final» que elaboran los parlamentarios designados por la Comisión, en España la ponencia corresponde al «órgano compuesto por el conjunto de ponentes», sien-

---

112 ASTARLOA HUARTE-MENDICOA, Ignacio *op. Cit.*, p. 236; PENDAS GARCÍA, Benigno, *Procedimiento legislativo…*, *op. Cit.*, p. 92; GARCÍA MARTÍNEZ, María Asunción, *El procedimiento legislativo,* Madrid, Congreso de los Diputados, 1987, p. 255; LÓPEZ GARRIDO, Diego, *La posición de las ponencias en el procedimiento legislativo del Congreso de los Diputados (I y II legislatura),* en *Revista de Derecho público,* No. 17, primavera, 1983, p. 255. GARCÍA-ESCUDERO MÁRQUEZ, Piedad, *La ponencia en el procedimiento legislativo en las Cortes Generales,* en *Revista de las Cortes Generales,* No. 59, 2003, p. 156. *Cfr.* ALONSO DE ANTONIO, Ángel Luis, *Las ponencias en el procedimiento legislativo,* en, *Revista de Estudios Políticos (Nueva época),* No. 85, julio-septiembre, 1994, p. 91.

113 En la práctica suele ser colegiada.

114 Según artículos 113.2 y 43.3 del RCD plazo ampliable hasta por dos meses, sin embargo, la doctrina denuncia que este plazo se reduce o amplía *sine die. Vid.* ASTARLOA HUARTE-MENDICOA, Ignacio, *op. Cit.*, p. 237. SANTAOLALLA LÓPEZ, Fernando, *Derecho parlamentario…*, p. 204; SENÉN HERNÁNDEZ, Mercedes, *Comentarios al Reglamento del Congreso de los Diputados*, Madrid, Congreso de los Diputados, 2012, p. 363; SANTAOLALLA LÓPEZ, Fernando, *Por un nuevo procedimiento…*, *op. Cit.*, p. 42. El PL de reforma al CP sufrió innumerables ampliaciones hasta completar un año de prórrogas.

do el resultado de su trabajo un «informe de ponencia»[115]. Por lo tanto, cuando hagamos referencia a la *ponencia* o al *informe de ponencia* –o simplemente al informe–, estaremos aludiendo a cuestiones diferentes, puesto que la primera se referirá al órgano que la conforma y la segunda al documento que de ellos dimana. La composición de las ponencias suele configurarse al inicio de cada legislatura de acuerdo con la distribución proporcional que sobre la base de la presencia parlamentaria tenga cada fuerza política. Por lo tanto, al ser la ponencia usualmente colegiada, se intentará contar con la presencia heterogénea y ponderada de los diferentes grupos[116]. Adicionalmente, teniendo en cuenta que su función será el estudio del proyecto o proposición de ley y sus enmiendas al articulado –con base en los fundamentos y antecedentes que deberían aportarse y que justifiquen uno y otro–, convendría esperar la armonización de estas opiniones y de su sustento, a fin de presentar a la Comisión un informe que consolide el resultado de la reflexión meditada y de las negociaciones que internamente se surtan en esta fase.

La doctrina mayoritaria[117], y la práctica parlamentaria, entienden la ponencia como el escenario en el que es posible que como resultado de las negociaciones privadas, de los acuerdos informales y de las conversaciones discretas que se surten en su interior –las cuales que no son posibles en fase de Comisión y Pleno–, pueda generarse un texto alternativo, el cual será

---

115 *Vid.* SANTAOLALLA LÓPEZ, Fernando, *Derecho parlamentario...*, p.273; SIERRA PORTO, Humberto Antonio, *Concepto y tipos de Ley en la Constitución colombiana,* Bogotá, Universidad Externado de Colombia, 1998, p. 133.

116 *Vid.* ASTARLOA HUARTE-MENDICOA, Ignacio, *op. Cit.,* p. 236.

117 *Vid.* AA.VV. *La proliferación..., op. Cit.,* CAZORLA PRIETO, Luis María, *La participación del Parlamento en la creación del derecho,* pp. 386-388; *Vid.* SOLÉ TURA, Jordi, APARICIO PÉREZ, Miguel A. *Las Cortes Generales en el sistema constitucional,* Madrid, Tecnos, 1984, pp. 155-156; PENDAS GARCÍA, Benigno, *Procedimiento legislativo..., op. Cit.,* p. 95.

presentado a la Comisión, por lo que su capacidad de intervención trascendería del aspecto meramente relator, constituyendo una síntesis entre las cuestiones de forma y los aspectos de trascendencia práctica (sustancia), donde se tendrán en cuenta no solo los aspectos jurídicos y técnicos, sino también las percepciones políticas de sus participantes[118]. Esta realidad nos pone ante la necesidad de reconocer la dependencia que representa el informe de la ponencia para el texto legislativo final, pues es innegable que el Pleno, queriéndolo o no, se subordina al trabajo llevado a cabo en la Comisión y a su dictamen, al igual que ésta se condiciona al texto que la ponencia le entrega. Por lo tanto, con independencia de si se considera adecuada o no en este momento la intervención del criterio político, no podemos desconocerlo, ni olvidar que este escenario constituye el espacio propicio para escuchar y atender los distintos pareceres de quienes en ella participan, teniendo en cuenta su condición de órgano acéfalo[119], el que, en atención a su menor número de participantes[120], quienes representan proporcionalmente su fuerza política en el Parlamento[121], la informalidad de sus reuniones, su flexibilidad y agilidad,[122] la reserva de sus discusiones[123], que suelen realizarse a puerta ce-

---

118 PENDAS GARCÍA, Benigno, *Procedimiento legislativo…*, *Loc. Cit.* Es necesario un «desdoblamiento funcional» entre lo técnico y lo político.

119 *Vid.* GARCÍA-ESCUDERO MÁRQUEZ, Piedad, *La ponencia en el procedimiento legislativo…*, *op. Cit.*, p. 160.

120 *Vid.* BARTHÉLEMY Joseph, Essai *sur le travail parlementaire et le système des commissions*, París, Delagrave, 1934, pág. 10

121 *Vid.* LÓPEZ GARRIDO, Diego, SUBIRATS, Joan, *El proceso de toma de decisiones legislativas...*, *op. Cit.*, p. 43; ALONSO DE ANTONIO, Ángel Luis, *Las ponencias en el procedimiento legislativo, op. Cit.*, pp. 101-103.

122 *Vid.* ALONSO DE ANTONIO, Ángel Luis, *op. Cit.*, p. 100.

123 *Vid.* SANTAMARÍA PASTOR, Juan Alfonso, *Las ponencias como instrumento del trabajo parlamentario*, en *Anuario de Derecho Constitucional y Parlamentario*, No. 6, 1994, p. 65.

rrada, permitirán una mayor atención sobre los aspectos técnicos y jurídicos[124], sin que ello sea óbice para la materialización de ciertas concesiones y acuerdos[125], que difícilmente podrían alcanzarse en posteriores escenarios[126].

La cuestión por resolver será entonces, la de procurar que la labor que en esta fase se efectúe, cuente con un reforzamiento técnico y jurídico que permita que la toma de decisiones no se ampare solamente bajo el criterio mayoritario, sino que haga énfasis en estos aspectos y fundamentos. Previo a abordar este tópico, debemos mencionar algunas cuestiones que en segundo plano pueden también comprometer el arribo a acuerdos (técnicos, jurídicos y políticos) que permitan obtener un informe dotado de la mayor legitimidad posible[127]. El primero de estos tiene que ver con la falta de voluntad política[128] y el desinterés por la mejora del proceso. Para nadie es un secreto que la tecnificación y el refinamiento del proceso decisional al interior del ágora legislativa será un aspecto insuficiente si los obligados a su cumplimiento no se sujetan a su uso, o si en vez de ello, encuentran pliegues y sesgos que les permita burlarlos[129]. La misma doctrina ha denunciado el desconocimiento

---

124 *Vid.* AA.VV. *La técnica legislativa a debate,* (Coord. Jesús M. Corona Ferro, Francesc Pau Vall, José Tudela Aranda), CANO BUESO, Juan, *Cuestiones de técnica jurídica en el procedimiento legislativo del Estado social,* Madrid, Tecnos, 1994, pp. 215-217.

125 *Vid.* SOLÉ TURA, Jordi, APARICIO PÉREZ, Miguel A. *Las Cortes Generales en el sistema constitucional, op. Cit.,* pp. 155-156.

126 *Vid.* ALONSO DE ANTONIO, Ángel Luis, *op. Cit.,* p. 111.

127 *Vid.* HABERMAS, Jürgen, *Facticidad y validez,* (Introducción y traducción de Manuel Jiménez Redondo), Madrid, Trotta, 1998, pp.363-366. La legitimidad de la norma se condiciona a que el procedimiento legislativo cumpla ciertos requisitos que lo hagan racional.

128 O mejor, falta de voluntad *del* político.

129 Como sucede con los plazos parlamentarios, la legislación apresurada, la dejación de iniciativas en el tintero que después se sacan a las prisas, sin

y la apatía que los parlamentarios suelen mostrar hacia sus reglamentos y su escasa motivación por mejorarlos[130], cuestión que evidentemente, ante su reiteración haría inoperante, o al menos difícil, cualquier innovación normativa con independencia de si con ello se ponen en riesgo derechos, principios y garantías fundamentales, tal como sucede con iniciativas de contenido penal. En segundo lugar, a efectos de obtención de acuerdos, no solo en este temprano y discreto momento del proceso legislativo, sino a lo largo de todo el *íter legis,* existe un factor que hace que estos se puedan obtener con mayores o menores tropiezos: La tenencia o no de mayorías parlamentarias[131]. Indiscutiblemente, a mayor presencia de poder decisional autónomo que permita al partido de Gobierno tomar decisiones sin la aquiescencia de los demás partidos, mayores visos de abandono de la opinión diversa se presentarán; correlativamente, ante la imposibilidad de acaparar el proceso de toma de decisiones legislativas, mayores posibilidades ocurrirán para que no solo el Gobierno, sino también los demás partidos con presencia parlamentaria, intenten llegar a acuerdos para sacar adelante sus iniciativas y enmiendas.

Las consecuencias de uno y otro fenómeno pueden verse reflejados desde el momento mismo de la Ponencia y su informe, siendo en el primer caso (existencia de mayoría parlamentaria), que el partido de Gobierno imponga su criterio y proceda a hacer un lavado de cara al informe, permitiendo la inclusión de algunas de las enmiendas propuestas, pero solamente para ofrecer una apariencia de atención a la opinión contraria. En

---

debate técnico y reposo, o completo abandono a la espera de cambio de legislatura. (i.e. La reforma de 2015 al CP, inicialmente *durmió*–se radicó en 2013–y luego se tramitó en 5 horas en Comisión y 2 horas y media en el Pleno).

130 *Vid.* SANTAOLALLA LÓPEZ, Fernando, *Por un nuevo procedimiento…, op. Cit.,* p. 84.

131 *Vid.* LÓPEZ GARRIDO, Diego, SUBIRATS, Joan, *El proceso de toma de decisiones legislativas..., op. Cit.,* pp. 43-44.

sentido contrario, la no concurrencia de mayorías por parte del partido de Gobierno tampoco garantiza una correcta calidad normativa en el *íter* decisional, ya que para sacar adelante las iniciativas propuestas y/o sus enmiendas, los miembros de la ponencia deberán procurarse los votos necesarios, a efectos de conseguir la pervivencia de sus sugerencias legislativas. La pretensión de defensa de sus propuestas al costo que sea, puede conllevar a que los miembros interesados incurran en la facilitación de reformas –y futuras leyes– *Frankenstein* carentes de toda eficacia práctica, plagadas de irracionalidad, de interpretaciones farragosas, a gusto del parlamentario o Grupo que las negocia, con perjuicio de la seguridad jurídica, contagiadas de respuestas simplemente simbólicas con las que solo se ofrece una falsa apariencia de solución el hecho disfuncional, pero que en realidad generan una norma penal de difícil aplicación o de aplicación –también– a gusto del intérprete[132]. Por lo tanto, amén del disenso y de las alternativas de acuerdo, debe tenerse presente que para la racionalización del proceso legislativo es imperioso que esos desacuerdos se diriman sobre la base de la discusión política, jurídica y técnica, y no al margen o sacrificio de estas últimas en pro del interés político partidista.

Para la mejora de esta función debemos tomar como punto de partida la invocación que la doctrina[133] viene haciendo

---

132 *Vid.* ASTARLOA HUARTE-MENDICOA, Ignacio, en AA.VV. *op. Cit.*, pp. 155-156. Se improvisa demasiado, se aprovecha la dificultad para formar mayorías, se introducen previsiones que dicen «una cosa y su contraria», o simplemente para conseguir el compromiso político se prescinde de lo técnico.

133 *Vid.* AA.VV. *La calidad de las leyes... op. Cit.*, SAINZ MORENO, *Fernando, Antecedentes necesarios...;* GARCÍA-ESCUDERO MÁRQUEZ, Piedad, *La iniciativa legislativa del Gobierno, op. Cit.*, p. 174; DÍEZ RIPOLLÉS, José Luis, *La racionalidad..., op. Cit.*, EL MISMO, *El control de constitucionalidad de las leyes penales,* en *REDC,* No. 75, septiembre-diciembre, 2005, pp. 59-106; BECERRA MUÑOZ, José, *La toma de decisiones..., op. Cit.* pp. 452-455. *Cfr.* TORRES DEL

sobre la exigibilidad e innegociabilidad del artículo 88 constitucional al interior del Parlamento, y que, en consecuencia, su cumplimiento constituya requisito *sine qua non* para el impulso del proceso legislativo[134]. Allí podría volverse sobre el cumplimiento de los llamados *antecedentes necesarios*, y más específicamente en el escenario de la Ponencia, pues es probable que el Pleno, al ocuparse especialmente del estudio de la oportunidad, los principios o el espíritu de la iniciativa legislativa pueda haber dejado de analizar información que podría estudiarse con mayor detenimiento y sosiego en este estadio decisional.

Por esta razón, su función de *primera lectura*[135] de la iniciativa legislativa y sus enmiendas debe hacerse sin precarizar la racionalidad del texto, por lo que su informe debería atender a la identificación de cuestiones propias del plan de acción originalmente radicado y de una explicación suficiente y documentada de quienes presentan enmiendas. Por lo tanto, de *lege ferenda,* deberá subrayarse no solo que quien es autor de la iniciativa debería dar cumplimiento al sustento que funda su proyecto o proposición de ley, sino que también los enmendantes, pese a que no presentan formalmente un plan de acción, deberían justificar técnica, jurídica y políticamente su propuesta de reforma, para que puedan hacer exigible que se lleve a cabo el estudio de sus propuestas, aportando para ello todos los estudios con los que cuente hasta ese estadio (estudios demoscópicos, sondeos, informes, opiniones de expertos, etcétera), para

---

MORAL, Antonio, *Interpretación teleológica de la Constitución,* en *Revista de Derecho Político,* No. 63, 2005, pp. 13-38; BIGLINO CAMPOS, Paloma, *Los vicios en el procedimiento legislativo,* Madrid, Centro de Estudios Constitucionales, 1991, pp. 119-121; SANTAOLALLA LÓPEZ, Fernando, *Derecho parlamentario…, op. Cit.,* p. 284.

134 Desde la STC 108/1986 esta condición es discrecional.

135 *Vid.* PENDAS GARCÍA, Benigno, *Función de los Parlamentos…, op. Cit.,* pp. 359.

que así pueda sentar las bases en las que sustenta su petición de enmienda.

De hecho, si nos detenemos a pensar un poco en estos tópicos, encontraremos que de manera directa, esta posibilidad también se relaciona con principios de la buena regulación registrados en la LPAC, por lo que ninguna excusa se aviene al legislador para que se aparte de su cumplimiento. Estos principios, como lo anotamos *supra*[136], corresponden a los de *necesidad, eficacia, proporcionalidad, seguridad jurídica, transparencia, y eficiencia,* por lo que se haría necesario que los Reglamentos del Congreso y del Senado se adapten a esta realidad, pues ella misma consagra que proyectos y proposiciones de ley deben entregarse acompañadas de los *antecedentes necesarios* que los fundamenten. Al ser estos principios, objeto de cumplimiento a lo largo del proceso legislativo, evidentemente, las enmiendas también deberán cumplir con esta exigencia pues si se omitiera la adecuación a estos principios, se estaría incurriendo en un abandono de los acuerdos internacionales referidos a la *better regulation,* y se estaría permitiendo soterradamente que se legisle mediante un procedimiento más maleable vía enmienda.

Pero ¿de qué manera se puede dar cumplimiento a los aspectos técnicos y jurídicos en un escenario que en esencia es predominantemente político? Diferentes propuestas se han planteado para tratar de solucionar esta cuestión, al plantearse la posibilidad de la intervención en el Parlamento de un sujeto experto por parte del Gobierno al ser este el autor principal de las iniciativas legislativas penales[137]; la posible intervención de entes públicos o privados para que con su experticia apoyen y orienten el proceso de toma de decisiones legislativas desde la ponencia, y finalmente, la posibilidad de especialización de los parlamentarios para mejorar la calidad de su producto. Las dos

---

136 *Vid.* capítulo I, punto 1.1.1.

137 *Vid.* BECERRA MUÑOZ, José, *op. Cit.* pp. 592-620.

primeras opciones aluden a *apoyos externos* al Parlamento a fin de que estos puedan llevar con mayor holgura su labor; la tercera alternativa (especialización de sus miembros)[138] si bien se relaciona con un aspecto interno, no puede entenderse como una posibilidad de apoyo interno pues evidentemente, la función del Parlamentario, además de ser insuficiente para ofrecer cabal cobertura a todo el proceso legislativo y a la totalidad de los miembros que participan en la discusión y adopción de la opción legislativa, ofrecerá un punto de vista incompleto, sesgado y conveniente acerca de la opción legislativa que considera recomendable a los intereses de su partido. Adicionalmente, no podríamos considerar esta intervención como un apoyo, ya que el parlamentario mismo tiene voz y voto en la adopción de la decisión político criminal, por lo que su intervención influirá en el éxito o hundimiento de la iniciativa[139]. En consecuencia, es momento de identificar cuáles son esos *apoyos internos* con los que cuenta el Parlamento como ágora de representación democrática para la obtención de un producto legislativo más racional.

El artículo 45 del RCD[140] señala que los Letrados de las Cortes Generales prestan en las Comisiones el asesoramiento técnico jurídico necesario para el cumplimiento de las tareas que

---

138 *Vid.* PÉREZ-SERRANO JÁUREGUI, Nicolás, *Tratado de Derecho Parlamentario,* Madrid, Civitas, 1976, p. 762; GARCÍA MONTERO, Mercedes, GARCÍA MONTERO, Mercedes, *presidentes y parlamentarios: ¿quién controla la actividad legislativa en América Latina?,* Madrid, Centro de Investigaciones Sociológicas, 2009, p. 131-134; RAMÍREZ LEÓN, Lucero, *El control parlamentario y el rediseño de las políticas públicas,* México, D.F., Centro de Estudios Sociales y de Opinión Pública, 2013, pp. 54-56.

139 *Vid.* TUDELA ARANDA, José, La administración parlamentaria. *La función de los letrados parlamentarios,* en *Fundación Manuel Giménez Abad de estudios parlamentarios y del estado autonómico,* disponible en https://dialnet.unirioja.es/descarga/articulo/5734174.pdf (Consultado el 07/01/2023).

140 Similarmente el artículo 68 del Reglamento del Senado (RS).

a aquellas se les ha encomendado, redactando informes, dictámenes y recogiendo los acuerdos adoptados. De esta previsión reglamentaria refulge un cuerpo de Letrados, quienes, en su rol de *apoyo interno* del Parlamento y de sus miembros, deben cumplir una doble función de acompañamiento, la cual se desdobla mediante una asesoría de tipo *jurídico* y una de tipo *técnico*. Esta consideración normativa nos haría suponer que, ante la multiplicidad temática de la que deben conocer los parlamentarios, la existencia de este cuerpo interno debería corresponder a una dependencia robusta, dotada de multiplicidad de funcionarios, quienes desde sus respectivos perfiles aportarían las bases necesarias para la racionalización y tecnificación de la toma de decisiones legislativas[141]. Nada más alejado de la realidad sucede al interior del Parlamento, pues si nos ocupamos de la Comisión de Justicia, encontramos que ésta cuenta con la asistencia letrada de tres funcionarios, quienes conforme a la labor encomendada tendrían a cargo la obligación de «desempeñar las funciones de asesoramiento jurídico y técnico a la Presidencia y a la Mesa de cada Cámara, a las Comisiones y sus órganos, a las Subcomisiones y a las Ponencias, así como la redacción, de conformidad con los acuerdos adoptados por dichos órganos, de las resoluciones, informes y dictámenes, y el levantamiento de las actas correspondientes; la representación y defensa de las Cortes Generales, del Congreso de los Diputados, del Senado, de la Junta Electoral Central y de los órganos e instituciones vinculados o dependientes de aquellas, ante los

141 Aludimos a una dependencia dotada de perfiles profesionales diversos pues, aunque el diccionario del español jurídico define la voz «letrado» como «abogado» o «asesor jurídico», el diccionario de la Real Academia Española alude a un sujeto «sabio, docto o instruido». Al ser su función la de ofrecer asesoramiento técnico jurídico a los parlamentarios, esta interpretación se aviene mejor a la previsión reglamentaria citada. *Vid.* https://dpej.rae.es/lema/letrado-da, https://dpej.rae.es/lema/letrado-de-cortes, https://dle.rae.es/letrado (Consultados el 07/01/2023).

órganos jurisdiccionales y ante el Tribunal Constitucional; las funciones de estudio y propuesta de nivel superior, y la función de dirección de la Administración Parlamentaria, asumiendo la titularidad de los órganos correspondientes»[142].

La importancia del fortalecimiento de la calidad normativa debe provenir de manera relevante, del talento humano que presta los servicios de apoyo al Parlamento. En otras palabras, la simple incorporación al ordenamiento jurídico español de prácticas de *better regulation* para con ello dar la apariencia de cumplir con acuerdos internacionales en nada materializan su fin, si se cree que este deber le concierne de manera exclusiva al Ejecutivo, sin que por su parte el Legislativo haga lo propio.

Bajo esta lectura debe indicarse adicionalmente que, amén del escaso personal que compone actualmente el cuerpo de letrados parlamentarios de esta Comisión, la designación de personal con formación profesional en derecho es insuficiente para abarcar las diversas aristas que se presentan al momento del abordaje de una medida de trascendencia político criminal. Por lo tanto, ante la necesidad de asesoramiento técnico y jurídico a los que se refiere el Reglamento del Congreso de los Diputados (RCD) y el Reglamento del Senado (RS) debe considerarse la incorporación de personal adicional, en el que se incluyan perfiles tales como sociología, criminología, economía, entre otros[143]. Partiendo del cumplimiento de estas condiciones, nos encontraremos en condiciones de realizar un informe que cumpla la calidad de tal y que pueda –y deba–[144]

---

142 *Vid.* Artículo 8.1. Acuerdo de 27 de marzo de 2006, adoptado por las Mesas del Congreso de los Diputados y del Senado en reunión conjunta por el que se aprueba el Estatuto del Personal de las Cortes Generales.

143 *Vid.* GALIANA SAURA, Ángeles, *La ley…*, *op. Cit.*, pp. 62-63.

144 *Vid.* PENDAS GARCÍA, Benigno, *Procedimiento legislativo…*, *op. Cit.*, p. 105, «los informes y la documentación son más apreciados *ad extra*, por los estudiosos e investigadores, que *ad intra* por sus destinatarios naturales».

ser valorado por los miembros de la Comisión en su debate respectivo.

c. Elaboración del informe y contenido

Hemos anticipado algunas posiciones sobre el contenido del informe, siendo la mayormente aceptada, la referida a que la Ponencia constituye un espacio propicio de discusión y negociación que permite hacer entrega a la Comisión de un informe en el que previamente se han acordado modificaciones al texto propuesto. La razón que permitiría efectuar estas concesiones obedecería principalmente a su característica informalidad, discreción e «intimidad» de su desarrollo que en las siguientes fases del quehacer legislativo, por la publicidad de los debates y la pérdida de informalidad de estos puede conllevar a rigideces posturales que hagan fracasar el éxito de una modificación, generando que hacia el futuro el proyecto de iniciativa se petrifique en perjuicio de su calidad y racionalidad. Sin embargo, para que se pueda generar un correcto flujo entre negociación –política– y calidad –técnica– del texto propuesto, se debe hacer efectiva la participación de expertos gubernamentales o expertos designados por el autor de la iniciativa, según su procedencia; Coordinador parlamentario, relator, participación de sujetos públicos y privados con conocimientos especiales en la materia y apoyo parlamentario interno adecuado). Hablamos de un correcto flujo entre negociación –política– y calidad –técnica– como actividades complementarias, pues, el abandono del aspecto técnico, en pro de la actividad negociadora (a cualquier precio), puede conllevar al empobrecimiento del hecho legislable; correlativamente, la imposición de un rígido punto de vista técnico sin la participación de los diversos puntos de vista políticos y sociales puede generar una *tecnocratización* parlamentaria con riesgo de abstracción de la realidad social que le circunda, por lo que ambos puntos de vista deben retroalimentarse. Coincidiendo con CUERDA RIEZU[145], en la actividad legislativa participan diversos aspectos por lo que se requiere la selección de los principios y valores pueden provenir de la Constitución y del ordenamiento jurídico, pero también del ámbito sociales que se extrae «de los programas ideológicos de los partidos políticos; además se requiere una labor hipotética de prognosis sobre los posibles efectos de una norma jurídica». La conjunción de estos aspectos permitirá la materialización, desde el inicio mismo del proceso legislativo, de la contemplación del punto de vista jurídico, sin abandonar los demás aspectos técnicos propios de otras disciplinas que comprometan la iniciativa legislativa, sin permitir el acaparamiento del punto de vista político (o politiquero)[146].

Tomando como base algunos puntos de vista ofrecidos por la doctrina[147], consideramos que el informe debería estructurarse mínimamente con los siguientes apartados:

- Texto original.
- Enmiendas presentadas.
- Estudio de la coherencia de una y otra con base en su plan de acción/plan de modificación[148].

---

145 *Vid.* CUERDA RIEZU, Antonio, *El Legislador y el Derecho penal…, op. Cit.*, pp. 80-81.

146 *Vid.* PENDAS GARCÍA, Benigno, *Función de los Parlamentos…, op. Cit.*, p. 368.

147 *Op. Cit.*, p. 373; GARCÍA-ESCUDERO MÁRQUEZ, Piedad, *La ponencia en el procedimiento legislativo…, op. Cit.*, pp. 194-195.

148 Dijimos antes que autor de la iniciativa, como autor de las enmiendas deben presentar un *plan de acción/plan de modificación* informando sobre las posibilidades de intervención existentes y/o las cuestiones aparcadas por su antagonista; las alternativas contempladas/descartadas/o no tenidas en cuenta; información sobre necesidad o cuestionamiento sobre la intervención legislativa, negociaciones privadas, etcétera para que Ponencia presente un completo informe a la Comisión.

- Celebración de audiencias, aportes, observaciones y análisis del sustento empírico de la iniciativa/enmienda.
- Análisis motivado sobre las causas por las que se rechaza o acepta el artículo original o la enmienda al trasluz del sustento jurídico, técnico y político[149].

En cuanto al documento anexo, estimamos que sería conveniente la presentación de dos textos anexos, y no de uno, como actualmente se viene haciendo en la práctica parlamentaria. El primero de estos documentos correspondería a la presentación de un texto en paralelo, donde se incorpore la iniciativa original y las enmiendas que se espera sean aceptadas por la Comisión[150]. Este documento debería contener una referenciación cruzada en donde se señale la página concreta del informe donde se relaciona la motivación tenida en cuenta para el mantenimiento o variación del articulado. El segundo anexo corresponderá a un índice que contiene la totalidad de las fuentes tenidas en cuenta para la consolidación del informe, así como el resultado de las audiencias celebradas. En este sentido, el informe será el resultado material del análisis de la documentación e información que formalmente se ha recopilado en esta subfase.

d. Discusión en Comisión y dictamen

Con anticipación al abordaje del tema descrito, conviene anotar la necesidad de especialización de los miembros que componen las Comisiones. Esta recomendación en nada contradice la necesaria intervención de personal experto de origen interno y externo al que ya hicimos referencia, sino que

---

149 *Vid.* GARCÍA-ESCUDERO MÁRQUEZ, Piedad, *op. Cit.*, p. 202.

150 La práctica legislativa ha tolerado que la ponencia presente un nuevo texto alejado del objeto y pretensión perseguido por el autor de la iniciativa.

por el contrario, el hecho de que el parlamentario detente ciertas calidades técnicas sobre el asunto objeto de legislación, fortalecerá el componente técnico del *íter* decisional legislativo. En este sentido, siguiendo a Mora Donatto[151] «el primero desarrolla una actividad constitucional y legalmente relevante para el sistema representativo y democrático, rigiéndose exclusivamente bajo el criterio de oportunidad política[152], mientras que el asesor institucional despliega una actividad de extraordinaria importancia al servicio de las funciones parlamentarias con arreglo a los principios de legalidad, objetividad e imparcialidad».

La relevancia de este apunte, previo a abordar el acontecer que en la Comisión debe surtirse, radica principalmente en el énfasis que debe hacerse del aspecto técnico y jurídico en sede de Ponencia, y del aparcamiento del aspecto político para fases ulteriores. Una lectura tergiversada de este tópico podría llevar a considerar que a partir de la labor llevada en Comisión, así como en las demás fases que a partir de ella se surten, sería posible hacer prevalecer el punto de vista político en sacrificio de los aspectos técnicos y jurídicos. Esta pareciera ser la opinión dominante al interior del ágora parlamentaria; sin embargo, tal apreciación no guarda correspondencia con el modelo de democracia representativa vigente, pues, amén de la procura de atención a los distintos pareceres que conforman las diversas vertientes políticas que componen el Parlamento, la función creadora de la legislación penal y de las cuestiones político criminales, no puede apartarse de la realidad social,

---

151 *Vid.* MORA DONATTO, Cecilia, *Importancia de los Servicios de Apoyo Técnico en el Poder Legislativo. Experiencias comparadas útiles para el caso mexicano,* en *Biblioteca del Senado* (Página electrónica, disponible en http://bibliodigitalibd.senado.gob.mx/handle/123456789/1767 (Consultado el 10/01/2023).

152 Reitérese que la *oportunidad política* no puede entenderse como el sacrificio de los aspectos técnicos y jurídicos, sino como armonización de los tres, bajo criterios de racionalidad y justificación.

ni tampoco de la contemplación de las diversas fuentes que determinan las alternativas de intervención, su eficacia, sus costes y todos los demás aspectos que en torno a ella deban ser atendidos. Por lo tanto, si bien en esta etapa –y teniendo en cuenta que la toma de decisiones legislativas penales se hace por políticos y no por técnicos– para la consolidación de una correcta y legítima medida legislativa penal, las posibilidades de negociación política deberán ajustarse a aquellas generando una sincronía entre estos tres criterios y no –como se viene haciendo y tolerando– una creciente precarización del aporte técnico, en favor del criterio político[153].

El dictamen deberá ser la consecuencia de una seria y fundamentada disertación legislativa pública entre las diversas posiciones ideológicas que representan la Comisión –entendido que un apéndice del Pleno Parlamentario–, por lo que, para conseguir una iniciativa racional, correcta y técnicamente justificada, dicha discusión deberá ser el resultado del debate fundado de argumentos. En consecuencia, el alcance que permitiría dar lugar al uso de la preceptiva contemplada en el artículo 114.3 del RCD, no puede ir más allá de lo allí registrado. Por tanto, la aceptación a trámite de nuevas enmiendas en esta fase legislativa deberá concentrarse de manera exclusiva en la consecución de acuerdos racionales de aproximación entre las diferentes enmiendas presentadas y el texto original, y/o para subsanar errores o incorrecciones técnicas, terminológicas o gramaticales.

Esta conclusión, por obvia que parezca conviene recordarla, puesto que en el ejercicio parlamentario esta faceta decisoria ha dado lugar a la incorporación de enmiendas *in voce* que no se relacionan con una enmienda previa, trasgrediendo y/o pretermitiendo etapas fenecidas, perjudicando el curso nor-

---

153 *Vid.* GARCÍA-ESCUDERO MÁRQUEZ, Piedad, *El procedimiento legislativo…*, *op. Cit.*, pp. 218-219.

mal del texto en discusión con una tolerancia manifiesta, no solo del poder legislativo, sino también del Tribunal Constitucional[154]. HUARTE-MENDICOA[155] reprocha la manera como, no solo en la fase de Comisión, sino también en el Pleno se modifican, vía enmiendas transaccionales, las iniciativas originarias y se toman los plazos reglamentarios como plazos meramente indicativos donde se acumulan o corrigen discrecionalmente, supuestos errores o inconveniencias técnicos y se delibera sin mucha sujeción reglamentaria. Este *modus operandi* refleja la disrupción del punto de vista técnico y jurídico, y la dominancia del punto de vista político a partir de esta etapa. Por esta causa, reiteramos la necesidad de lograr una sincronización entre estos tres criterios.

Por esta razón, teniendo en cuenta que la Comisión deberá tener en sus manos el informe de la Ponencia y sus anexos, es posible que, siendo ésta quien tiene el poder decisorio para determinar la procedencia o no del texto presentado por aquella, se encuentre facultada no solo de verificar la documentación e información recopilada por la Ponencia –incluidas las citaciones y comparecencias a personal público y privado experto y no experto que haya efectuado la Ponencia–, sino además la de citar a todo aquel sujeto de procedencia pública o privada para, en virtud de cierta *inmediación,* pueda dilucidar la conveniencia/ajustes/modificación/rechazo de la iniciativa legislativa original, ora del nuevo texto presentado por la Ponencia,

---

154 Ante la ausencia de regulación reglamentaria sobre la congruencia de las enmiendas, el TC ha venido modificando su doctrina. *Vid.* STC 99/1987 de 11 de junio, STC 119/2011 de 5 de julio, 136/2011 de 13 de septiembre. *Vid.* GARCÍA-ESCUDERO MÁRQUEZ, Piedad, *De enmiendas homogéneas, leyes heterogéneas y preceptos intrusos. ¿Es contradictoria la nueva doctrina del Tribunal Constitucional sobre elaboración de las leyes?* en, *Teoría y Realidad Constitucional,* No. 31, 2013, pp. 199-236; REDONDO GARCÍA, Ana, *Una oportunidad perdida.*, *op. Cit.*

155 *Vid.* ASTARLOA HUARTE-MENDICOA, Ignacio, *op. Cit.*, p. 163

o bien su refundición con base en las discusiones y posturas jurídicas, políticas y técnicas, que se lleven a cabo en su seno.

Para el correcto cumplimiento de esta actividad, será necesaria la intervención de sus asesores internos o institucionalizados, razón que ratifica la improcedencia del abandono de la opinión especializada. Su función en esta fase será medular en la obtención de una opinión objetivamente mejor fundamentada, puesto que su intervención no estará sujeta a los vaivenes y sesgos que puede traer la opinión del interviniente gubernamental o de quien asesora al autor de la iniciativa, o sus enmendantes, ni del sector o grupo de presión social interesado en que el texto legislativo penal que emane del Parlamento sea lo más aproximado posible al formulado por ellos.

Esta posibilidad, si bien, podría –y debería– haberse llevado a cabo por la Ponencia, su contemplación estará sujeta en fase de Comisión al lleno de vacíos o cuestiones no discutidas en ese momento, ora para la definición de situaciones o cuestiones polémicas para que con ellas se logre un mejor entendimiento del hecho legislable y sus consecuencias. La fase de *Comisión*, si bien permite un reforzamiento de los aspectos propios de la política, no por ello puede desprenderse de las cuestiones técnicas y, en última instancia, la discusión en el *Pleno* se ocupará con mayor relevancia del punto de vista ideológico, sin que por ello le sea posible mirar con desdén la opinión experta, pues de así hacerlo estaría dando al traste con todo el edificio previamente erigido, donde ya se ha destilado todo el hecho legislable. En caso de que ello se contraviniera, quedaría aún la posibilidad del control senatorial, ora la intervención por los cauces del control de constitucionalidad.

Retornando a la labor que realiza la Ponencia vía informe, y la función que despliega la Comisión vía dictamen, podremos aventurar que <u>la naturaleza jurídica del primero será de carácter *descriptivo/orientativo*, y la del segundo en cambio, será</u>

de corte más *constitutivo*, sin que éste pueda entenderse como inmodificable para el ejercicio en los escenarios subsiguientes.

1.2.4. Fase de Pleno en el Congreso: Las discusiones del texto legislativo

Clausurado el debate en Comisión, ésta deberá elaborar un dictamen el cual enviará al Pleno del Congreso de los Diputados para que éste dé inicio al debate parlamentario correspondiente. La realización de esa fase debería coincidir con un debate profundo en el que se debatan las cuestiones de fondo de la propuesta legislativa a fin de que el despliegue que ha resultado del binomio Ponencia/Comisión se «perfeccione»[156]. Sin embargo, el ejercicio parlamentario ha mostrado que el uso que se ha dado a esta etapa, a pesar de su importancia, ha sido el de un espacio de reiteración de argumentos; de discusión de «pormenores insignificantes o disputas insultas»[157]; de abordaje de cuestiones sin ninguna trascendencia práctica, meramente cosméticos o sin sustantividad alguna, que en algunos casos ha llevado al empobrecimiento del texto elaborado en etapas pretéritas, o al entorpecimiento del avance del texto aprobado en fases antecedentes[158].

Teniendo en cuenta que el discurrir decisional debe arrancar –en Ponencia y Comisión–, con un énfasis hacia los aspectos jurídicos y técnicos, y de una atención menguada hacia los aspectos políticos, en la fase de Pleno, el foco de atención deberá invertirse, dando mayor aplicación a los aspectos políti-

---

156 *Vid.* BECERRA MUÑOZ, José, *op. Cit.* p. 621. El debate en el Pleno debería partir de «un gran número de acuerdos y decisiones ya tomadas, pudiendo centrarse en los debates más conflictivos».

157 *Vid.* PENDAS GARCÍA, Benigno, *Procedimiento legislativo…, op. Cit.*, p. 99.

158 *Vid.* SANTAOLALLA LÓPEZ, Fernando, *Por un nuevo procedimiento…, op. Cit.*, pp. 99-103.

cos sin desestructurar el edificio técnico y jurídico cimentado hasta esa etapa. Por lo tanto, como lo propone Huarte-Mendicoa[159], la configuración del debate en Pleno, de los dictámenes de Comisión debe corresponder a un trámite más político que técnico, en el que se fija la posición definitiva ante cada texto legislativo, luego del técnico en la Comisión. Así, el Pleno dejará de ser el lugar de la reiteración de lo surtido en la Comisión, a ser la sede del debate político donde no se estudian de nuevo las enmiendas sino, de ser necesario, una mínima selección de aquellas que por su significación temática o política «condición[en] una fijación final de posturas respecto al conjunto del proyecto por cada uno de los Grupos políticos»[160]. Así, esta «fijación final», requerirá de un debate soportado en la evidencia y en criterios de racionalidad, y no en la nuda invocación de la aplicación de la regla de mayorías.

Este último punto es de vital importancia desde la óptica de la adopción de decisiones penales por lo que los fundamentos y argumentos que resulten de las discusiones parlamentarias –no solo en el Pleno, sino durante todas las fases del *íter* decisional– deberán fundamentarse en el ofrecimiento de razones por parte de cada uno de los intervinientes a fin de que la decisión legislativa, no sea solo la consecuencia de un ejercicio aditivo de votos para conformar una mayoría, sino el producto del desarrollo individual de razones por cada parlamentario, quien tendrá a su cargo el ofrecimiento de las bases que sustentan su *tesis,* frente a la contrastación de las razones ofrecidas por los grupos opositores *(antítesis),* para, luego de la confrontación legislativa, se pueda arribar a una *síntesis,* en cuyo con-

---

159 *Vid.* ASTARLOA HUARTE-MENDICOA, Ignacio *op. Cit.,* p. 164.

160 Similarmente, GARCÍA-ESCUDERO MÁRQUEZ, Piedad, *El procedimiento legislativo…, op. Cit.,* pp. 247-251; LA MISMA, *Regeneración del Parlamento, transparencia y participación ciudadana,* en *Teoría y Realidad Constitucional,* No. 36, 2015, pp. 171-216.

tenido se deberán señalar las razones por las que se ha optado por una u otra postura.

1.2.5. Fase de Comisión y Pleno en el Senado.

Al ser el español un sistema bicameral, la decisión adoptada por una de las Cámaras deberá ser objeto de trámite por la otra a fin de que concurra su voluntad y luego dar cabida a la finalización de la fase legislativa. Este procedimiento –a diferencia del establecido para Colombia, donde el proceso legislativo penal puede originarse en cualquiera de las dos Cámaras y que el rito y el peso de cada instancia parlamentaria es prácticamente el mismo–, presenta unas diferencias importantes que conviene recordar. En primer lugar, en cuanto a la Cámara legislativa competente para la tramitación de proyectos y proposiciones de ley de contenido orgánico, se parte de la base que su trasegar legislativo tendrá su génesis siempre en el Congreso de los Diputados y no en el Senado. Esta orden se desprende de lo normado en los artículos 87, 88 y 90.1 de la CE. En el texto constitucional encontramos una diferencia protuberante respecto de los plazos parlamentarios asignados a una Cámara y otra. Así, el artículo 90.2 le asigna al Senado un plazo perentorio de dos meses para que vete o presente enmiendas al texto presentado por el Congreso. Este plazo es paradójico, pues de una parte, no advertirnos ese nivel de detalle en el texto constitucional respecto del ritmo y plazos legislativos que se deben imprimir en el Congreso de los Diputados y de otra parte, como lo cuestiona HUARTE-MENDICOA[161], es lamentable la imposición de ese plazo, a una Cámara que supuestamente «debe actuar como "de reflexión" o "enfriamiento"» del proceso decisional. Lo cierto es que de conformidad con el artículo 90.1 de la obra citada, una vez culmina el trámite legislativo en

---

161 *Vid.* ASTARLOA HUARTE-MENDICOA, Ignacio, *op. Cit.*, p. 253.

la Cámara baja (Congreso de los Diputados), debe enviarse el expediente legislativo a la Cámara alta (Senado) para su tramitación, comenzando una andadura similar a la de las «tres lecturas» que se han surtido en aquella (Ponencia, Comisión y Pleno), las cuales deben surtirse en el plazo de dos meses[162]. Sobre estas fases, y por su relativa semejanza con el procedimiento surtido en el Congreso de los Diputados, no hace falta entrar a abordar cuestiones ya mencionadas, por lo que intentaremos hacer una breve mención sobre las cuestiones que diferencian uno y otro procedimiento.

Con relación a la conformación del expediente, podríamos considerar que, a esta altura decisional, su base posee, desde el punto de vista *cuantitativo,* el más completo repertorio técnico, social, político y jurídico, por lo que se esperaría que, con ese cúmulo de información, la decisión legislativa adoptada sea *cualitativamente* la más racional y mejor justificada. Lamentablemente, la realidad legislativa penal se ha esforzado por mostrarnos con frecuencia lo contrario. El acumulado de las actuaciones ejecutadas, conforme al artículo 26.10 de la LG deberían entregarse al Congreso mediante expediente administrativo electrónico, junto con la MAIN, los informes, dictámenes, estudios y consultas recabadas dentro del trámite. En segundo lugar, la Cámara baja debería hacer entrega de la labor llevada a cabo por la Ponencia, entregando con este, no solo su informe y las enmiendas, sino, además, toda la información que haya servido de fuente para su elaboración y dis-

---

162 La doctrina está dividida. Para unos, si no se presentan vetos o enmiendas dentro del plazo, existe un *silencio administrativo* que ratifica la decisión de la primera Cámara. *Vid.* PUNSET BLANCO, Ramón, *El Senado y las Comunidades Autónomas,* Madrid, Tecnos, 1992, p. 103; ÁLVAREZ CONDE, Enrique, *Curso de Derecho Constitucional,* T. II, Madrid, Tecnos, 1992, p. 149. Otros consideran que se hace necesaria la intervención del Senado (Artículo 66.2 CE), lo que no puede suponerse. *Cfr.* GARCÍA-ESCUDERO MÁRQUEZ, Piedad, *El procedimiento legislativo…, op. Cit.,* pp. 484-486.

cusión. Similarmente, la Comisión debería hacer entrega, no solo de su dictamen, sino además de todas las comparecencias y demás cuestiones que haya tenido en cuenta para elaborarlo, al igual que las enmiendas, votos particulares y su análisis. Con homólogo alcance, el Pleno debería aportar el dictamen ajustado, texto definitivo y sus soportes[163]. Con esta información el Senado se encontraría en condiciones de iniciar, pese a la perentoriedad de los plazos, una verdadera discusión legislativa (recordemos que deberá repetirse el trinomio Ponencia, Comisión y Pleno con sus respectivos debates y posibilidades de comparecencia). El resultado de esas discusiones podría graficarse brevemente, bajo un esquema de acción y resultado así:

Tabla 1: Procedimiento en caso de enmienda o veto

Trámite	Acción por seguir
No presentación –no aceptación– de enmiendas o vetos por/en el Pleno del Senado.	Se pasa al Pleno del Senado el texto enviado por el Congreso para su aprobación[164]. Una vez negadas las solicitudes de veto o enmienda –si hubo lugar a ellas–, se devuelve a la Cámara baja para que surta la votación final sobre el conjunto del proyecto. En este caso, al estarnos refiriendo a leyes de contenido orgánico, se deberá dar cumplimiento al artículo 81.2 de la CE, la que impone que, para la aprobación, modificación o derogación de leyes orgánicas, se exigirá la obtención de mayoría absoluta en el Congreso, mediante una votación final sobre el conjunto del proyecto.

163 Por exhaustiva o engorrosa que parezca ésta es sólo la discriminación del 120 RCD.

164 Art. 107.3 Reglamento del Senado (RS).

Trámite	Acción por seguir
Presentación de enmiendas	De conformidad con el artículo 114.2 del RS, a esta altura del trámite legislativo es posible presentar enmiendas parciales, las cuales se debatirán, según el orden de presentación, iniciándose su estudio por artículos, párrafos o apartados. Adicionalmente, la norma *ejusdem* autoriza la incorporación de enmiendas *in voce* de carácter transaccional, para «subsanar errores o incorrecciones terminológicas o gramaticales»[165]. Estas enmiendas serán presentadas por la Ponencia, se resolverán primero por la Comisión y finalmente, se presentarán al Pleno del Senado para su aceptación o rechazo final. La decisión sobre si se acepta o no una enmienda deberá ser adoptada por mayoría simple[166]. En caso de que prosperen las enmiendas formuladas, éstas se enviarán al Pleno del Congreso de los Diputados quien, también mediante votación decidirá si acepta o no las enmiendas propuestas por la Cámara alta. Para la adopción o rechazo de estas enmiendas, será necesaria una votación inicial sobre cada enmienda individualmente considerada. Para la aceptación de estas será suficiente la obtención de mayoría simple[167]. Sin embargo, una vez aceptadas las enmiendas senatoriales, será necesaria una votación de conjunto donde, para conseguir su aprobación, se hará exigible la obtención de mayoría absoluta, a fin de que no sea rechazado el texto y cobre vigencia el texto originalmente aprobado por el Congreso de los Diputados[168].

165 Art. 115 RS.

166 Art. 93.1 RS.

167 Art. 123 RCD.

168 Art. 132.2 RCD. *Vid.* SANTAOLALLA LÓPEZ, Fernando, *Derecho parlamentario..., op. Cit.* p. 356.

Trámite	Acción por seguir
Presentación de vetos[169]	Si se presentan vetos y enmiendas, se aborda primero la discusión de aquellos. En caso de prosperar el veto formulado será improcedente el análisis y votación de las enmiendas planteadas. Si se presentan vetos en la ponencia, esta deberá registrarlo en su informe y sobre ello resolverá la Comisión. Si ésta los aprueba, se pasa al Pleno del Senado para su debate. Por su parte, si este cuerpo colegiado lo estima fundado –con la anuencia de la mayoría absoluta mediante su voto–,[170] se da por concluido el debate, y se comunica al presidente de Gobierno y al del Congreso de los Diputados dicha determinación.[171] Conocida la decisión por el presidente del Congreso, éste deberá convocar a sesión Plenaria para que se decida y vote el contenido del texto previamente aprobado por ellos mismos[172]. En esta instancia, se aplicará el procedimiento establecido para los debates de totalidad y luego de ello se votará el proyecto aprobado inicialmente (no el veto), y, si éste se aprueba mediante decisión emitida por la mayoría absoluta, el veto queda rechazado[173]. Si eventualmente, en esta votación no se consigue la mayoría absoluta, existe la posibilidad de realizar una segunda votación dentro de los dos meses siguientes a la presentación del veto. En esta oportunidad bastará la obtención de mayoría simple para dar lugar a rechazo del veto. Si en esta segunda oportunidad no se obtiene este *quantum* decisional, la iniciativa legislativa se entiende rechazada[174].

Fuente: Elaboración propia

La anterior descripción evidencia la notoria desigualdad que existe entre el Congreso de los Diputados y el Senado como consecuencia del mencionado bicameralismo imperfecto, al hacer prevalecer la decisión del Congreso por sobre la del

169 El veto no es otra cosa que una enmienda a la totalidad del proyecto.

170 Art. 122.1 RS.

171 Art. 122.2 RS.

172 Art. 121 RCD.

173 Art. 122.1 RCD.

174 Art. 122.2 RCD.

Senado en los casos en los que haya desacuerdo[175]. Sin embargo, perviven algunas cuestiones que conviene anotar y que se relacionan con posibles debilidades que podrían facilitar que el texto legislativo pierda calidad en esta instancia decisoria.

En primer lugar, con relación al plazo constitucionalmente concedido al Senado para continuar el impulso legislativo[176], la dificultad que presenta dar cumplimiento a: La posibilidad de realizar encuestas, estudios o solicitudes de comparecencias[177] para un mejor estudio del trabajo legislativo, y más aún cuando la decisión legislativa penal puede conllevar la restricción de derechos y garantías reconocidas constitucionalmente. Adicionalmente, el artículo 151 del RS ordena que, una vez vencido el plazo para la presentación de enmiendas, en caso de que estas puedan implicar aumento de créditos o disminución de ingresos presupuestarios se remita el texto al Gobierno para que este exprese su conformidad o desacuerdo. El cumplimiento de esta orden, si bien puede constituir un control adecuado en este aspecto sobre las modificaciones sugeridas por el Senado, supone una carga adicional que podría resolverse con mejor solvencia con la simple ampliación de los plazos otorgados en la CE para cumplir este mandato.

En segundo lugar, sobre la posibilidad de presentar enmiendas, conviene destacar dos cuestiones que ponen en entredicho el procedimiento legislativo llevado en la Cámara alta: i). El desplazamiento que genera el veto frente a las enmiendas. El artículo 122.2 del RS consagra que si resulta aprobada la

---

175 *Vid.* PUNSET BLANCO, Ramón, *La fase central…, op. Cit.*, pp. 117-118.

176 *Vid.* PENDAS GARCÍA, Benigno, *Procedimiento legislativo…, op. Cit.*, p. 101, «llamar Cámara de reflexión a una Asamblea que ha de debatir y aprobar un texto en el plazo de dos meses (cuando no de veinte días naturales) es, en el mejor de los casos, una cruel ironía».

177 Paradójicamente el 67 del RS consagra esta posibilidad, incluso con una claridad no descrita en el RCD.

propuesta de veto «el presidente del Senado dará por concluido el debate sobre el proyecto afectado, y lo comunicará a los presidentes del Gobierno y del Congreso de los Diputados, trasladándoles el texto de la propuesta». Esto genera automáticamente que la discusión sobre las enmiendas propuestas no tenga lugar en el Pleno de la Cámara alta, y en caso de que la Cámara baja no apruebe el veto formulado por aquella, sencillamente no tenga necesidad de abordar estudio alguno sobre eventuales enmiendas, por lo que el texto presentado originalmente por el Congreso será aprobado y la *opinión* del Senado, reflejada vía enmiendas ni siquiera haga falta conocerla y mucho menos votarla; ii). Si bien, con el punto anterior defendemos el no abandono de las enmiendas en los casos en lo que se presenten vetos contra el proyecto o proposición de ley, ello no lleva a afirmar que tales enmiendas puedan presentarse *de cualquier manera.* Por lo que la posibilidad de presentación de enmiendas transaccionales[178] o de subsanación de errores o incorreciones[179] no puede constituir una oportunidad para desmejorar la calidad técnica, jurídica, social y política sobre la que nos hemos referido, sino que por el contrario, para su prosperidad deberán atenderse estos criterios, tanto por el Senado, como por el Pleno del Congreso al momento de convalidar la decisión de aquella. No hacerlo implicaría tolerar la realización de una práctica con la que se estaría legislando con desprecio de los debates previos, del contenido de los informes preceptivos, de las comparecencias y en general, en completo abandono de todo lo efectuado con antelación en el Congreso habilitándose un fraude con el que se permite introducir, por la puerta trasera, lo que, si se hubiera incorporado al inicio, requeriría «un debate político que habría hecho imposible, o

---

[178] Art. 114.2 RS.

[179] Art. 115 RS.

por lo menos muy costosa su incorporación»[180]; iii). La realización de una votación final en el Pleno, en la que se decide con un *sí o no* la aceptación de las enmiendas senatoriales o el mantenimiento del texto original, sin que previo a ello se intente al menos un breve análisis en Comisión genera que se obligue al Pleno del Congreso de los Diputados, como tribuna de cierre, al mantenimiento inalterable del texto modificado y aprobado, pese a que su contenido pueda envolver errores o deficiencias de carácter técnico[181]. Para solucionar este escollo, cobra de nuevo importancia el 119 del RCD. Para SANTAOLALLA LÓPEZ[182], este sistema de resolución de diferencias basado en el artículo 90 C.E no es de los mejores, no solo por «lo degradante que pueda resultar para el Senado» el sujetar sus enmiendas al beneplácito del Congreso de los Diputados, sino además por su falta de funcionalidad al no permitir «fórmulas alternativas a las enmiendas y al texto previamente aprobado por el Congreso, con la consecuencia de que las innovaciones senatoriales tendrán que aceptarse o rechazarse en bloque. Hubiese sido más lógico establecer una Comisión mixta para resolver estas discrepancias, sin perjuicio de reservar al Congreso la última palabra». vi). El artículo 107.2 del RS señala que las enmiendas y propuestas de veto deben formalizarse por escrito y con justificación explicativa. La práctica parlamentaria ha mostrado que el cumplimiento de este mandato se viene satisfaciendo mediante la presentación de una superficial, su-

---

180 *Vid.* ASTARLOA HUARTE-MENDICOA, Ignacio, *op. Cit.*, p. 260.

181 *Loc. Cit.*

182 *Vid.* SANTAOLALLA LÓPEZ, Fernando, *Derecho parlamentario…, op. Cit.* p. 355; ASTARLOA HUARTE-MENDICOA, Ignacio, *op. Cit.*, p. 253. En la práctica parlamentaria para salvar esta dificultad, se ha optado por ejercicios discutibles en los que se votan trozos de enmiendas, palabras o párrafos, para «acomodar la voluntad de ambas Cámaras».

cinta[183] y liviana[184] justificación[185]. Esta práctica es desde todo punto de vista reprochable, puesto que lo que se debate aquí es la incorporación de enmiendas que envuelven el ejercicio del *ius* puniendi estatal, las que a esta altura no pueden utilizarse como alternativa para evadir los filtros, controles y requisitos que se imponen en sede de Congreso de los Diputados, dirigidos a la racionalización del debate parlamentario. Por lo tanto, no es permisible que a esta altura se intente, por la puerta trasera, incorporar modificaciones sin fundamento ni justificación y que dicho proceder se autorice incluso por el Tribunal Constitucional[186].

1.3. La fase postlegislativa

Cumplida la fase legislativa, para que el texto aprobado se transforme oficialmente en Ley y pueda demandarse su cumplimiento a la sociedad, se hace necesaria la satisfacción de unas condiciones que, pese a su formalidad precisan de ser satisfechas. Nos referimos a las fases de sanción y promulgación las que, más que actividades propias del resorte parlamentario, son funciones que *simbólicamente* le corresponden al Rey[187] quien constitucionalmente tiene la obligación de proceder de esta manera sin que le sea posible incidir en el *íter* parlamentario, ni objetar potestad alguna dirigida a «controlar la regula-

---

183 *Vid.* SANTAOLALLA LÓPEZ, Fernando, *op. Cit.* 342.

184 *Vid.* ASTARLOA HUARTE-MENDICOA, Ignacio, *op. Cit.*, p. 256.

185 *Vid.* PENDAS GARCÍA, Benigno, *Procedimiento legislativo…*, *op. Cit.*, p. 102; GARCÍA-ESCUDERO MÁRQUEZ, Piedad, *El procedimiento legislativo…*, *op. Cit.*, p. 258.

186 STC57/1989, de16 de marzo.

187 Art. 91 CE.

ridad formal y material de la ley procedente de las Cortes»[188]. Cumplido este requisito se procede a su promulgación mediante su publicación en el Boletín Oficial de Estado (BOE).

En cuanto al tema que nos concierne, la doctrina ha hecho énfasis en que esta fase constituye la cuadratura del círculo, en cuanto a que en la fase postlegislativa se deberá evaluar el resultado de la ley puesta al público a fin de determinar si con su entrada en vigencia se han satisfecho los objetivos pretendidos por el legislador al momento de su aprobación[189]. En consecuencia, en esta fase se pondrá a prueba el producto legislativo y se deberá determinar su capacidad de respuesta, para establecer si es o no necesario dar lugar a un nuevo ciclo legislativo compuesto por el comienzo de una nueva etapa prelegislativa, legislativa y postlegislativa. La ventaja que ofrece el uso de este proceso circular es tener en cuenta las lecciones aprendidas que emergen del ejercicio llevado a cabo en pretéritas fases. Estas experiencias, evidentemente, se encontrarán apoyadas en criterios técnicos y científicos con pretensión de objetividad[190] dirigidos a determinar la real aplicación de la norma,

---

188 *Vid.* SANTAOLALLA LÓPEZ, Fernando, *Derecho parlamentario…, op. Cit.*, p. 360.

189 *Vid.* MONTORO CHINER, María Jesús, *La evaluación de las normas, racionalidad y eficiencia*, Barcelona, Atelier, 2001; LA MISMA, *Técnica legislativa y evaluación de las normas*, en *Anuario Jurídico de la Rioja*, No. 6-7, 2000-2001, pp. 155-172; RODRÍGUEZ FERRÁNDEZ, Samuel, *La evaluación…, op. Cit.;* AA.VV. *Hacia una evaluación racional…, op. Cit.;* AA.VV. *La evaluación de las leyes, XII Jornadas de la asociación española de Letrados de Parlamentos*, (Coord. Francesc Pau I Vall, Javier Pardo Falcón), Madrid, Tecnos, 2006; AA.VV. *La política legislativa penal en occidente, una perspectiva comparada*, Valencia, Tirant lo Blanch, 2005; VOGEL, Joachim, *Evaluación de los sistemas penales: contribución a una política criminal*, pp. 253-272; AA.VV. *La evaluación de las leyes*, (Eds. Oswaldo, Oelckers Camus, Alan, Bronfman Vargas), Santiago de Chile, Ediciones Universitarias de Valparaíso, 2002.

190 *Op. Cit.*, p. 43, «toda metodología destinada a estudiar objetivamente la actividad de gobierno, es decir todo conjunto prefabricado de reglas para

para a partir de allí efectuar su prognosis de cambio. La importancia de este proceso evaluativo radica en la posibilidad retrospectiva referida a la indagación del cumplimiento de los objetivos formulados desde la génesis del ciclo legislativo (fase prelegislativa), y de la satisfacción de lo que se formuló, tanto en la exposición de motivos, como en el preámbulo de la ley puesta en vigor, pues con su evaluación se intentará establecer, en el plano de la realidad, la efectividad y la eficiencia de la propuesta legislativa, sus costes, sus consecuencia y su capacidad de respuesta ante el hecho disfuncional.

En materia penal, será de especial interés la aplicación de este procedimiento de evaluación, pues como método circular, y ante la actual proliferación legislativa penal dirigida a la creación o agravación de legislación de simple coyuntura sin eficacia práctica, la realización de estas evaluaciones podría poner en evidencia la falta de suficiencia y sustento en las fases previas al momento postlegislativo. De esta manera, se ratificaría el ánimo populista de los legisladores y del Gobierno, en perjuicio del derecho penal y se haría notoria la falta de un interés real por dar solución al hecho socialmente repudiado por parte de estos sujetos políticos[191]. De manera general, la legislación penal se inserta, o debe insertarse dentro de una política pública general en cuyo ciclo deben evaluarse los resultados obtenidos. Sobre la función evaluadora, la doctrina ha ofrecido diversas definiciones[192], sin embargo, existen algunos puntos comunes que, como componentes de la evaluación vertebran este proceso. Dichos componentes son *el objeto,* el *proce-*

---

el descubrimiento de conocimientos con anterioridad a la experiencia es, a su vez, una doctrina, política o apolítica».

191 En los casos de supuesta *legislación de coyuntura.*

192 *Vid.* AA.VV. *Hacia una evaluación racional…, op. Cit.,* MUÑOZ ARENAS, Alberto, *Aspectos teóricos y procedimentales de la evaluación de políticas públicas,* p. 28-29.

dimiento, y la *función de evaluación,* correspondiendo a cada uno de ellos la actividad individualizada de responder al *qué* evaluar, *cómo* hacerlo (metodología, recopilación, interpretación y valoración de la información) y *para qué* hacerlo (proponer mejoras, rendir cuentas, generar conocimiento para evaluaciones futuras)[193]. Estos objetivos establecen un marco de diferenciación entre las técnicas gerenciales de control, auditoría y seguimiento puesto que en estos el objetivo principal será el ejercicio del control económico y el cumplimiento normativo[194], y en el de la evaluación, la actividad se extenderá al estudio de la transparencia, la responsabilidad, la calidad técnica, la simplicidad, la claridad, la definición de su necesidad, su eficacia, eficiencia, coherencia, subsidiariedad, proporcionalidad y el aprendizaje continuo[195], destacándose el enfoque social de la evaluación; es decir, yendo más allá del mero estudio del coste económico, amén de una valoración más holista que incluya las etapas de planeación implementación, verificación de resultados e impactos[196].

El desarrollo del método de evaluación aplicable puede encajar con un modelo específico de racionalidad legislativa

---

193 *Op. Cit.*, p. 30-31. OCDE, *estándares de calidad para la evaluación del desarrollo,* (p. 7). Disponible en https://www.oecd.org/dac/evaluation/dcdndep/46297655.pdf (consultado el 15/03/2023).

194 *Vid.* MERINO, Merisa, *La evaluabilidad: de instrumento de gestión a herramienta estratégica en la evaluación de políticas públicas.* Madrid, Ministerio de Administraciones Públicas, 2007. Disponible en https://www.mptfp.gob.es/dam/es/portal/funcionpublica/evaluacion-politicas-publicas/Papeles/Papeles_de_Evaluacion_Merino.pdf.pdf (consultado el 15/03/2023).

195 *Vid.* AA.VV. *La evaluación de las normas penales, op. Cit.*, KARPEN, Ulrich, *La implementación de la evaluación legislativa en Europa: Modelos y tendencias actuales,* p. 58.

196 *Vid.* Fundamentos de evaluación de políticas públicas, p. 22-26. Disponible en https://www.mptfp.gob.es/dam/es/portal/funcionpublica/evaluacion-politicas-publicas/Documentos/Metodologias/Guia0.pdf#page=1 (consultado el 15/03/2023).

de acuerdo con los fines perseguidos con su ejercicio; sin embargo, para el caso de la evaluación postlegislativa de la ley penal, las racionalidades pragmática y teleológica adquirirán mayor preponderancia. Dichas racionalidades obedecen a «la adecuación de la conducta de los destinatarios a lo prescrito en la ley» y, a la consecución –o no–de los efectos esperados con la norma[197]. Por lo tanto, en la evaluación ejercida se deberá determinar, no solo su factibilidad y viabilidad, sino además su eficacia, efectividad, y eficiencia[198]. Estas últimas acepciones –coincidiendo con los niveles de racionalidad mencionados– empalmarán respectivamente con el grado de *incentivación* ciudadana producida por el legislador con la norma o la satisfacción de objetivos; la adecuación del medio para conseguir el fin esperado y, el menor costo del instrumento escogido[199]. El análisis de costos deberá ir más allá del mero coste económico evaluando el análisis coste-beneficio y coste-eficiencia[200]. Como

---

197 *Vid.* ATIENZA, Manuel, *Contribución… op. Cit.*, pp. 36-38; AA.VV., *La legislación en serio, estudios sobre derecho y legisprudencia,* (Ed. Ángel Daniel Oliver-Lalana), EL MISMO*, Un modelo de análisis de argumentación legislativa,* Valencia, Tirant lo Blanch, 2019, p. 371. DÍEZ RIPOLLÉS, José Luis, *La racionalidad…, op. Cit.,* pp. 94-95.

198 RODRÍGUEZ FERRÁNDEZ, Samuel, *op. Cit.,* p. 123.

199 *Ibid.* pp. 127-135.

200 *Vid.* AA.VV. *Hacia una evaluación racional… op. Cit.,* ORTIZ DE URBINA GIMENO, Iñigo, *La economía como herramienta en la evaluación legislativa: Análisis de costes, coste-eficacia y coste-beneficio,* pp. 79-105. De hecho, PASCULLI, Lorenzo, *Corruptio Legis: Law as a Cause of Systemic Corruption Comparative Perspectives and Remedies also for the Post-Brexit Commonwealth,* en *Proceedings of 6th Annual International Conference on Law, Regulations and Public Policy,* June 2017, pp. 189-197. La misma ley puede aumentar, facilitar o inducir la comisión de nuevos delitos, o a la realización de prácticas corruptas; por lo que un análisis de estas cuestiones en sede postlegislativa puede constituir una buena herramienta de control. EL MISMO, Seeds of Systemic Corruption in the Post-Brexit UK, en Journal of financial crime, No. 26.3, (2019), pp. 705–718.

lo anota MIRÓ LLINARES[201], los cambios normativos suelen intervenir en las libertades de los gobernados, yendo, desde una simple modificación de hábitos, hasta restringir su libertad en diferente grado. La medición de estos impactos puede medirse en términos de su coste (bajo o alto), por lo que, en una sociedad basada en la libertad y la dignidad humana, bases del sistema democrático, resulta como deber la evaluación del coste, no sólo desde lo económico, sino también desde la restricción de libertades ciudadanas. Esta amalgama de situaciones pone en evidencia la necesidad de la evaluación de la política penal como parte de una política criminal que a su vez, como política pública, precisa y compite por recursos estatales junto con otras políticas públicas[202]; por lo que se hace imperiosa su evaluación a fin de medir su nivel de eficiencia, eficacia y efectividad, para así determinar la conveniencia del mantenimiento de una política penal determinada, su variación o eliminación, al igual que el análisis de los recursos necesarios para ello.

1.3.1. El Tribunal Constitucional español: Entre la deferencia al legislador y la indiferencia al proceso legislativo y sus fases

Por obvio que parezca, conviene argüir que de acuerdo con las facultades asignadas al TC para la declaratoria de sujeción a la carta fundamental de una determinar ley, una cosa será la declaratoria de constitucionalidad o de inconstitucionalidad en los eventos en los que es necesario verificar su adecuación o compatibilidad con los valores y principios constitucionales, y otra será la que se desprende del (in)cumplimiento de ciertos requisitos procedimentales que hacen parte del rito legislati-

---

201 Citado por, RODRÍGUEZ FERRÁNDEZ, Samuel, *op. Cit.*, p. 131.

202 *Vid.* ORTIZ DE URBINA GIMENO, Iñigo, *op. Cit.*, p. 81.

vo[203]. A efectos de la labor que venimos planteando, resulta de especial interés el referido a la segunda posibilidad, la que, además, como consecuencia de su pretermisión puede aparejar una vulneración de principios y valores protegidos constitucionalmente. Adicional a esta acotación, conviene añadir que la necesidad del control constitucional sobre los aspectos procedimentales debe extenderse no solo a la fase legislativa, sino además, al análisis de la etapa previa a ésta, es decir, a la fase prelegislativa, por cuanto la pretermisión, presentación incompleta, o simplemente el ofrecimiento de información sin sustento puede comprometer el desarrollo de la actividad llevada a cabo en sede parlamentaria. Por lo tanto, esta afirmación nos permitirá anticipar nuestra postura con relación a la necesidad de una modificación jurisprudencial del TC, en cuanto a lol sostenido sistemáticamente sostenida desde la sentencia 108/1986, relativo a la no percepción de la fase prelegislativa como una parte integrante de la fase legislativa y, la excesiva deferencia de ese tribunal, en cuanto al no aporte de información catalogada como *antecedente necesario* al momento del trámite decisional por *falta de denuncia* por parte de los legisladores.

a. La no percepción de la fase prelegislativa como un apartado integrante de la fase legislativa.

Previamente hemos indicado que, de acuerdo con la estructura consolidada por la doctrina mayoritaria, a efectos de la consolidación de una teoría de la legislación, las fases del *íter* legislativo deben clasificarse en fase prelegislativa, legislativa y postlegislativa.

---

203 *Vid.* DÍEZ RIPOLLÉS, José Luis, *op. Cit.*, pp. 58-59

Para la doctrina es harto conocida la posición mantenida por el TC a partir de la sentencia 108/86, que alude a que la fase prelegislativa no hace parte del *íter* legislativo. Para ese tribunal esta fase constituye simplemente una etapa administrativa desgajada y diferente de la fase decisional del decurso legiferante, por lo que los defectos que pudieran presentarse en esa fase no se comunicarán a la fase legislativa y por lo tanto no tendrían vocación invalidante para la ley promulgada[204]. Sobre esta postura, la doctrina ha sentado su disenso al anunciar que la apreciación atinente a que la fase gubernamental, y en consecuencia, las previsiones descritas en la Ley del Gobierno no hacen parte del procedimiento legislativo, constituyen una clara vulneración de la Constitución misma, al dejar por fuera del control de constitucionalidad, uno de los momentos de conformación de la iniciativa legislativa[205], e incluso, conforme a la tesis que venimos sosteniendo, una ausencia de control posterior a si los facultados constitucionales, previo a la radicación de la propuesta o proposición de ley cumplieron con su carga de justificación –no solo argumentativa– sobre la procedencia y conveniencia del hecho legislable propuesto. En esta medida, para Díez Ripollés[206], el desconocimiento de la fase gubernamental, como integrante del procedimiento legislativo rompe su unidad dejando por fuera una etapa constitucional como es la de iniciativa legislativa. Las exigencias a las que refiere el 88 de la CE son exigencias documentales y procedimentales que en nada impiden su aplicación, no solo para los proyectos de ley, sino también para las proposiciones de ley de que tratan los artículos 87.2, 87.3 y 89, siendo éstas fundamento para las normas que las desarrollan y que las harían parte integrante del bloque de constitucionalidad.

---

204 STC 108/1986, de 29 de julio, F.J. 3.

205 Nos referimos al artículo 88 CE.

206 *Vid.* DÍEZ RIPOLLÉS, José Luis, *op. Cit.*, pp. 212-213.

En nuestra opinión, el argumento ofrecido por el TC contiene una postura con la que se busca eludir la discusión sobre el fondo de la cuestión, haciendo prevalecer la forma sobre la sustancia. En la sentencia referida –y en la reiteración de esta línea jurisprudencial– se decide intencionadamente renunciar al abordaje del fondo de la cuestión, que no esta otra que indagar si la omisión o imperfecta satisfacción de ciertos requisitos procedimentales en fase previa, pueden comprometer el resultado y trámite de la fase legislativa, a tal punto que, en ciertos casos, resulten trasgredidos derechos fundamentales. Por lo tanto, al sostenerse que la fase gubernamental (o prelegislativa) no hace parte de la fase legislativa, simplemente se está proporcionando una postura superficial de la cuestión con la que se elude el análisis del asunto, quebrantando la CE, de la que se comprometió a ser su garante, e incluso, asumiendo un argumento superfluo del concepto de bloque de constitucionalidad sobre el que el mismo tribunal[207] y la doctrina[208] han ofre-

---

207 *Vid.* STC 36/81, de 12 de noviembre; STC 10/1982, de 23 de marzo; STC 66/85, de 23 de mayo; STC 75/85, de 21 de junio; STC 137/86, de 13 de diciembre; 181/88, de 13 de octubre; 177/90, de 21 de marzo; 25/93, de 21 de enero; 239/02, de 11 de diciembre; 230/03, y 291/05 de 10 de noviembre. *Vid.* GÓMEZ FERNÁNDEZ, Itzier, *Redefinir el bloque de la constitucionalidad 25 años después,* en, *Estudios de Deusto: revista de la Universidad de Deusto,* No. 1, Vol. 54, 2006, pp. 61-98. El TC ha ampliado paulatina y arbitrariamente las normas parámetro del bloque de constitucionalidad invocando «un espacio abierto a distintas posibilidades legislativas, lo cual significa simplemente que existe, como en muchos otros aspectos relativos al bloque, una indefinición evidente». DÍEZ RIPOLLÉS, José Luis, *op. Cit.,* p. 213, esta exclusión es incoherente si se contrasta con otras decisiones tomadas por ese tribunal en otros supuestos.

208 En unos casos lo han definido según su naturaleza, en otros, según la posición jerárquica de sus normas o con base en la función que cumpla la norma en el ordenamiento; según su delimitación competencial o simplemente asignándole una función parámetro de carácter procesal. *Vid.* DE OTTO, Ignacio, *Derecho Constitucional. Sistema de fuentes,* Barcelona, Ariel, 1987; FERNÁNDEZ, Tomás Ramón, *El bloque de la constitucionalidad, en Las Leyes Orgánicas y el bloque de la*

cido alcances diversos, reconociendo su indeterminación, pese a que, como lo aduce RUBIO LLORENTE[209], ninguna de esas definiciones se ha erigido con la intención de elevarlo a categoría dogmática, constituyendo «un simple nombre» para denotar realidades diversas, utilizadas al antojo de quien las usa «con tal de que precise qué es lo que con él quiere significar»[210]. En consecuencia, el argumento del TC es débil y genera un cercenamiento automático sobre la posibilidad de inclusión de las normas que disciplinan la fase prelegislativa como integrantes del bloque de constitucionalidad pese a la falta de determinación del concepto. Esta postura genera un desinterés por parte del Tribunal Constitucional al control del proceso legislativo desde su génesis y de las normas que lo integran. Incluso, esta exclusión se aparta de la realidad legiferante, petrificando el ámbito de acción de ese tribunal al desconocer que muchas de las iniciativas legislativas se preacuerdan o condicionan desde la fase prelegislativa.

La posibilidad de ampliación del espectro del control de constitucionalidad hasta el momento de la fase prelegislativa no precisa de disertaciones enrevesadas, pues ese tribunal, en su función de intérprete constitucional, en sus primeras decisiones había excluido del universo normativo que integra ese bloque al reglamento de las cámaras legislativas, incorporán-

---

constitucionalidad, Madrid, Cívitas, 1981; RUBIO LLORENTE, Francisco, *El bloque de constitucionalidad,* en *REDC,* No. 27, año 9, septiembre-diciembre, 1989, pp. 9-37; GÓMEZ FERNÁNDEZ, Itzier, *op. Cit.;* REQUEJO RODRÍGUEZ, Paloma, *Bloque Constitucional y Bloque de la Constitucionalidad,* Oviedo, Servicio de Publicaciones Universidad de Oviedo, 1997; FAVOREU, Louis, *El bloque de la constitucionalidad,* en *Revista del Centro de Estudios Constitucionales,* No. 5, enero-marzo, 1990.

209 *Vid.* RUBIO LLORENTE, Francisco, *op. Cit.,* p. 12.

210 *Cit.,* p. 14.

dolo posteriormente dentro de ese universo[211]. Por lo tanto, nada obsta a que, en un análisis de constitucionalidad posterior, amplíe el radio interpretativo insertando las normas que gobiernan la fase prelegislativa –como parte integrante del proceso legislativo–, y aborde el análisis de constitucionalidad del *íter* legiferante a partir de esa temprana etapa. La justificación para ello se encuentra dentro de las mismas razones aducidas para considerar los Reglamentos Parlamentarios como parte integrante del bloque de constitucionalidad pese a no estar insertos en el 28.1 de la LOTC[212]; es decir, la invulnerabilidad de las reglas de procedimiento frente a la acción del legislador, el carácter instrumental respecto del pluralismo político como valor superior del ordenamiento, y que nos encontremos ante una inobservancia que altere de modo sustancial el proceso de formación de voluntad en las Cámaras. Estas consideraciones constituyen fuente de interpretación para seguir sosteniendo la posibilidad de ampliación del margen de cobertura de la fase prelegislativa dentro del bloque de constitucionalidad como *norma parámetro*, sin olvidar que la remisión que se hace a la fase prelegislativa, y por lo tanto, a la ley del Gobierno, se hace especialmente en función de la *regla* establecida en el artículo 88 de la CE, la cual constituye el cemento con el que se enjuicia la constitucionalidad de las demás normas que se puedan llegar a utilizar como parámetro[213].

Saliéndonos del punto de vista jurisprudencial, y del posible alcance que podría darse al concepto de bloque de constitucionalidad; desde lo normativo se presenta una confirma-

---

211 *Vid.* STC 99/87, de 11 de junio, FJ. 1; STC 194/2000, de 19 de julio; STC 97/2002, de 25 de abril, STC 238/2012, de 13 de diciembre.

212 RUBIO LLORENTE, Francisco, *op. Cit.*, pp. 19-23. El artículo 28.1 de la LOTC constituye un falso punto de partida para definir las normas a tomar en cuenta para resolver sobre constitucionalidad de las leyes. Este artículo sólo debe servir de recordatorio.

213 *Vid.* GÓMEZ FERNÁNDEZ, Itzier, *op. Cit.* p. 87.

ción que refuerza y abunda en razones sobre la procedencia, o mejor, obligatoriedad de agregar dentro de ese concepto las normas que disciplinan el procedimiento prelegislativo. Nos referimos a las modificaciones sufridas por la Ley del Gobierno (LG) a partir de la incorporación de lo dispuesto en la disposición final tercera numeral 12 de la LRJSP, la que alude a la contemplación de los principios de *better regulation* al que nos remitimos[214], de los que sin embargo, conviene recordar, que además de discriminar el contenido propio de los principios que componen ese *metaprincipio*, se pasa de la escueta mención a que los actos del Gobierno deben sujetarse a la CE y a la ley, para desarrollar un amplio catálogo sobre el procedimiento a seguir en materia de elaboración de las leyes[215], enfatizando el matiz internacional de la medida que surge como respuesta a las iniciativas llevadas a cabo en la Unión Europea sobre *better regulation* y sigue las recomendaciones que sobre la materia ha formulado la Organización para la Cooperación y el Desarrollo Económicos (OCDE) en su informe de 2014.

Complementariamente, el análisis de PONCE SOLÉ[216] a los principios que –al margen de la LG–, se desprenden de la carta fundamental sobre *better regulation* no son pocos: (Artículo 9.3, interdicción de la arbitrariedad: Exige racionalidad y justificación en las decisiones. Artículo 14, no discriminación e igualdad material. Artículo 9.2 proporcionalidad, del que deriva el artículo 1 que exige adecuación, necesidad y proporcionalidad

---

214 *Vid.* Capítulo II. Punto 1.1.1.

215 *Vid.* GARCÍA ESCUDERO-MÁRQUEZ, Piedad, *Iniciativa legislativa del Gobierno y técnica normativa…, op. Cit.*

216 *Vid.* AA.VV. *El control de la actividad estatal, Discrecionalidad, División de Poderes y Control Extrajudicial,* T.I. (Dir. Enrique M. Alonso Regueira), PONCE SOLÉ, Juli, *El derecho a una buena administración y el derecho administrativo iberoamericano del siglo XXI. Buen gobierno y derecho a una buena administración contra arbitrariedad y corrupción,* Buenos Aires, Asociación de Docentes, Facultad de Derecho y Ciencias Sociales, Universidad de Buenos Aires, 2016, pp. 230-231.

en sentido estricto. Artículo 31.2, sobre asignación equitativa, eficiencia y economía en la programación del gasto público. En consecuencia, y coincidiendo con Díez Ripollés[217], si a partir de estas normas, a las iniciativas gubernamentales se les incorpora un «armazón procedimental» ampliado, el sustento usado por el TC a partir de la sentencia 108/86 para excluir a la Ley del Gobierno (LG) de las normas del bloque de constitucionalidad resulta poco convincente. Adicionalmente, desde el escenario comunitario, la Carta de Derechos Fundamentales de la Unión Europea en su artículo 41 consagra el derecho a una buena administración, incorporando principios fácilmente extrapolables a los mencionados a nivel interno en la LG, bastando citar el acceso al expediente legislativo, o la necesidad de motivación de las decisiones, del que González Alonso[218] desprende el derecho de conocer de forma clara y precisa las razones en que se funda para adoptar la decisión, al igual que la base jurídica en que se apoya. Aunado a ello, el autor añade la posibilidad de cuestionamiento de su legalidad ante organismos internacionales en caso de falta o insuficiente motivación. En suma, esta apreciación nos pone de nuevo, no

---

217 *Vid.* AA.VV. *La elaboración de las leyes penales en España, op. Cit.*, DÍEZ, RIPOLLÉS, José Luis, *Identificación de las necesidades del proceso legislativo penal desde la óptica académica. Especial consideración del papel de los servicios de apoyo parlamentario*, p. 24.

218 *Vid.* AA.VV. *Carta de los Derechos Fundamentales de la Unión Europea, Comentario artículo por artículo*, (Dir. Araceli Mangas Martín), GONZÁLEZ ALONSO, Luis N., *Artículo 41. Comentario*, Bilbao, Fundación BBVA, 2008, p. 674. El derecho a una buena administración «es el único de los derechos de la ciudadanía que aparece configurado en la Carta como auténtico derecho fundamental» p. 668. TOMÁS BALLÉN, Beatriz, *El derecho fundamental a una buena administración*, Madrid, Instituto Nacional de Administración Pública, 2004; AA.VV. *La buena legislación*, (Eds. María Jesús Montoro Chiner, Karl-Peter Sommermann), MERTEN, Detlef, *¿Schuldet der Gesetzgeber nur ein wirksames Gesetz oder auch ein gutes Gesetzgebungsverfahren?* Barcelona-Speyer. Instituto Alemán de Investigación para la Administración Pública, 2015, pp. 105-136.

solo ante la obligación de motivación de las decisiones desde la fase prelegislativa –y a su incorporación dentro del bloque de constitucionalidad–, sino además al compromiso de control por parte del legislador, y subsidiariamente del Tribunal Constitucional[219].

b. La falta de denuncia ante las Cámaras legislativas de información considerada necesaria para la estructuración de una opinión documentada.

Anunciemos desde ya que la idea de deferencia sostenida por el TC debe trasladarse, del *legislador*, hacia el *producto legislativo,* o al menos, que tal deferencia no sea automática e injustificada. Por ello resulta necesario que dentro del *íter* legislativo se ofrezcan las razones que permiten indagar sobre la coherencia de sus decisiones a efectos del posterior análisis de constitucionalidad de la norma penal puesta en entredicho, al igual que las fases y momentos que componen el proceso decisional como un todo.

Continuando con la sentencia 108/86, y refiriéndonos ahora a esta fase concreta del proceso de toma de decisiones legislativas, ese tribunal ha sostenido que la ausencia de un determinado antecedente tendrá trascendencia si se ha privado a las Cámaras de un elemento de juicio necesario para su decisión, el cual debe ser conocido y denunciado de inmediato ante las Cámaras para que pueda ser atendido, y que, ante la falta de denuncia, lo que ocurre es una especie de convalidación, o una estimación de innecesaridad del documento echado de menos, lo que le impide al TC inmiscuirse en esta valoración. De este

---

219 *Vid.* AA.VV. *Innovación en el ámbito del buen gobierno regulatorio..., op. Cit.,* VAQUER CABALLERÍA, Marcos, *Auge y problemas de la metarregulación: La iniciativa legislativa y la potestad reglamentaria en la Ley de Procedimiento Administrativo Común,* p 171-172.

extracto jurisprudencial podemos colegir que, bajo esta interpretación, para el TC: i). Si no se denuncia ante las Cámaras la ausencia de un determinado antecedente, no se puede discutir su no aporte en sede jurisdiccional; ii). La ausencia de un antecedente así sea preceptivo, es decir, establecido por la ley como obligatorio, se subsana con el mero silencio de los parlamentarios; iii). Que lo importante para efectos de la discusión sobre la constitucionalidad del proceso decisional, no es la existencia o no del *antecedente*, sino la denuncia oportuna por parte de quien lo echa de menos, y, iv). La definición sobre si un determinado antecedente es o no trascendente, y si el mismo priva o no a las Cámaras de un elemento de juicio necesario para su decisión lo define la denuncia o silencio de los parlamentarios.

Con base en las anteriores conclusiones conviene preguntarnos si a partir de las disposiciones de la CE, al legislador, ¿le es constitucionalmente lícito decidir discrecionalmente si un determinado antecedente es o no necesario para formar motivadamente su opinión y posterior voto? En realidad, ¿su falta de denuncia subsana su no aportación? Ante la falta de entrega del antecedente, ¿de qué manera puede conocerse si el documento era o no necesario para adoptar su decisión? Para resolver estas cuestiones conviene recordar que de la lectura del artículo 88 de la CE no se vislumbra el carácter negociable que el TC le ha dado en su jurisprudencia[220]. Por otra parte, podría pensarse que quizás esa pudo haber sido en algún momento la intención del constituyente primario dentro de sus discusiones al momento de aprobar el texto constitucional, sin embargo, tal interpretación no fue contemplada siquiera una sola vez dentro de dicho procedimiento[221] pues, del devenir constitu-

---

220 *Vid.* BECERRA MUÑOZ, José, *op. Cit.*, p. 452-458.

221 *Vid.* Constitución española, trabajos parlamentarios, T. I a IV, (Edición preparada por Fernando Sainz Moreno), Madrid, Publicaciones de las Cortes Generales, 1980.

yente se evidencia, que ni los debates en la comisión constitucional respectiva[222/223], sus dictámenes[224 /225], los debates en el pleno del Congreso de los Diputados[226], los del Pleno del Senado[227], ni el texto aprobado (en el Congreso), ni las modificaciones propuestas por el pleno del Senado[228], contemplan la exclusión del concepto de *antecedentes necesarios*, ni de las exposiciones de motivos por lo que puede sostenerse que al interior de los debates constitucionales, en ningún momento se contempló o se puso en discusión la innnecesariedad de presentación de documentación que llegare a constituir tal *antecedente* como criterio necesario para la conformación de la voluntad parlamentaria, ni de la no necesidad de presentación de EM en las iniciativas, y mucho menos la posibilidad de negociación de dichos instrumentos por parte de los parlamentarios. En consecuencia, el carácter de disponibilidad predicado por el TC bajo el argumento de la necesidad de previa denuncia en las Cámaras por parte del parlamentario interesado tampoco encuentra soporte que lo sustente, desde el punto de vista de las discusiones efectuadas por la Asamblea creadora del texto constitucional. De ahí se sigue que, para el caso de las iniciativas gubernamentales es indudable la intención del constituyente primario, de no dejar a la libre elección la aportación y escogencia de los documentos que desde su óptica considerara necesarios o suficientes para sacar adelante su iniciativa, ni tampoco dejar a la mera liberalidad de los parlamentarios la posibilidad de denunciar la existencia y no aporte de un ins-

222 *Vid. Constitución española, trabajos parlamentarios, T. II., op. Cit.*, p. 1300.

223 *Op. Cit., T. III.*, pp. 3692-3694.

224 *Cit., T. II.*, p. 1817.

225 *Cit., T. IV.*, p. 4210.

226 *Cit., T. II.*, p. 2262.

227 *Cit., T. IV.*, p. 4589.

228 No hubo.

trumento que perciban como antecedente necesario para su pronunciamiento.

En vista de lo anterior, es claro que:

i). La incompletitud de los antecedentes puede generar discusiones de constitucionalidad que deberán ser analizadas caso a caso por el Parlamento y por el TC, siendo por tanto de cargo del Gobierno, la entrega de *la totalidad* de la información y documentación recaudada[229], y ahora con mayor razón, bajo la vigencia de las modificaciones sufridas por la LG que debe incorporarse dentro de las normas parámetro del bloque de constitucionalidad.

ii). La no entrega de las exposiciones de motivos y de los antecedentes necesarios para que las Cortes Generales se pronuncien sobre un determinado proyecto de ley –o, en nuestra opinión, de una proposición de Ley–, no constituye una característica de la que puedan disponer los legisladores pues dicha discrecionalidad no se desprende de la lectura del artículo 88 de la CE[230].

iii). El control de constitucionalidad de las leyes y proposiciones de ley de contenido penal debe extenderse al estudio de los llamados antecedentes necesarios y de las exposiciones de motivos, sin que dicho ejercicio se condicione a la denuncia que se haga sobre su contenido o ausencia dentro de las Cámaras legislativas, en atención al carácter imperativo descrito en el artículo 88 de la CE. Por lo tanto, la posición esgrimida por el TC a partir de la STC 108/1986, contiene una incorrecta hermenéutica del texto constitucional y en consecuencia, dicha postura debe ser variada al incurrir en una irregular interpreta-

---

229 Correspondiente al desarrollo de su plan de acción.

230 *Vid.* BARAK, Aharon, *Proporcionalidad, los derechos fundamentales y sus restricciones*, (traducción de Gonzalo Villa Rosas), Lima, Palestra, 2017, pp. 424-425.

ción de la CE con la que se hace prevalecer el *poder constituido* por sobre la intención manifestada por el *poder constituyente* quien es el que finalmente le fijó su sentido y alcance[231].

Para abundar en razones, al inicio de este título hicimos referencia al cambio de miras que debe realizar el TC sobre el concepto de *deferencia al legislador*. Dicho argumento no puede ser automático en los casos de *falta de denuncia* en las Cámaras legislativas de un determinado requisito de los que hace referencia el artículo 88 de la CE, sino que conforme a principios y postulados constitucionales, para que dicha consideración o respeto pueda mantenerse, deberá ese tribunal efectuar un análisis del producto legislativo y de las fases que lo estructuraron. Por consiguiente, no puede ser de recibo el rápido argumento de la deferencia al legislador, o de la falta de denuncia de un determinado documento, para excluir del análisis de constitucionalidad la norma penal promulgada o sus fases, pues en dicho proceso decisional pudo haberse incurrido en intencionales omisiones o pretermisiones que podrían eventualmente haber cambiado el curso de la decisión adoptada. Así pues, el argumento de la, de por sí cuestionable, *legitimidad democrática* es insuficiente como respuesta para excluir irreflexivamente el estudio de si se cumplió o no el artículo constitucional citado.

La base en que apoyamos esta afirmación, parte del cumplimiento de los principios de *better regulation*, los cuales deben ser extensibles al poder legislativo. Sumado a lo anterior, dicha obligación debe completarse con el desarrollo de un adicional principio del que la doctrina se ha venido ocupando últimamente, y que para efectos de una correcta teoría de la legislación, puede entenderse como asociado con el principio de la democracia deliberativa. Nos referimos al *principio de jus-*

---

231 La diferenciación entre estos dos conceptos se atribuye a SIEYÈS, Emmanuel-Joseph, *¿Qué es el tercer Estado?*, Barcelona, Orbis, 1985, pp. 62-63.

tificación[232], él que para algunos autores, incluso debe elevarse a la categoría de derecho fundamental[233]. Las ideas centrales de este principio aluden en esencia a la necesidad de justificación, entendida como «el derecho a ser respetado como una persona moral, que es autónoma por lo menos en el sentido en que no debe ser tratado de una manera para la cual no pueda dársele razones adecuadas»[234]. Desde el punto de vista del proceso legislativo las nuevas constituciones deben servir de puente entre la autoridad del Estado y la necesidad de que sus decisiones vayan dirigidas hacia «una cultura de la justificación, una cultura en la que se espera que todo ejercicio del poder esté justificado; en la que el liderazgo del gobierno se base en la contundencia de los argumentos ofrecidos en defen-

---

232 *Vid.* MUREINIK, Etienne, *A Bridge to Where? Introducing the Interim Bill of Rights,* en, *South African Journal on Human Rights,* No. 10, 1994, pp. 31–48; COHEN-ELIYA, Moshe, PORAT, Iddo, *Proportionality and the Culture of Justification,* American Journal of Comparative Law, No. 59, March, 2010 pp. 463-490; FORST, Rainer, *The right to justification,* New York, Columbia University Press, 2007; EL MISMO, *Justificación y crítica, perspectivas de una teoría crítica de la política,* (Traducción de Graciela Calderón), Buenos Aires, Katz Editores, 2014; AA.VV. *The Rationality and Justification of Legislation, Essays in Legisprudence,* (Eds. Luc J. Wintgens, Angel Daniel Oliver-Lalana), Switzerland-Heidelberg-New York-Dordrecht-London, Springer, 2013; AA.VV. *La legislación en serio, op. Cit.*, OLIVER-LALANA, Ángel Daniel, *Deliberación legislativa y control judicial de las leyes: Entre el respeto y la desconsideración por los legisladores electos,* pp. 397-465; PAREDES CASTAÑÓN, José Manuel, *La justificación de las leyes penales,* Valencia, Tirant lo Blanch, 2013. *Cfr.* AA.VV. *Rational Lawmaking under Review, Legisprudence According to the German Federal Constitutional Court,* (Eds. Klaus Meßerschmidt, Ángel. Daniel Oliver-Lalana), Switzerland, Springer, 2016, SCHULZE-FIELITZ, Helmuth, *Paths Towards Better Legislation, Detours and Dead-Ends, An Appraisal of Consultation with Independent Experts, Justifications for Legislation, Impact Assessments and Controls of Efficacy.*

233 *Vid.* FORST, Rainer, *Justificación y crítica, op. Cit.*, pp. 55-90. EL MISMO, *El derecho básico a la justificación: hacia una concepción constructivista de los derechos humanos,* en *Revista Estudios Políticos,* No. 26. enero-junio 2005, pp. 27-59.

234 *Vid.* FORST, Rainer, *El derecho básico…, loc. Cit.*

sa de sus decisiones, y no en el miedo que inspira la fuerza a su mando»[235]; una cultura en la que «los gobiernos proporcionen justificación sustantiva de todas sus acciones, por lo que nos referimos a la justificación en términos de la racionalidad y razonabilidad de cada acción»[236].

Aludimos a este planteamiento en fase postlegislativa, no solo para que el legislador efectúe evaluación *ex post* de su producto, sino especialmente para que en este escenario el tribunal constitucional extienda el análisis de la constitucionalidad de la ley penal y su racionalidad, tomando como punto arquimédico la verificación de que el legislador se sujetó a tales principios dentro del proceso legislativo[237]. La aplicación de estos principios será complementaria, pues de una parte, en cumplimiento de los principios de *better regulation* deberá incorporarse el estudio y alcance de los subprincipios de necesidad, eficacia, proporcionalidad, seguridad jurídica, transparencia, y eficiencia, tan necesarios dentro del proceso legislativo penal y la racionalización de la política criminal actual; como el cumplimiento del principio de justificación en el que el legislador, y los demás interesados con el éxito, fracaso o enmienda del proyecto o proposición legislativa, deberán ofrecer las razones en que se sustentan, a fin de que se analice, primero por el legislador, la procedencia de su mantenimiento, cambio o rechazo, y luego por el TC al momento de su análisis de constitucionalidad para que allí verifique la suficiencia de los argumentos vertidos por unos y otros. Por consiguiente, la afirmación de la deferencia legislativa se torna insuficiente para descartar el análisis de la constitucionalidad del debate legislativo y su

---

235 *Vid.* MUREINIK, Etienne, *A Bridge to Where? Op. cit.*, p, 32.

236 *Vid.* COHEN-ELIYA, Moshe, PORAT, Iddo, *op. cit.*, p. 463.

237 Nos referimos a los principios de mejor regulación y de justificación.

sustento, pues como lo anota Oliver-Lalana[238], tal deferencia no puede darse por descontada, sino que debe ganarse y merecerse, debiendo por tanto, para que se presuma su legitimidad, ofrecer «buenas razones» para su mantenimiento. Dicha deferencia no puede ser ciega, formal, ni descansar sobre presunciones, dogmas, ni "estereotipos" empíricamente infundados, lo que obliga a que dicha deferencia no se estructure sobre «una cuestión de "todo o nada"», pudiendo por tanto graduarse según el caso, la calidad de la justificación y de los debates parlamentarios[239].

La dificultad que puede presentarse en el ejercicio de este medio de control de constitucionalidad radica en la identificación de los linderos del debate político y el debate técnico-jurídico, a fin de que el TC no se inmiscuya en aspectos que no le conciernen. Sin embargo, su implementación permitirá abrir el camino hacia la identificación y establecimiento de su alcance y contenido. La ausencia actual de límites formales o materiales definidos no puede conducir a la eliminación automática de dicha alternativa, pues, entre otras, una vez se inicie la aplicación de este parámetro de control por parte del TC, ocurrirá que existen casos «fáciles» y casos «difíciles» en los que las zonas de penumbra serán más o menos borrosas, lo que permitirá ir erigiendo un estándar de control que permita ir mejorando este mecanismo. Así mismo, puede suceder que en ciertos casos la libertad –que no arbitrariedad– de configuración legislativa permita la prevalencia del criterio político por sobre el criterio técnico-jurídico –o viceversa–. La condición de dicha prevalencia se cimentará sobre la base de la existencia de un insumo que acredite la suficiencia del debate y su sustento, su necesidad, conveniencia y razones. Por el momento,

---

238 *Vid.* AA.VV. *La legislación en serio, op. Cit.*, OLIVER-LALANA, Ángel Daniel, *Deliberación legislativa…*, p. 422.

239 *Op. Cit.*, pp. 422-425.

a efectos de la diferenciación entra las cuestiones políticas y técnicas, conviene recordar la división hecha por WINTGENS[240] entre *deliberación* y *justificación;* la primera de naturaleza política y la segunda, de un carácter más técnico-jurídico. Por lo tanto, la labor del TC se enfocará en las cuestiones relativas a la justificación normativa que se hayan surtido en fase deliberativa[241]. Envueltos en ese proceso, deberá el TC tener en cuenta los aspectos referidos al cumplimiento de estándares de transparencia, (rendición de cuentas y representatividad política), autenticidad legislativa (*lobbies,* huella normativa y captura del legislador), e inclusividad legislativa (atención a la voz minoritaria, respeto al pluralismo legislativo), pues estos deben ajustarse al concepto de Estado social de derecho[242] y que son, de manera indirecta, desarrollo y ejercicio del principio de interdicción de la arbitrariedad de que trata la CE, sobre el que el profesor FERNÁNDEZ RODRÍGUEZ[243] anota, ha sido entendido mayoritariamente en sentido negativo, mediante el rechazo de ciertos comportamientos; no obstante, este principio puede tener un sentido positivo en cuanto a la exigencia de decisiones racionales y razonables.

---

240 *Vid.* AA.VV. *Legislation in Context... op. cit.,* WINTGENS, Luc. J., *Legitimacy and Legitimation from the Legisprudential Perspective,* Hampshire, Ashgate Publishing, 2007, p. 4.

241 *Loc. cit.*

242 *Vid.* OLIVER-LALANA, Angel Daniel, *Deliberación legislativa...,* pp. 428-429; AA.VV. *The Rationality and Justification of Legislation, op. cit.,* KRISTAN, Andrej, *Three Grounds for Tests of the Justifiability of Legislative Action: Freedom, Representative Democracy, and Rule of Law,* pp. 53-61; FERNÁNDEZ CRUZ, José Angel, *La legitimación social de las leyes penales: Límites y ámbito de su aplicación,* en, *Revista de Derecho de la Pontificia Universidad Católica de Valparaíso,* No. XXXIII, 2009, segundo semestre, pp. 231-259.

243 *Vid.* AA.VV. *Innovación en el ámbito del buen gobierno regulatorio..., op. Cit.,* FERNÁNDEZ RODRÍGUEZ, Tomás-Ramón, *El control judicial del poder discrecional y el derecho a una buena administración,* pp. 31-37 (p. 33).

Estas ideas no pretenden abordar con minuciosidad las posibilidades que ofrece esta fase del proceso legislativo, ya que su amplitud precisaría de un trabajo independiente. Por lo tanto, constituyen ideas semiestructuradas para demostrar el potencial actualmente desperdiciado por ese tribunal al igual que propugnar por un cambio doctrinal en su interior. Coincidiendo con OLIVER-LALANA[244], en democracias constitucionales la compatibilidad de las leyes también debe incluir el análisis de justificación y la calidad del debate legislativo para actualizar la deferencia judicial estos parámetros[245].

---

244 *Vid.* AA.VV. *La legislación en serio, op. Cit.*, OLIVER-LALANA, Ángel Daniel, *Deliberación legislativa...*, p. 399

245 *Vid.* NABOT, Suzie, *Judicial review of the legislative process*, en, *Israel Law Review*, No. 2, Vol. 39, 2006, pp. 182-247.

Capítulo III.

SER Y DEBER SER DEL PROCESO DE ELABORACIÓN LEGISLATIVA EN COLOMBIA

I. EL ÍTER LEGISLATIVO DE LAS LEYES PENALES EN COLOMBIA

Señala el profesor VELÁSQUEZ VELÁSQUEZ[1] como denominador común en la doctrina la alusión a que «la ley penal es el origen por excelencia del derecho penal» cuando en realidad es sólo su resultado. Añade que por ello, es normal la confusión entre la *norma* y la *fuente,* siendo esta última «el proceso legislativo mismo»[2]. A continuación nos ocuparemos de *la fuente* productora de la ley, sus etapas y los intersticios en los que de forma directa o indirecta participa el legislador para producirla y los eventuales agentes que directa o incidentalmente pueden participar en su resultado.

Para desarrollar las fases del *íter* legislativo colombiano usaremos pronunciamientos de la Corte Constitucional, la doctrina foránea, y en lo posible, la –incipiente– doctrina nacional

---

1 VELÁSQUEZ VELÁSQUEZ, Fernando, *Fundamentos de Derecho Penal, PG,* Bogotá, Jurídicas Andrés Morales, 2017, p. 133.

2 *Vid.* CARBONNIER, Jean, *Sociología Jurídica,* (Traducción de Luis Díez-Picazo), Madrid, Tecnos, 1972, p. 232. La sociología *peri-legislativa* se encarga del mecanismo abstracto de la legislación independientemente de su contenido; la sociología *legislativa* se ocupa del contenido que el legislador pone en ella.

que se haya ocupado del asunto, a fin de construir nuestras opiniones[3].

1.1. La fase prelegislativa o previa al inicio del debate legislativo

Hemos enunciado que un amplio sector doctrinal disecciona las etapas del proceso legislativo en fase prelegislativa, legislativa y postlegislativa estimando que estas etapas componen la totalidad del procedimiento legislativo global –del que el procedimiento parlamentario solo es una parte–[4], a efectos de la composición interna de la fase prelegislativa, la doctrina no se pone de acuerdo, si no que para algunos, esta corresponde a «la fase inicial, que constituye el impulso necesario para las posteriores actuaciones»[5], y para otros obedece al momento –gubernamental o administrativo– de elaboración que termina

---

3 *Vid.* SIERRA PORTO, Humberto Antonio, en prólogo al libro de SEPÚLVEDA MUÑETÓN, Jaime Alberto, *Concepto y práctica del procedimiento legislativo colombiano,* Bogotá, Universidad Externado de Colombia, 2014, p. 15. Las etapas del proceso legislativo «carecen de una doctrina consolidada, e incluso la jurisprudencia constitucional es muy dubitativa y en todo caso reducida, cuando no inexistente». Sobre el escaso interés a la técnica legislativa en Latinoamérica, *vid.* GARCÍA-ESCUDERO MÁRQUEZ, Piedad, *La técnica legislativa en derecho comparado, en especial en América Latina,* en *Revista Parlamentaria de la Asamblea de Madrid,* No. 29, 2013, pp. 27-64.

4 *Vid.* AA.VV. *La proliferación…, op. Cit.,* JIMÉNEZ APARICIO, Emilio, *El procedimiento de elaboración de los anteproyectos de Ley: La fase gubernamental,* pp. 279-373.

5 *Vid.* GARCÍA ESCUDERO-MÁRQUEZ, Piedad, *La iniciativa legislativa…, op. Cit.* p. 11; LA MISMA, *El procedimiento legislativo en las Cortes Generales, notas y bases para una reforma,* en, *Revista Española de Derecho Constitucional, No. 74, mayo-agosto de 2005,* pp. 217-218. LA MISMA, *La iniciativa legislativa en la Constitución…, op. Cit.* p. 61.

con la presentación de la iniciativa que dará lugar el inicio del debate legislativo propiamente dicho[6].

Estas clasificaciones resultan insuficientes ya que no evidencian que en esta fase existen pasos o momentos interrelacionados externos que se omiten y que ante su silencio dan a entender que la etapa prelegislativa se compone simplemente de la elaboración de un documento que a futuro se presentará como una iniciativa legislativa para así dar paso a la fase legislativa o parlamentaria, olvidando que previo al inicio de la elaboración y presentación de la iniciativa existen circunstancias y hechos sociales que constituyen la causa subyacente que da lugar a la presentación de la aludida iniciativa.

Por lo anterior, coincidiendo con DÍEZ RIPOLLÉS[7] y SOTO NAVARRO[8] quienes se adhieren a la clasificación hecha por SCHNEIDER[9], debe tenerse en cuenta la previa existencia de un momento psicológico y sociológico compuesto por procesos *espontáneos* y procesos *institucionalizados*[10] cuya génesis se exterioriza por un agente social[11] que pone en evidencia la exis-

---

6 *Vid.* AA.VV. *Temas básicos de derecho constitucional,* T. II (Coord. Manuel Aragón Reyes), BIGLINO CAMPOS, Paloma, *procedimiento legislativo,* Madrid, Civitas, 2001, pp. 158-162; AA.VV. *Estudios de derecho civil en homenaje al profesor Dr. José Luis Lacruz Berdejo,* T. II, SALVADOR CODERCH, Pablo, *La legislación en España: técnica y procedimiento,* Barcelona, Bosch, 1993, pp. 1991-2010.

7 *Vid.* DÍEZ RIPOLLÉS, José Luis, *op. Cit.,* pp. 20-50; BENITO SÁNCHEZ, Demelsa, *evidencia empírica y populismo punitivo, el diseño de la política criminal,* Barcelona, Bosch, 2020, pp. 143-145.

8 *Vid.* SOTO NAVARRO, Susana, *op. Cit.,* pp. 147-151. Apoya esta clasificación, BECERRA MUÑOZ, José, *op. Cit.* pp. 337-344, y RODRÍGUEZ FERRÁNDEZ, Samuel, *op. Cit.,* pp. 192-209.

9 *Vid.* SCHNEIDER, *op. Cit.,* pp. 792-797.

10 *Vid.* DÍEZ RIPOLLÉS, José Luis, *op. Cit.,* p. 20.

11 Fuerzas políticas, sociales o económicas, fuerzas de gobierno, partidos políticos, sindicatos, asociaciones empresariales o profesionales, instituciones religiosas, grupos sociales, asociaciones medioambientales, feministas, de

tencia real o aparente[12] de una discordancia (disfunción)[13] entre un hecho social y la falta o exceso de respuesta estatal al mismo[14]. La evolución de cada una de estas subfases fue descrita detalladamente en el capítulo II, en el punto 1.1, por lo que, al no evidenciar variaciones importantes en esta fase, con relación al espectro español, a ella nos remitimos, sin embargo, las dinámicas que desarrollan esta etapa no pueden entenderse como procesos causales ordenados donde una fase, y sus actores, están necesariamente precedidos de la otra, y que ante la ausencia de una de ellas no haya lugar a la siguiente subfase. En este entendido, es posible que en ese devenir ocurran momentos particulares que diferencien cada caso y sus etapas, puesto que en algunos eventos, cobrará mayor importancia la intervención de los grupos de presión –realmente– expertos (que en puridad es el menor de los casos) para la identificación del problema, en otros será de mayor atención la intervención de los grupos de presión mediáticos[15], y en otros será suficiente lo que Díez Ripollés denomina *el protagonismo de la plebe*[16], el cual corresponde al surgimiento de un grupo social con la visibilidad suficiente para formular de forma directa el

---

víctimas, de opinión, científicas, medios de comunicación, personas con cierta influencia social, entre otras.

12 *Vid.* REYES ECHANDÍA, Alfonso, *Criminología,* Bogotá, Universidad Externado de Colombia, 1982, p. 359-360. Los conflictos sociales *reales* son propios de un sistema democrático, los *aparentes,* de un sistema autocrático con ropaje del primero.

13 *Vid.* AA.VV. *La adaptación del derecho penal al desarrollo social y tecnológico,* (Ed. Carlos Mario Romeo Casabona, Fernando Guanerteme Sánchez Lázaro), SÁNCHEZ LÁZARO, Fernando Guanarteme, *Alarma social y derecho penal,* Granada, Comares, 2010, p. 53-76.

14 DÍEZ RIPOLLÉS, José Luis, *op. Cit.,* p. 21.

15 *Op. Cit.,* pp. 30-35.

16 *Ibid.* pp. 36-41.

programa de acción sugerido por ellos, sin necesidad de acudir a los grupos de presión expertos y/o a la opinión pública[17].

Siendo así, independientemente de las subfases y protagonistas que transiten para la consolidación de este segmento de la fase prelegislativa, lo que resulta realmente relevante es que, como consecuencia del programa de acción, se dé paso al nivel más avanzado de esta etapa, dando lugar a la elaboración de una iniciativa legislativa por parte de los sujetos habilitados constitucionalmente para ello.

Al inicio del epígrafe, pusimos de presente que la fase prelegislativa se compone de procesos *espontáneos* y de procesos *institucionalizados.* Pues bien, en cuanto al momento *institucionalizado,* que recibe su nombre en razón a que a esta altura de la fase cobran protagonismo *las burocracias* gubernamentales y los partidos políticos como *agentes sociales institucionalizados*[18], en el caso colombianos, pese a la relevancia de este nuevo sujeto, denominar esta fase simplemente como *momento institucionalizado* resulta insuficiente pues descarta de manera automática a los demás sujetos que con iniciativa legislativa pueden participar en la nueva subfase de elaboración del plan de acción dirigido a la presentación de la iniciativa legislativa o constitucional de contenido político criminal. En consecuencia, esta clasificación deviene incompleta al dejar por fuera otros sujetos que pueden participar e influir en esta subfase del *íter* prelegislativo, los que si bien, en algunos casos requerirán o les será más provechosa la intervención de esos *agentes sociales institucionalizados* para reforzar y llevar a cabo su agenda, desde el punto de vista constitucional –y en ciertos eventos, desde su misma composición e influencia–, no dependerán del apoyo de agente burocrático alguno, sino que por el contrario, son los miembros de algún sector de la burocracia, quienes, como

---

17 *Vid.* LARRUARI PIJOAN, Elena, *Populismo punitivo…, op. cit.,* p. 16.

18 DÍEZ RIPOLLÉS, José Luis, *op. Cit.,* pp. 42-50.

rémoras se adhieren al proyecto a fin de perseguir un rédito político o electoral populista[19], sin que esa participación se entienda como criterio necesario para llevar a la fase de elaboración presentación de la iniciativa legislativa o constitucional pretendida[20].

Por lo tanto, dando continuidad al desarrollo doctrinal podríamos clasificar estas subfases en: 1) el momento de presentación de procesos *espontáneos* y, 2) el momento del surgimiento o visibilización de procesos *sociales –populares e institucionalizados*[21], sin que se entienda uno y otro como excluyentes, ya que su coexistencia dependerá de que se necesiten, apoyen, complementen, o simplemente se usen por conveniencia.

1.1.1. La realización de un plan de acción

Esta fase corresponde –o debería corresponder– a una fase más elaborada de la etapa prelegislativa. En ella deberá depurarse la cuestión y las alternativas de intervención. En consecuencia, deberá trazarse un plan de acción en cuyo contenido se fijarán los objetivos esperados, las estrategias para conseguirlo, se fijarán las tareas que deben llevarse a cabo y al final,

---

19 *Op. Cit.*, p. 43, En España, en esta fase su protagonismo es mayor que el de otros agentes sociales, siendo en la práctica imprescindible para seguir a la fase siguiente.

20 Este puede ser el caso de los grupos de ciudadanos que recogen firmas para presentar una iniciativa legislativa o constitucional que repercuta en la eventual modificación o creación de tipos penales o sanciones, las cuales, constitucionalmente no precisan de la intervención de agente burocrático alguno, sin que sea infrecuente su adhesión.

21 *Cit.*, p. 49. El autor intenta incorporar este sector de la sociedad al sostener que «esta etapa es igualmente susceptible de desarrollarse por una *vía populista*»; no obstante, nos apartamos del términos *populista* pues puede provenir de las burocracias o de grupos institucionalizados.

como resultado de ese análisis deberá materializarse –de ser necesario– la presentación de un proyecto de norma legal o constitucional que se ocupe de la situación requerida de atención.

Llevado a la práctica, el problema que ocurre es que en Colombia ninguno de los sujetos habilitados constitucionalmente para presentar proyectos de Ley o de Acto Legislativo (agentes sociales –ciudadanía en general, grupos de presión expertos y no expertos–, los entes de creación constitucional, ni los entes institucionalizados en su labor burocrática –Ejecutivo, Parlamento–) se ha preocupado por la realización de un plan de acción serio que permita identificar las posibles causas por las cuales se presenta una determinada situación disfuncional, y como correlato fije metas, objetivos y estrategias, que permitan comprobar la necesidad de intervención por los cauces del *ius puniendi* estatal, o en una determinada política pública. Por el contrario, la forma como se viene legislando pone en evidencia la tendencia al legislador populista[22], al que no le interesan los resultados que, en términos de eficacia y eficiencia pueda generar su producto legislativo, siendo suficiente la generación de una falsa sensación de seguridad mediante la apelación a un uso simbólico del derecho penal, el cual no es necesario medir *ex ante* ni *ex post*, y mucho menos probar alternativas diferentes al derecho de castigar que, con un enfoque preventivo ofrezca, o pueda ofrecer mejores resultados.

---

22 *Vid.*, AA.VV., *Política criminal mediática, populismo penal y criminología crítica de los medios y de la justicia penal*, (Coordinador y editor, Estanislao Escalante Barreto), Bogotá, Universidad Nacional-Ibáñez, 2018.

1.1.2. La elaboración de la iniciativa constitucional o legislativa de contenido político criminal por cualquier sujeto habilitado para hacerlo

Teniendo en cuenta la importancia que envuelve el contenido de una iniciativa legislativa, la que en muchos casos no será objeto de mayores variaciones en su esencia dentro del debate legislativo, conviene preguntarnos: ¿por qué razón no existe una regulación sobre el contenido y la documentación aproximada con que debe acompañarse un proyecto de Ley o de Acto Legislativo en materia penal?

En Colombia, ni la Constitución Política ni la Ley Orgánica del Reglamento del Congreso (LORC)[23] determinan siquiera sumariamente el contenido mínimo que debe traer un proyecto de esta naturaleza ni la documentación con que debe acompañarse. La sección primera del capítulo sexto de la LORC alude solamente a la dependencia u oficina donde deben presentarse las iniciativas[24], los facultados para hacerlo[25], el trámite inicial que genéricamente se imparte[26], los requisitos necesarios para que el proyecto se convierta en Ley[27], y en cuanto al contenido que debe acompañar una iniciativa –regla aplicable a las iniciativas de relevancia político criminal–, simplemente anota que deberá entregarse en original y dos copias, incorporando en su interior un título, un encabezado, una parte dispositiva y una exposición de motivos[28]. Esta insu-

---

23 Ley 5 de 1992, *por la cual se expide el Reglamento del Congreso, el Senado y la Cámara de Representantes.*

24 Artículos 139 y 143.

25 Artículos 140 a 142.

26 Art. 144.

27 Art. 147.

28 AA.VV. *Utopías y distopías. La ciencia jurídica en el constitucionalismo colombiano contemporáneo* (Eds. Claudia Alexandra Munévar Quintero, Valentina González Carreño, Luis Andrés Vélez-Rodríguez), CÁCERES GONZÁLEZ, Emiro,

ficiencia legislativa ha generado que a hoy, para que el pre-legislador radique una iniciativa de contenido penal, no necesite aportar documento, análisis o estudio alguno que justifiquen la necesidad del ejercicio del *ius puniendi* estatal; situación que ha sido tolerada no solo por el legislador dentro del trámite de la iniciativa, sino también por la doctrina nacional e incluso por la Corte Constitucional quien a pesar de haber declarado el estado de cosas inconstitucional (ECI) en las cárceles colombianas[29] –y haber puesto de manifiesto la manera «reactiva, populista, poco reflexiva, volátil, incoherente y subordinada a la política de seguridad»[30] como se ha venido legislando en materia penal–, ha decidido guardar silencio, absteniéndose de ejercer un control en este sentido, sobre las Leyes penales expedidas con posterioridad a sus pronunciamientos. La nota característica de estas leyes sigue en línea de principio, caracterizada por la misma reactividad, populismo, irreflexión, volatilidad, incoherencia y securitarismo.

Como lo ha indicado Sierra Porto[31], y como se ha sostenido, ni la Constitución ni la LORC «exigen un trámite que suponga aceptación de las Cámaras para abrir el procedimiento legislativo», por lo que todas las iniciativas que se radican ante esa célula legislativa son de trámite obligatorio. Esta situación debería ser suficiente para la aplicación de un filtro que, amén de constituirse en talanquera para la evitación de la proliferación legislativa en materia penal, constituya un mecanismo preliminar que imponga al sujeto habilitado para presentar la

---

Producción de leyes penales en Colombia: ¿Racional? ¿sustentado? El desinterés del legislador por cumplir mandatos internos y externos para su mejora, Bogotá, Ibáñez, 2023, en prensa.

29 Corte Constitucional, sentencias T-153 de 1998, T-388 de 2013 y T-762 de 2015 y sentencias de seguimiento.

30 Corte Constitucional, sentencia T-762 de 2015.

31 SIERRA PORTO, Humberto Antonio, *Concepto y tipos…, op. Cit.*, pp. 130.

iniciativa legislativa, el aporte de los estudios, análisis, base empírica, justificación y racionalidad con la que pretende justificar la necesidad de regulación –o desregulación–.

En esta dirección, al momento de presentar la iniciativa normativa, además de la escueta inclusión de un título[32], un encabezado, una parte dispositiva y una exposición de motivos[33] –las que por demás suelen venir bastante incompletas–[34], el autor del proyecto debería aportar a la Secretaría general de la Cámara o Plenaria ante la que se radique[35] –en materia penal será de competencia de la Comisión Primera Constitucional Permanente, a donde deberá enviarla el Secretario general–, la información relativa al *plan de acción* que se ha trazado, con indicación de los objetivos esperados y la manera como podrán ser medidos los estudios que justifican el recurso a la facultad de castigar estatal, el impacto económico que puede conllevar la propuesta, amén de si existen y si se han contemplado alternativas de intervención diferentes al derecho penal en desarrollo de una correcta y mejor política pública.

---

32 Llama la atención la pobreza justificativa para presentar iniciativas legislativas o constitucionales, cuando para el simple título de una Ley, la Corte Constitucional ha reconocido que pese a no tener valor normativo puede servir como criterio de interpretación. *Vid.* Corte Constitucional, Sentencia C-152 de 2003 y C-1057 de 2005.

33 Infortunadamente, consultadas las providencias de la Corte Constitucional sobre las exposiciones de motivos, solo se encontró referencia a la necesidad de su presentación y a la unidad de materia, sin que se refiera a su contenido. Para una aproximación doctrinal, *vid.*, LANCHEROS GÁMEZ, Juan Carlos, MANTILLA CALDERÓN, María José, PULIDO ORTIZ, Fabio, SUÁREZ OSMA, Ingrid, RINCÓN MONTAÑO, Rocío, *Trámite Legislativo Ordinario,* Bogotá, Fundación Derecho Justo, Fundación Konrad Adenauer, 2011, p. 25.

34 *Vid.* CÁCERES GONZÁLEZ, Emiro, *Prisión perpetua en Colombia. Análisis de las Iniciativas Legislativas para su autorización, y de los argumentos «racionales» para su incorporación en el ordenamiento colombiano,* en *Nuevo Foro Penal,* No. 93, 2019, pp. 111-166.

35 Artículos 139 y 222 de la LORC.

Este primer filtro podría ser ejercido extensivamente por el presidente de la célula legislativa respectiva, quien por virtud del artículo 145 de la LORC cuenta con la facultad de devolver el proyecto si este no se acompaña del título, encabezamiento, parte dispositiva y exposición de motivos, o bien, por el secretario general de la Cámara respectiva, el que, conforme al artículo 48 de esa misma ley le corresponde la organización y buena marcha de su despacho. La función que desempeñarían estos delegados sería similar a la que cumple una oficina de reparto al interior de los Palacios de Justicia del país, donde, una vez recibido el texto que contiene la demanda, se verifica que su titular aporte la documentación e información esencial que compone la acción a impetrar (aspecto formal), sin que se incluya en la revisión, el cumplimiento de cuestiones sustanciales en el escrito presentado (aspecto material). Requisito que será competencia de otro sujeto interviniente mediante la aplicación de un filtro posterior[36].

Este filtro permitiría la mejora del contenido de las exposiciones de motivos (EM), del que la Corte Constitucional ya ha aludido a la necesidad de que consagre, explique y justifique suficientemente el proyecto formulado.

Desde el punto de vista de la racionalidad legislativa[37], aquí se presenta un primer escollo a superar dentro de la fase prelegislativa, pues aunque no hemos llegado a niveles superiores propios al debate legislativo, una vez presentado este escenario y conseguida la atención del agente *social o institucionalizado*, debería prestarse atención a la existencia de un *plan de acción* en la forma y términos que venimos manifestando pues en éste escenario: 1) se deberían haber fijado los objetivos, estrategias y líneas de acción con las que se pretende dar respuesta al he-

---

36 Comparte esta línea de pensamiento, la Corte Constitucional en Sentencia C-141 de 2010.

37 *Vid.* Capítulo IV.

cho disfuncional; 2) su aportación permitirá demostrar siquiera sumariamente que ya se ha avanzado en la identificación de información empírica que demuestre la veracidad de la disfunción predicada y se habrían evaluado algunas de las alternativas de respuesta al hecho disfuncional y, 3) en caso de que dicha disfunción correspondiera a una realidad simplemente aparente, o convenientemente creada por el agente social o burocrático[38], el Congreso de la República podría –por intermedio de su Secretaría General– rechace el intento de radicación de la iniciativa, hasta tanto se dé cumplimiento a este estándar mínimo de justificación[39] evitando con ello la continuación de una propuesta deficitaria, innecesaria o sin sustento, hacia etapas formales más avanzadas del proceso legislativo.

1.1.3. La elaboración de la iniciativa constitucional o legislativa de contenido político criminal por parte del Gobierno nacional

Atendiendo al protagonismo que en el futuro debate legislativo alcanzan las iniciativas presentadas por el Gobierno nacional, así como las altas probabilidades de éxito que tienen las mismas de convertirse en Ley de la república[40], consideramos que adicional a la satisfacción de los requisitos indicados en el apartado anterior, en el caso de proyectos de Ley o Acto Legis-

---

38 *Vid.* DÍEZ RIPOLLÉS José Luis, *La racionalidad…, op. Cit.*, pp. 20-23

39 *Vid.* AA.VV. *Manual de derecho constitucional, (Benda, Maihofer, Vogel, Hesse, Heyde),* Edición prolegómena y traducción de Antonio López Pina, Madrid, Marcial Pons, BULOW, Erico, *La legislación,* p. 742, alude a «la existencia de proyectos de ley que responden más a la necesidad de prestigio de ciertos políticos que a una auténtica necesidad».

40 *Vid.* GARCÍA MONTERO, Mercedes, *presidentes y parlamentarios…, op. Cit.*

lativo de procedencia gubernamental se cuente con la presentación del visto bueno o aval de la cartera de justicia[41].

De hecho, las directivas presidenciales 02 de 2006[42], y 06 de 2018[43], cuyos destinatarios son los ministros y directores de departamento administrativo, refiere al trámite previo que se debe dar impartir a los «proyectos de actos legislativos, proyectos de ley y de decretos reglamentarios» estableciendo que, «*con la finalidad que el Gobierno Nacional* obre de manera coordinada, coherente y eficiente al hacer uso de su iniciativa legislativa ante el Congreso de la República al tramitar disposiciones de orden constitucional o legal», es necesaria la adopción de las siguientes directrices: 1). Contar previamente con el visto bueno de la Secretaría Jurídica de la Presidencia de la República; 2). La obligación para cada ministro de presentar comunicación sobre la iniciativa, acompañada de: a) el texto del proyecto, b) la exposición de motivos, «la cual igualmente deberá venir acompañada de todos los documentos que se mencionan en ella, tales como estudios, conceptos, acuerdos y demás que estén siendo mencionados en la respectiva exposición de motivos para justificar la razonabilidad y necesidad del proyecto normativo». c) La indicación del impacto fiscal –cuando hay lugar a ello–, acompañado del concepto del ministerio de hacienda, y, d) «cuando el proyecto de ley tenga incidencia o sea transversal con otros sectores administrativos, es necesario que la propuesta normativa haya sido puesta en conocimiento del respetivo ministro o director de Departamento Administrativo y acompañar el pronunciamiento que sobre el particular se haya emitido».

---

41 Una especie de *redacción concentrada* –o *cuasiconcentrada*–. Los modelos de redacción imperantes corresponden a los modelos *difuso* y *concentrado. Vid.* BECERRA MUÑOZ, José, *op. Cit.* pp. 347-348.

42 Diario Oficial No. 46.292 del 7 de junio de 2006.

43 Diario Oficial No. 50698 del 27 de agosto de 2018.

Como se advierte, estas directrices contienen implícitamente un baremo de racionalidad que no ha sido cumplido por los ministerios ni exigido por las demás ramas del poder público en ninguna de las fases del circuito legislativo (etapa prelegislativa, legislativa o postlegislativa). En cuanto a las iniciativas que inciden en la política criminal o en el sistema de justicia penal y penitenciario, la directiva de 2018 añade medidas adicionales a las del cumplimiento de los anteriores requisitos[44] al exigir que, en los eventos que se proponga, inicien o tramiten proyectos de ley o actos legislativo «que incidan en la formulación y diseño de la Política Criminal», en el funcionamiento del Sistema de Justicia Penal o Penitenciario y Carcelario, deberá el Ministro de Justicia pronunciarse si ha dado cumplimiento al estándar constitucional mínimo de una política criminal respetuosa de los derechos humanos, amén de contar con «el pronunciamiento del Consejo Superior de Política Criminal, de conformidad con el artículo 91 de la Ley 1709 de 2014 y el artículo 3 del Decreto 2055 de 2014».

Estas directrices no han tenido ningún efecto vinculante[45], por lo que el Gobierno nacional, pese a expedir sus directivas, no se ocupa de su cumplimiento permitiendo que sus ministerios persistan en la tendencia de seguir presentando iniciativas cuyo contenido arrastre cuestiones político criminales sin que el legislador se oponga o indague sobre ellas, y sin que la Cor-

---

44 Expedida en cumplimiento de la orden emitida por la Corte Constitucional en sentencia T-762 de 2015, referida al estado de cosas inconstitucional penitenciario y carcelario en Colombia.

45 Incluso, la circular 04 del 21 de septiembre de 2018, la Secretaría Jurídica de la Presidencia de la República exhorta a los ministros y directores de departamento administrativo a su cumplimiento. *Vid.* https://dapre.presidencia.gov.co/normativa/normativa/CIRCULAR%20INTERNA%2004%20DEL%2021%20DE%20SEPTIEMBRE%20DE%202018.pdf (Consultado el 12 de agosto de 2022).

te Constitucional[46], o siquiera residualmente, el Consejo de Estado[47] o la jurisdicción ordinaria encuentren irregular este proceder.

Sobre la posibilidad de que la iniciativa legislativa o de reforma constitucional de contenido penal provenga directamente del ministerio de justicia, o que al menos cuente con su aprobación o concepto favorable, vemos como ni siquiera al interior de los ministerios se dio aplicación en su momento al decreto 2546 de 1999[48/49] que en su artículo sexto concedía al ministerio del interior[50] facultades de coordinación

---

46 Estimamos de competencia de ese tribunal el conocimiento –por extensión– de estos actos pese a su menor jerarquía normativa al aparejar el control que se hace sobre un proyecto de ley o acto legislativo. *El incumplimiento por los ministerios de una directriz reglamentaria que puede acarrear efectos sobre el proyecto presentado no puede verse como una deficiencia que no vicia el procedimiento legislativo. Ahora, lo anterior no implica un análisis de constitucionalidad sobre la directriz, sino un recurso argumentativo sobre la constitucionalidad de la norma demandada.*

47 Sobre directivas ministeriales el Consejo de Estado ha sostenido que constituyen regulación secundaria que aporta detalles y pormenores *de la ejecución de la ley, convirtiendo el ejecutivo en guardián de los mandatos del legislador,* **a fin de hacer efectivo su mandato** *abstracto. «No se olvide que, en consonancia con este mandato, el artículo 12 de la Ley 153 de 1887 prevé que las órdenes y demás actos ejecutivos del gobierno tienen fuerza obligatoria», y que, «de lo que se trata es de hacer efectivo el cumplimiento de la ley», por lo que no pueden verse como «meras indicaciones o sugerencias». Vid.* **Consejo de Estado, Sección Tercera, Subsección A, Rad. 11000-03-26-000-2009-00041-00(36760), 12 de marzo de 2015; Sección Primera, Rad. 11001-03-24-000-2012-00025-00, 24 de noviembre de 2022.**

48 *Por el cual se reestructura el Ministerio del Interior.*

49 Derogado mediante decreto 200 de 2003, derogado a su vez por el decreto 2893 de 2011. El párrafo segundo del artículo primero encomendaba a ese ministerio la función de «coordinar las relaciones entre la Rama Ejecutiva y la Rama Legislativa, para el desarrollo de la Agenda Legislativa del Gobierno Nacional».

50 Art. 6 numeral 8.

en la presentación de proyectos de ley y de acto legislativo y su trámite en el Congreso. Este artículo fue analizado por la Corte Constitucional en sentencia C-503 de 2001[51], donde, aunque se ocupó de la atribución de facultades por el Congreso al presidente de la República, en su *obiter dicta* plasmó cuestiones trasladables a todos los eventos de presentación de iniciativas legislativa o constitucionales por los ministerio, al manifestar que el ministerio del interior desarrollaba un papel especial en atención a las facultades de coordinación asignadas en el decreto, tanto a nivel gubernamental, como a nivel del Congreso, sin perjuicio de la competencia individual de cada ministerio, siendo necesaria su firma en «materias que toquen a dependencias gubernamentales distintas de aquellas que originalmente presentaron el proyecto».

Pese al citado pronunciamiento, el repertorio jurisprudencial de ese tribunal no registra decisión alguna que declare la inconstitucionalidad de la norma, a partir de la omisión de un ministerio, en la aplicación de las directivas presidenciales en que se ha hecho referencia al estándar de constitucional mínimo de una política criminal respetuosa de los derechos humanos, conforme a la orden impartida por esa Corte, o siquiera del decreto antes referenciado, en casos en los que tal omisión pudiera comprometer la política criminal del Estado, la tipificación o modificación de conductas punibles o la trasgresión de derechos y garantías penales. El gráfico que presentamos seguidamente confirma que durante el periodo 2001-2016, la intervención del gobierno nacional fue notable en comparación con otros órganos con iniciativa legislativa o constitucional. Allí se evidencia que, pese a presentarse por los distintos ministerios, iniciativas que en su articulado incluían cuestiones propias del ámbito penal, no en todas se canalizó su

---

51 Al momento del pronunciamiento de la Corte Constitucional, este decreto ya no estaba vigente.

presentación por el ministerio del interior o por el ministerio de justicia[52/53]:

Gráfico 1: Distribución de las reformas por actores.

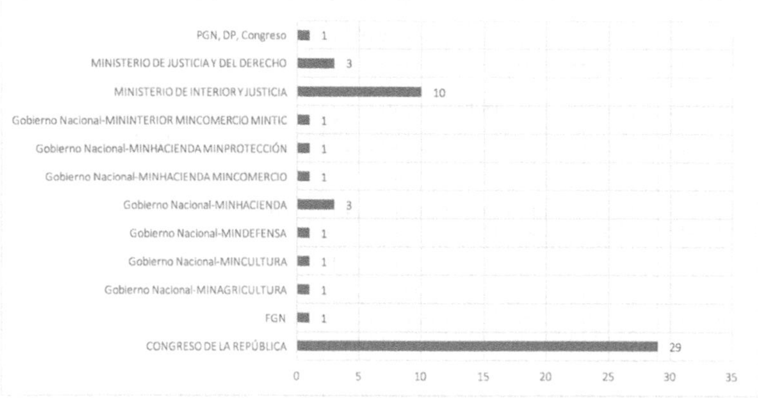

Fuente: Cita Triana, Ricardo Antonio, González Amado, Iván, *La proporcionalidad de las penas en la legislación penal colombiana,* Bogotá, Ibáñez, 2017, p.60.

Tomando como base el gráfico anterior, se indagó cuales iniciativas legislativas correspondían con la información registrada, en lo concerniente a cada uno de los ministerios, exceptuando de la consulta las iniciativas presentadas por el ministerio del interior y/o por el ministerio de justicia, con base en lo dicho precedentemente. La finalidad de la consulta era

52 Durante el periodo 2003-2011 el ministerio del Interior y de Justicia fue uno solo en virtud de la Ley 790 de 2002.

53 El artículo 3 del Decreto 2055 de 2014 incorporó como funciones del Consejo Superior de Política Criminal, las de «6. Emitir concepto previo, no vinculante, sobre todos los proyectos de ley y de acto legislativo, que se encuentran en etapa de diseño, y antes de su trámite en el Congreso de la República, que incidan en la política criminal y en el funcionamiento de la Justicia Penal. 7. Preparar proyectos ley para adecuar la normatividad a la política criminal y penitenciaria Estado y al Ministerio de Justicia y del Derecho, para que éste estime la procedencia de su radicación».

evidenciar si dentro de tales proyectos de Ley se había contado con el concepto favorable de uno u otro ministerio. El resultado fue el siguiente:

Tabla 2: Iniciativas presentadas sin concepto previo del Ministerio competente en materia penal.

Ministerio	Número y tema del Proyecto de Ley	Gacetas del proyecto	Concepto Min. Interior o Min Justicia	Ley
Hacienda y Crédito Público/ Comercio, Industria y Turismo	Proyecto de Ley (94/2013 Senado – 190/2014 Cámara) Por medio de la cual se adoptan instrumentos para prevenir, controlar y sancionar el contrabando, el lavado de activos y la evasión fiscal.	744/1060/ 801 2013 846/2014 412/2015	No	Ley 1762 de 2015
Hacienda y Crédito Público/ Ministerio de la Protección Social	Proyecto de Ley (280/2010 Cámara – 245/2010 Senado) Por la cual se definen rentas de destinación específica para la salud, se adoptan medidas para promover actividades generadoras de recursos para la salud, para evitar la evasión y la elusión de aportes a la salud, se redireccionan recursos al interior del Sistema de Salud y se dictan otras disposiciones.	128/220/221/ 317/318/360/ 361/2010	No	Ley 1393 de 2010
Hacienda y Crédito Público	Proyecto de Ley (033/2004 Cámara – 234/2005 Senado) Por la cual se dictan normas generales y se señalan en ellas los objetivos y criterios a los cuales debe sujetarse el gobierno nacional para regular las actividades de manejo, aprovechamiento e inversión de recursos captados del público que se efectúen mediante valores y se dictan otras disposiciones.	387/586/ 797/2004 138/365/2005 261/294/362/ 361/2005	No	Ley 964 de 2005
Hacienda y Crédito Público	Proyecto de Ley (043/2006 Senado – 039/2006 Cámara) Por medio del cual se sustituye el Estatuto Tributario de los impuestos administrativos por la Dirección de Impuestos y Aduanas Nacionales.	262/527/2006 527/617/663/2006	No	Ley 1111 de 2006

Ministerio	Número y tema del Proyecto de Ley	Gacetas del proyecto	Concepto Min. Interior o Min Justicia	Ley
Hacienda y Crédito Público	Proyecto de Ley (093/2002 Cámara Senado – 080/2002 Senado) Por la cual se expiden normas en materia tributaria y penal y del orden nacional territorial y se dictan otras disposiciones.	398/467/ 614/2002 19/43/2003 615/161/2002 53/2003	No	Ley 788 de 2002
Defensa	Proyecto de Ley (178/2007, acumulado 180/183/211/2007 Senado – 335/2008 Cámara) Por medio del cual se expiden normas para fortalecer a las agencias que llevan a cabo actividades de inteligencia y contrainteligencia cumplir con su misión constitucional y legal y se dictan otras disposiciones.	554/163/238 505/943/2008 650/876/ 944/2008	No	Ley 1288 de 2008
Cultura	Proyecto de Ley (125/2011 Cámara – 185/2012 Senado) Por medio de la cual se reglamentan los artículos 63, 70 y 72 de la Constitución Política de Colombia, en lo relativo al patrimonio cultural sumergido.	778/2011 309/755/ 970/2012 445/2013 263/379/381/483/ 444/2013	No	Ley 1675 de 2013
Agricultura	Proyecto de Ley (026/2004 acumulado 30/2004 Senado – 401/2005 Cámara) Por la cual se modifican los artículos 257, 271, 272 y 306 del Código Penal	No se encontró información[54]	Sin información	Ley 1032 de 2006

Fuente: Elaboración propia.

Como puede notarse, revisadas las gacetas del Congreso, en ninguna de ellas los ministerios que presentaron las iniciativas, adjuntaron concepto alguno proveniente de la cartera ministerial competente, en aplicación a la normativa, las directivas presidenciales y la jurisprudencia constitucional. No obstante, tal

54 Se consultó en las Gacetas del Congreso y el sistema no arrojó información.

omisión no fue considerada irregular por el legislador ni por la Corte Constitucional, por lo que se hace necesario evidenciar estas deficiencias y exigir –de ser necesario– su coactiva aplicación declarando las consecuencias jurídicas que tal omisión acarree para así sentar un precedente que permita precaver y avanzar en el establecimiento de mayores y mejores criterios de racionalidad para la consecución de una verdadera política-criminal, la que, como su propia locución lo indica, pese a encontrarse permeada y dependiente en gran medida de la *política*, no puede por ello ser considerada como tributaria de decisiones *politiqueras*[55/56]. Como opina el profesor VELÁSQUEZ VELÁSQUEZ[57], «el derecho penal colombiano del futuro será lo que la política criminal haga de él»[58] y en este sentido ésta debe mejorarse.

1.2. La fase legislativa penal propiamente dicha

Elaborado el borrador del proyecto de Ley o de Acto Legislativo, la etapa subsiguiente será la de presentación formal del mismo ante la autoridad competente para que se dé inicio al debate legislativo[59].

---

55 *Vid.* ZIMRING, Frankling E, HAWKINS, Gordon, KAMIN, Sam, *Punishment and Democracy: Three Strykes and you're out in California,* Oxford, University Press, 2001, pp. 159-177. En el contexto estadounidense y británico, la política penal es influenciable por el comportamiento del electorado.

56 *Vid.* DÍEZ RIPOLLÉS, José Luis, *La racionalidad…, op. Cit.,* pp. 43-44.

57 *Vid.* VELÁSQUEZ VELÁSQUEZ, Fernando, *DP, PG,* Bogotá, Temis, 1995, p. 24.

58 *Vid.* PÉREZ PINZÓN, Álvaro Orlando, *Curso de criminología,* Tolima, Forum Pacis, 1997, p. 197. Si la práctica legislativa coincide con las recomendaciones de los investigadores habrá verdadera política criminal, de lo contrario será irreal e insustanciada.

59 CARBONNIER, Jean, *Sociología Jurídica, op. Cit.,* p. 243. La *redacción* (fase formal), y la *decisión* (fase de fondo), son necesarias en el proceso legislativo sin que pueda olvidarse que previo a la redacción existen momentos que comprometen el proceso legiferante.

De conformidad con el 154 de la Constitución Nacional (C.N.), las leyes pueden tener origen en cualquiera de las Cámaras (Senado de la República o Cámara de Representantes). El artículo 139 de la LORC consagra que los competentes para la recepción de una iniciativa legislativa o constitucional son las Secretarías Generales de los órganos antes mencionados o la reunión plenaria[60] de la célula legislativa donde se radica. El paso siguiente será la publicación de la iniciativa en la gaceta del Congreso por parte del secretario general, labor que se surtirá concomitantemente con su envío a una de las siete comisiones constitucionales permanentes que de acuerdo con el criterio de especialidad le corresponda su tramitación. Esta función será desarrollada por el presidente de la Célula Legislativa donde se radicó la propuesta[61].

1.2.1. La comisión constitucional permanente a la que le competen los asuntos de contenido político criminal[62]

Teniendo presente que nos referimos a la tramitación de proyectos de ley o de reforma constitucional de contenido penal, nos corresponde identificar la Comisión Constitucional Permanente a la que por consagración constitucional[63] y legal le correspondería la competencia de este tipo de asuntos.

---

60 La regla general es que la iniciativa se radique en la Secretaría General de cualquiera de la Cámaras. La regla especial es la radicación en Plenaria. *Vid.* SIERRA PORTO, Humberto Antonio, *Concepto y tipos…, op. Cit.,* p. 131.

61 Art. 144 LORC.

62 Sobre la importancia de las comisiones, *vid.* RUIZ ROBLEDO, Agustín, *La delegación legislativa en las comisiones parlamentarias,* en *REDC,* 1995, año 15, No. 43, pp. 73-111; ESKRIDGE Jr., William N., FRICKEY, Philip P., GARRETT, Elizabeth, *Legislation and Statutory Interpretation,* New York, Foundation Press, 2006, pp. 60-79.

63 Art. 142 C.N.

La práctica legislativa demuestra que ordinariamente para la tramitación de este tipo de iniciativas, la competencia se ha radicado en cabeza de la Comisión Constitucional Permanente Primera de cada cámara (Senado o Cámara de Representantes); pese a ello, de la lectura de la Ley 3 de 1992[64] no se evidencia en esta comisión la atribución específica de la competencia penal o político-criminal pues el artículo segundo de la Ley mencionada, al referirse a sus funciones relaciona sin más, la facultad de conocer sobre reformas constitucionales, leyes estatutarias[65] y sobre derechos, garantías y deberes.

Quizás de forma extensiva, y en aplicación del parágrafo segundo de ese mismo artículo[66] se ha decidido aplicar la atribución de la competencia en esa comisión apelando a la facultad de regulación de *los derechos, las garantías y los deberes*[67]. Esta apreciación pareciera intrascendente teniendo en cuenta la atribución prácticamente definida de la competencia penal en cabeza de la Comisión Constitucional Primera Permanente de cada cámara; sin embargo, no resulta irrelevante si se tiene en cuenta que la política criminal corresponde a una función capital en la política pública del Estado.

Si bien la Ley 3 de 1992 no debe consagrar un *numerus clausus* o una relación taxativa de cuestiones sobre las que cada comisión constitucional es competente, no puede ignorarse que

---

64 *Por la cual se expiden normas sobre las Comisiones del Congreso de Colombia y se dictan otras disposiciones.*

65 Recordemos que las leyes penales en Colombia se tramitan por vía ordinaria y no estatutaria.

66 «Cuando la materia de la cual trate el proyecto de ley no esté claramente adscrita a una Comisión, el presidente de la respectiva Cámara, lo enviará a aquella que, según su criterio, sea competente para conocer de materias afines».

67 Sobre la especialidad y *flexibilización* en el ejercicio de la competencia legislativa, *Vid.*, Corte Constitucional, sentencia C-044 de 2015.

el derecho penal es un mecanismo para la regulación de las relaciones sociales, siendo en sentido subjetivo el medio como el Estado hace uso de su potestad sancionadora, a la que por demás acude con cierta frecuencia. Por lo tanto, se echa de menos su incorporación dentro de la norma, tal como sí se tuvo en cuenta para otros asuntos propios de la política de un Estado (Política internacional; defensa nacional y fuerza pública; tratados públicos; carrera diplomática y consular; comercio exterior e integración económica; política portuaria; relaciones parlamentarias, internacionales y supranacionales, asuntos diplomáticos no reservados constitucionalmente al Gobierno[68]; hacienda y crédito público; impuesto y contribuciones; exenciones tributarias; régimen monetario; leyes sobre el Banco de la República; sistema de banca central[69]; leyes orgánicas de presupuesto; sistema de control fiscal financiero; enajenación y destinación de bienes nacionales[70], entre otros. De hecho, ante la falta de una delimitación clara sobre la competencia de los asuntos penales en cabeza de la Comisión Primera Constitucional Permanente, podría ocurrir que otra comisión constitucional se abrogara o invocara su competencia para la tramitación de un proyecto que regule aspectos de política criminal del Estado utilizando como argumento la proximidad o semejanza temática entre comisiones. Para Sepúlveda Muñetón[71], esto puede ocurrir incluso, por simple *amiguismo* o conveniencia con o por los miembros de la Secretaría General del Congreso, quienes invocando falta de claridad en una determinada materia, pueden «terminar [haciendo] el reparto [de] los proyectos, obedeciendo más a criterios personales que profesionales del funcionario encargado».

---

68 *Vid.* Ley 3 de 1992, art. 2. Atribuidas a la Comisión Segunda.

69 Atribuidos a la Comisión Tercera.

70 Atribuidos a la Comisión Cuarta.

71 SEPÚLVEDA MUÑETÓN, Jaime Alberto, *Concepto…, op. Cit.*, p. 61.

1.2.2. La fase de discusión y aprobación de la iniciativa de contenido penal

La Constitución Política en su artículo 157 consagra los requisitos necesarios para que una iniciativa legislativa se considere Ley de la República. Dentro de tales condiciones, se establece como primer paso, su aprobación en primer debate ante la comisión constitucional permanente respectiva.

En cuanto al número de debates –como panorama general– para la aprobación de un proyecto de Ley, será necesaria la realización de cuatro debates (una vuelta), y para la aprobación de un proyecto de Acto Legislativo[72] será necesario un total de ocho debates (dos vueltas). La discusión y aprobación de cada uno de estos –tanto para el proyecto de Ley (PL) como para el proyecto de Acto Legislativo (PAL)– deberá surtirse tanto en la Comisión Constitucional respectiva de cada Cámara, como en el pleno de Senado y Cámara de Representantes. En materia de proyectos PL de contenido penal, el primero de los debates deberá surtirse ante la Comisión Primera Constitucional Permanente de la cámara escogida (Senado o Cámara), lugar donde previamente su presidente designará un ponente, el que se escogerá de entre los miembros que componen la Comisión. La discusión de los PAL de cualquier naturaleza siempre será de competencia de esta misma comisión.

a. La revisión material del cumplimiento de las condiciones exigidas a la iniciativa legislativa o constitucional

Repartida la iniciativa a la comisión constitucional correspondiente para avocar conocimiento, y atendiendo a que nos

---

72 La competencia para el trámite de proyectos de acto legislativo en todas las materias radicará siempre en la Comisión primera constitucional permanente de cada Corporación (Senado de la República o Cámara de Representantes).

encontramos en la fase que debe dar lugar a la iniciación formal de la fase deliberativa, debería suceder que previo a la designación del ponente, la presidencia de la comisión constitucional –en asocio con la mesa directiva–[73] efectuara un análisis *material* del proyecto y de la documentación que lo acompaña. La labor en esta fase sería la de estudiar si la iniciativa presentada cumple de manera satisfactoria con la descripción clara de las labores llevadas a cabo en ejercicio del *plan de acción,* con indicación y desarrollo de los objetivos trazados y la manera como se planean llevar a cabo; la forma como fueron (como sustento de la iniciativa) y podrán ser medidos (a futuro) sus objetivos, el fundamento empírico en que se apoya, la demostración de haberse considerado la implementación de medios alternativos al derecho penal y su eficacia como respuesta a la situación disfuncional, las posibilidades de pena imponibles, y en general, la justificación razonada y razonable de los demás aspectos que puedan interesar al debate legislativo.

Por lo tanto, el énfasis debe estar en la creación de *filtros previos* (políticos y técnicos) que más allá de la revisión de cumplimientos formales «prevean el coste de la norma, su viabilidad,

---

[73] Compuesta por un presidente y un vicepresidente (Ley 3 de 1992, artículo décimo). Esta labor podría ejercerse por estos sujetos, en caso de que la secretaría general o el presidente de la Corporación no hayan efectuado ese filtro. De hecho, podría proponerse que esta función se ejerciera directamente por el presidente y la vicepresidencia de la Comisión Constitucional Permanente –pese a que actualmente la facultad de devolver por no cumplir ciertos requisitos se encuentra en el Presidente y el Secretario General de la Corporación– pues en virtud del principio de especialidad, quienes se encuentran en mejores condiciones para realizar este análisis sería quienes encabezan la respectiva Comisión (*vid.* Artículo 148 de la LORC). En todo caso, a fin de que esta facultad no mute de facto en un veto a los grupos minoritarios, podría contemplarse su revisión o queja ante los miembros de la Comisión o Pleno mediante un procedimiento sumario y excepcional, o incluso, mediante reclamación sumaria –por ejemplo– a la Corte Constitucional.

su necesidad y repercusiones»[74]. En consecuencia, la iniciativa legislativa o constitucional deberá venir soportada *argumentativa* y *documentalmente,* siendo necesarias ambas condiciones, pues desde lo *argumentativo,* como lo expone PAREDES CASTAÑÓN[75], la *justificación* hará referencia al ofrecimiento de las «razones en favor de una determinada alternativa de decisión, hasta el punto de que dicha alternativa se convierta en la más racional (en detrimento de las restantes posibles y tomadas en consideración)», por lo que, para que pueda ser debidamente justificada, no bastará el apoyo argumental sino que dicha disertación deberá encontrarse sustentada y depurada, entre otras fuentes, en los resultados de la aplicación de análisis y filtros que en aplicación de las ciencias empíricas se hayan podido realizar en esa fase. Aquí nuevamente es aplicable la equivalencia –con ciertos matices– al modelo propio del sistema judicial, donde, previo a la admisión de la demanda y el consecuente pronunciamiento sobre si se avoca o no conocimiento, el Juez (en este caso el presidente, en asocio con el vicepresidente de la comisión primera constitucional permanente), verifica *materialmente* el contenido de los hechos formulados (exposición de motivos), su adecuación con las pretensiones (objetivos y estrategias), y el sustento probatorio en que se apoya lo afirmado (sustento empírico, y demás apoyo científico). Luego de dicha confrontación decidirá si admite o no la demanda (iniciativa legislativa o constitucional), a fin de trabar la relación jurídico-procesal (ponencia y primer debate).

En caso de estimar que no se satisfacen las condiciones para dar lugar a esa fase, el juez (presidente y vicepresidente de la comisión) inadmitirá su trámite y concederá un plazo

---

74 AA.VV. *La técnica legislativa a debate, op. Cit.,* REBOLLO, Luis Martín, *La técnica legislativa: Reflexiones discretas sobre el método y el procedimiento,* pp.73-82.

75 PAREDES CASTAÑÓN, José Manuel, *La justificación de las leyes penales, op. Cit.,* p. 19-24.

prudencial al interesado a fin de que subsane, aporte, sustente o aclare las cuestiones que se echan en falta o que requieren aclaración. En caso de que el solicitante (autor de la iniciativa) cumpla con lo pedido, habrá lugar a un nuevo análisis a fin de verificar si satisfizo lo pedido para resolver si procede o no la admisión de la iniciativa, para así dar lugar al momento subsiguiente, el que en nuestro ejercicio será el de designación de ponente(s) para dar inicio al debate legislativo. En caso negativo, procederá a rechazar la iniciativa teniendo como sustento el no cumplimiento de las exigencias señaladas al momento en que se solicitó su subsanación.

Como criterio adicional, en el caso de iniciativas presentadas por el Gobierno Nacional, este control será más intenso y estricto en atención a la alta tasa de éxito que tiene en la actualidad sus propuestas legislativas o constitucionales[76], así como al tamaño del aparato burocrático que posee, el cual no es comparable con el aparato con el que se desempeña el legislativo[77].

Dentro de las cuestiones que debieran ser objeto del filtro encomendado a la mesa directiva de la Comisión Constitucional, se encontrarán las descritas en el acápite 2.1.3 abordado

---

76 *Vid.* Entre otros, MOLÁS, Isidre, PITARCH, Ismael, *Las Cortes Generales en el sistema parlamentario de gobierno,* Madrid, Tecnos, 1987, pp. 143; AA.VV., *Institutional Design in New Democracies,* NINO, Carlos Santiago, *Hyper-presidentialism and Constitutional reform in Argentina,* (Eds. Arendt Lijphart, Carlos H. Waisman), Boulder, Westview, 1996); ASTARLOA HUARTE-MENDICOA, Ignacio, *La modernización del Congreso de la República de Colombia,* en *Revista Derecho del Estado,* No. 11, diciembre de 2011, pp. 67-83.

77 *Vid.* JONES, Mark P, SAIEGH, Sebastián, Spiller, Pablo T., TOMASSI, Mariano, *Políticos profesionales – legisladores "amateurs": El Congreso argentino ante el siglo XX,* (artículo preparado para presentar en la Conferencia Anual de la Sociedad Internacional de la Nueva Economía Institucional del 22 al 24 de septiembre de 2000, Tübingen, Alemania), disponible en http://cdi.mecon.gov.ar/bases/doc/cedi/dt45.pdf (consultado el 12 de febrero de 2022). SEPÚLVEDA MUÑETÓN, Jaime Alberto, *Concepto…, op. Cit.,* p. 43.

supra, que aluden al cumplimiento de lo consignado en las directivas presidenciales 02 de 2006, y 06 de 2018, que según el Consejo de Estado son de obligatorio cumplimiento por los ministros y directores de departamento administrativo.

El incumplimiento de estos requisitos debería dar lugar a la no aceptación a trámite de la iniciativa, a fin de que sea subsanada y en caso de que esta tarea no se cumpla o se haga deficientemente se proceda a su rechazo.

b. La presentación de la ponencia para primer debate: Las unidades de trabajo legislativo (UTL)

Hemos expuesto que, una vez el presidente de la Comisión –Primera– Constitucional Permanente recibe el PL o PAL de contenido penal, éste debe asignar ponente(s)[78] para la elaboración de la *ponencia*[79], la que luego debe ser llevada ante el pleno de la comisión para que se surta primer debate. El fin de la ponencia es que el designado realice un estudio detallado de su contenido y al final elabore un informe donde proponga si aprueba o desaprueba la iniciativa, si se adscribe a ella con o sin observaciones o si propone modificaciones al articulado propuesto[80]. Por lo tanto, debe apreciarse esta fase como una fase de análisis medular para la estructuración de las

---

78 Art. 150 LORC.

79 En Colombia, el concepto de *ponencia* coincide con el «informe o documento final» que presenta el (los) parlamentario(s) designados por el presidente de la Comisión. En España, la ponencia corresponde al «órgano compuesto por el conjunto de ponentes», siendo el resultado de su trabajo un «informe de ponencia». *Vid.* SANTAOLALLA LÓPEZ, Fernando, *Derecho parlamentario…*, *op. Cit.*, p.273. SIERRA PORTO, Humberto Antonio, *Concepto y tipos…*, *op. Cit.*, pp. 133. *Cfr.* PALACIOS TORRES, Alfonso, *Concepto…*, *op. Cit.*, p.173. Para este autor, la ponencia tiene la misma interpretación en ambos países.

80 *Vid.* SIERRA PORTO, Humberto Antonio, *loc. cit.*

fases siguientes del proceso legislativo, por lo que la responsabilidad que recae en el ponente(s) no debe estar circunscrita a una simple revisión formalista del contenido de la iniciativa en la que como regla general se *copia y se pega* el contenido del proyecto que se ha entregado, sin realizar ejercicio intelectual alguno que refuerce o desvirtúe la prosperidad de la iniciativa. En Colombia la regla general ha sido que la ponencia sea la ausencia de análisis del PL o PAL bajo una cómoda reiteración de los argumentos presentados en la iniciativa, permitiendo que este momento legislativo quede desprovisto de un ponderado debate técnico, jurídico –y hasta político–.

La razón del desinterés puede tener como fuente, la incidencia del artículo 150 de la LORC, al permitir que en los casos en que el proyecto provenga de una bancada, sea ésta quien designe al ponente[81]. Podría pensarse que, quién mejor que el mismo interesado en la iniciativa, para llevar adelante la ponencia en la que explique las razones por las que estima conveniente la regulación; no obstante, la práctica legislativa ha demostrado que esta etapa debe reforzarse, permitiendo adicionales intervenciones en las que, con estudios y conocimiento experto se ofrezca un punto de vista adicional al sustentado por el grupo interesado con la iniciativa, pues hasta ese momento, podría decirse que –si se ha llegado hasta esa fase–, es porque ha prevalecido su punto de vista. Esta subfase del proceso legislativo está revestida de una importancia capital que no se efectúa en la práctica parlamentaria pues, aunque el devenir legislativo se desenvuelve entre matices *técnicos, jurídicos y políticos*[82] la fase de ponencia –y posterior disertación y debate en comisión– debería constituir el momento de ma-

---

[81] No desconocemos la posibilidad de que haya ponencias alternativas; sin embargo, tal posibilidad se condiciona legalmente a la decisión de la mesa directiva bajo la gaseosa interpretación de «si las conveniencias lo aconsejan».

[82] *Vid.* PENDAS GARCÍA, Benigno, *Procedimiento legislativo... op. Cit.*, pp. 75-110.

yor reforzamiento *técnico y jurídico.* En cuanto a la ponencia y su contenido debe recordarse que el informe no corresponde necesariamente a un ejercicio intelectual de cargo exclusivo del ponente –congresista– designado, pues, aunque a los ojos del Congreso es el encargado de sustentar el documento, su elaboración se circunscribe a la intervención de su grupo de trabajo, el cual debería estar compuesto por un equipo interdisciplinario. Este grupo es conocido Unidad de Trabajo Legislativo (UTL), quien se ocupa –o debería ocuparse–, del análisis técnico de la iniciativa y de la verificación, no solo de las cuestiones gramaticales y de sintaxis sino con especial atención, de su sustento, necesidad, justificación y conveniencia. Lastimosamente, la descripción de sus funciones no se encuentra detallada en la Ley (artículo 388 LORC)[83] y ello ha permitido que estos cargos se conviertan en un frecuente foco de clientelismo y corrupción[84].

De la escasa información que ofrece el artículo mencionado, la función que le corresponde a estas unidades se dirige a procurar la eficiencia de la actividad legislativa[85]; por lo que su labor debería estar centrada en la investigación, consulta, redacción y en general, el asesoramiento técnico-científico de todas aquellas cuestiones que tengan que ver con la actividad

83 Sobre lo que la Corte Constitucional simplemente anota, que su regulación es de competencia reglamentaria –sin que aún se haya desarrollado su contenido–. *Vid.* Corte Constitucional, Sentencia C-172 de 2010.

84 «En vista de que las UTL no están reguladas ni vigiladas, éstas se han transformado a lo largo del tiempo en un foco de corrupción, presentándose cuantiosas irregularidades desde su creación con la Ley 5ª de 1992, sobre todo en lo que respecta a contratación –clientelismo- y pago de nómina –delito de concusión». Disponible en https://congresovisible.uniandes.edu.co/agora/post/que-son-que-hacen-las-utl-y-que-investigaciones-las-han-rodeado/10353/ (Consultado el 12/02/2022).

85 Según el 388 de la LORC, adicionado mediante Ley 868 de 2003 (art. 7) que creó las UTL.

legislativa y de control parlamentario. Por lo tanto, debe ser también obligación del Senador o Representante a la Cámara, efectuar una correcta designación de quienes a la sombra constituyen su equipo de trabajo, ya que estos constituyen un trasunto o extensión de su ejercicio en el Parlamento, no solo al momento de presentar las iniciativas en las que muestra interés, sino también en el ejercicio de sus funciones cuando es designado como ponente o cuando interviene en el debate legislativo[86/87]. La seriedad e importancia de la ponencia no puede ser tomada a la ligera pues, como ha indicado la Corte Constitucional[88], el congresista en su ponencia o informe «puede hacer todas las proposiciones o sugerencias que considere convenientes en relación con el proyecto que le ha sido repartido, inclusive proponer que éste sea archivado o negado, en cuyo caso la Comisión decidirá si acoge o rechaza tal medida», y para esto debe previamente haber tomado el tiempo suficiente, para –junto con su grupo técnico de apoyo–, analizar los argumentos presentados en la iniciativa legislativa o constitucional, así como la documentación que sustenta la necesidad de regulación o desregulación, y confrontar esa información con el articulado propuesto, y con la realidad social imperante, para a partir de allí proponer modificaciones, adiciones o incluso el archivo, con base en criterios *más técnicos y menos po-*

---

86 Se evidencia un incipiente desarrollo doctrinal sobre la labor de las UTL. *Vid.* https://www.semana.com/nacion/articulo/proyecto-de-ley-busca-reglamentar-las-utl-del-congreso/618363, https://www.vanguardia.com/opinion/editorial/las-utl-de-los-congresistas-KY1054059; https://www.las2orillas.co/unidades-de-trabajo-legislativo-el-desconocido-fortin-clientelar-de-los-congresistas/; https://www.eltiempo.com/justicia/investigacion/procuraduria-le-pide-al-congreso-reglamentar-las-utl-370098 (consultados el 16/02/2022).

87 Sobre debilidades de las UTL, *Vid.* HERNÁNDEZ BECERRA, Augusto, *Los servicios técnicos del Congreso deben tener una organización especial*, en *Revista Derecho del Estado,* No. 11, diciembre de 2001, pp. 37-34.

88 *Vid.* Sentencia C-385 de 1997.

líticos, los cuales –al ser inevitables–, podrían dejarse para otro escenario[89].

Al momento de presentar la ponencia, esta debería conservar una estructura temática con los siguientes o similares contenidos[90]:

- Análisis del proyecto (antecedentes, trámite, estudios del contenido, modificaciones, informe sobre celebración de audiencias, aportes y observaciones).
- Proposición (recomendación de dar o no, primer debate el proyecto, o solicitud de archivo).
- Texto propuesto para debate (incorporando las variaciones a que haya lugar mediante la presentación de un pliego de modificaciones).

Para el estudio y confección de la ponencia, y a fin de dar cumplimiento a estos requisitos es evidente que el ponente debe apoyarse, no solo en documentación que sustenta el proyecto, sino también en los análisis y estudios que previamente haya efectuado su UTL[91], al igual que el apoyo que haya podido obtener de la Unidad Coordinadora de Asistencia Técnica Legislativa[92], e incluso en conceptos previos que haya emitido el Consejo Superior de Política Criminal, la doctrina, la juris-

---

89 *Vid.* BECERRA MUÑOZ, José, *op. Cit.* pp. 432, las oficinas técnicas del Congreso pueden suplir esta labor.

90 *Vid.* LANCHEROS GÁMEZ, Juan Carlos, MANTILLA CALDERÓN, María José, PULIDO ORTIZ, Fabio, SUÁREZ OSMA, Ingrid, RINCÓN MONTAÑO, Rocío, *Trámite Legislativo Ordinario…*, *op. Cit.*, p. 45.

91 *Vid.* HERNÁNDEZ BECERRA, Augusto, *Los servicios técnicos del Congreso…*, *op. Cit.*, p. 27, los congresistas necesitan apoyarse en servicios especializados que informen, asesoren y orienten desde su experticia.

92 Ley 1147 de 2007 que adiciona la Ley 5 de 1992 para modernizar el Congreso de la República. *Vid.* AA.VV. *Utopías y distopías…*, *op. Cit.*, CÁCERES GONZÁLEZ, Emiro, *Producción de leyes penales en Colombia…*

prudencia, expertos en la materia, en estudios empíricos, y en todas las demás fuentes que considere pertinentes. Estas *fuentes* constituirán criterio útil y orientador para la creación de una opinión propia y medianamente fundada al ponente(s) al momento de presentar su informe de ponencia, evitando así que esta etapa se convierta en una mera reiteración de los argumentos presentados en las exposiciones de motivos de la iniciativa[93].

c. La presentación de la ponencia en la comisión constitucional como insumo para el primer debate

El artículo 157 de la LORC, aunque carente de una correcta técnica legislativa[94], se ha entendido por la doctrina[95], la jurisprudencia[96] y por la práctica legislativa, como el momento en el que se inicia en realidad la etapa de deliberación legislativa; siendo este momento donde debe abordarse el análisis de los argumentos planteados en la ponencia y en la iniciativa[97]. Por lo tanto, este estadio constituye un paso trascendente para –desde un criterio técnico–, atender la opinión de las mino-

---

93 Enfatizamos en la necesidad de apoyarse en fuentes auxiliares para la creación de una idea propia. No hacerlo genera un reforzamiento de la labor parcializada realizada en sede prelegislativa.

94 Por ejemplo, la posibilidad de votar la iniciativa sin necesidad de debate previo.

95 *Vid.* SIERRA PORTO, Humberto Antonio, *op. Cit.*, p. 133; SEPÚLVEDA MUÑETÓN, Jaime Alberto, *op. Cit.*, pp. 66; PALACIOS TORRES, Alfonso, *op. Cit.*, p.173.

96 *Vid.* Corte Constitucional, sentencias C-385 de 1997; C-179 de 2002; C-087 de 2016; C-047 de 2017; C-668 de 2004.

97 Aunque del texto mencionado se puede entender la prevalencia de la ponencia sobre el texto de la iniciativa presentada. De ahí la necesidad del fortalecimiento del momento de elaboración de la ponencia. *Vid.* PALACIOS TORRES, Alfonso, *op. Cit.*, p.174.

rías, escuchar los sujetos que quieran o deban intervenir en su desarrollo y a partir de allí estructurar consensos y ajustes al texto tendientes a procurar que la eventual norma satisfaga –o intente satisfacer– mejores criterios de racionalidad y legitimidad. Partiendo de las previsiones del artículo en cuestión, una de las obligaciones del ponente es la de «absolver las preguntas y dudas que sobre aquélla se le formulen», para luego «comenzar el debate». Tomada esta premisa, la norma alude a la necesidad de contextualizar ante la Comisión Constitucional el asunto que está próximo a ser abordado. En dicha contextualización se deberá presentar un espacio de explicación por el ponente y de indagación por los miembros de la Comisión sobre todas las cuestiones que consideren necesarias para una mejor claridad expositiva del prospectivo debate.

Por esta razón los intervinientes deberán ocuparse del segmento relativo al *análisis del proyecto,* en lo referido a los antecedentes de la iniciativa, el trámite surtido hasta esa etapa, las audiencias celebradas para sustentar la ponencia (la información relativa a la recepción de *lobbies* y grupos de presión), así como la información empírica recibida con la iniciativa y la obtenida con posterioridad para la elaboración de la ponencia. El interregno legislativo para efectuar este examen podría corresponder a un espacio relativamente corto, a fin de no dilatar el momento más crucial de esta etapa –el debate en comisión–. En consecuencia, su finalidad será la de fijación del asunto, contextualización del tema a discutir y demostración por el ponente, de haberse dado cumplimiento a la obligación de análisis y estudio que por virtud de su designación le ha concernido. Así, en caso de que la comisión considere que la realización de la ponencia ha sido insuficiente y que su contenido –como ocurre en la mayoría de los asuntos de trascendencia penal– no atiende a un estudio ampliado y sustentado que refuerce o desvirtúe técnicamente el sustento suministrado en la iniciativa original, sino que simplemente obedece a una reiteración estéril y sin investigación o consulta adicional, podrá la comisión constitucional abstenerse del debate, concediendo un nuevo plazo al ponente para que, junto con su equipo de trabajo y la Unidad de Apoyo Técnico al Congreso, refuercen la labor realizada para que de esta manera realice un nuevo intento que dé lugar a la realización del tan esperado debate legislativo.

Esta propuesta guarda coherencia con lo dicho por la Corte Constitucional, cuando, al referirse a las ponencias[98], sostiene que la función del informe de ponencia es la de permitir que los miembros del pleno conozcan globalmente el proyecto y puedan realizar «un examen serio, razonado y detallado» del asunto sometido a trámite, garantizando «un debate abierto y democrático del proyecto de ley, fundado en el conocimiento que habilite la toma de decisiones con racionalidad mínima»[99]. Estos pronunciamientos imponen la necesidad de un conocimiento completo, cabal y suficiente de la ponencia por parte de los miembros de la Comisión; por lo tanto, para consolidar ese conocimiento, resulta insuficiente la militancia de los argumentos y el sustento documental suministrado por el autor de la iniciativa, razón por la cual, a partir de esa instancia ya debería contarse con una visión –coincidente o alternativa– de la ofrecida desde un primer momento por su autor, siendo entonces posible que tal condición pudiera canalizarse a partir del análisis que realice el ponente, y sobre las bases en que se afinque para apoyar o rechazar –total o parcialmente– el proyecto puesto a su consideración para así hacer más racional el futuro debate legislativo[100].

---

98 Corte Constitucional, sentencia C-047 de 2017.

99 Complementariamente, Corte Constitucional, sentencia C-668 de 2004, salvamento de voto.

100 Sin perjuicio de que en el debate se presenten opciones adicionales a las ofrecidas hasta esta fase.

d. La discusión de la ponencia como insumo para el primer debate y la necesidad de especialización de la comisión

En cuanto a las *bondades* que puede tener que un PL o PAL se ventile en primer lugar ante una comisión constitucional y no ante el pleno de la Cámara correspondiente, BENTHAM[101] apreciaba que «cuanto más numerosa es una asamblea, tanto menos idónea es para ciertas tareas», por lo que al crearse comisiones se estará en mejores condiciones «para conseguir cierto fin»[102].

Aunque aparcado por un tiempo, desde hace varios lustros y de forma enfática, la doctrina ha mostrado interés por la *teoría y la técnica de la legislación*. Así, dentro de esta composición, también se ha hecho referencia a la necesidad de que al interior de los Parlamentos coexistan comisiones con representación proporcional a las del Pleno[103], enfatizando su utilidad sobre la base de la especialización temática de sus participantes. La recomendación de su existencia está condicionada no solo por la mera conformación de un número inferior de sujetos en procura de lograr consensos más expeditos y facilitar los deba-

---

101 BENTHAM, Jeremy, *Tácticas parlamentarias,* Estudio preliminar, Benigno Pendas, México, Cámara de Diputados, LVII Legislatura, 2002, p. 251.

102 Sobre la importancia de las comisiones constitucionales en lo político-criminal, HERNÁNDEZ SÁNCHEZ, José Luis, *Comisiones legislativas y sistemas penitenciarios: El cambio de la justicia penal,* México, Tirant lo Blanch, 2014.

103 *Cfr.* COX, Gary W., McCUBBINS, Mathew D., *Legislative Leviathan, Party Government in the house,* California, University of California Press, 1993. Un ejemplo de cooptación legislativa en, ESKRIDGE Jr., William N., FRICKEY, Philip P., GARRETT, Elizabeth, *Legislation..., op. cit.,* p. 74. A favor de conformar comisiones especializadas en el Parlamento, *vid.,* PÉREZ-SERRANO JÁUREGUI, Nicolás, *Tratado de Derecho Parlamentario,* Madrid, Civitas, 1976, p. 762; GARCÍA MONTERO, Mercedes, *presidentes y parlamentarios..., op. Cit.,* p. 131-134; RAMÍREZ LEÓN, Lucero, *El control parlamentario y el rediseño de las políticas públicas,* México, D.F., Centro de Estudios Sociales y de Opinión Pública, 2013, pp. 54-56.

tes legislativos que deban surtirse, sino además –y con mayor énfasis–, sobre una necesaria *especialización* de sus integrantes a fin de que ese conocimiento permita depurar y fortalecer técnicamente la posterior intervención en el pleno[104].

Para el caso colombiano, una vez realizada una revisión aleatoria de los senadores y representantes a la cámara que formaron parte de la Comisión Primera Constitucional durante los periodos 2016, 2017, 2018 y 2019, se evidencia que, en su mayoría, el perfil profesional que detentaban era de abogados[105] y politólogos[106/107]. Pese a ello, no se advierte dentro de su formación, estudios relativos a cuestiones de técnica legislativa, política criminal, criminología, sociología, filosofía[108] o disciplinas equivalentes[109].

---

104 Pues detrás del parlamentario existen las UTL como respaldo técnico de sus intervenciones.

105 Senadores (o exsenadores): Amín Hernández Jaime, Andrade Serrano Hernán Francisco, Enríquez Rosero Manuel, Enríquez Maya Eduardo, Gaviria Vélez José Obdulio, Gerlein Echeverría Roberto, Morales Hoyos Viviane, López Maya Alexander, Rodríguez Rengifo Roosvelt, Lozano Correa Angélica Lisbeth, Pinto Hernández Miguel Ángel, Velasco Cháves Luis Fernando, Ortega Narváez Temístocles (quien es Doctor en derecho). Representantes a la Cámara (o exrepresentantes): Osorio Aguiar Carlos Edward, Penagos Giraldo Hernán, Buenahora Febres Jaime, Hoyos Mejía Samuel Alejandro, Prada Artunduaga Álvaro Hernán, Rojas López Clara Leticia.

106 Senadores: Amín Hernández Jaime, Andrade Serrano Hernán Francisco, Galán Pachón Juan Manuel, López Hernández Claudia, Valencia Laserna Paloma, Cabal Molina María Fernanda.

107 Existen otros perfiles profesionales (médico, periodista, economista, entre otros).

108 Barreras Montealegre Roy (médico, sociólogo y filósofo).

109 No pretendemos efectuar una relación excluyente sobre los perfiles profesionales requeridos para ocupar un lugar en esta comisión; pretendemos evidenciar la necesidad de fortalecer la especialización para mejorar la calidad del producto legislativo.

Habida cuenta que la amplitud temática de los asuntos a cargo de esa comisión dificultarían o harían casi imposible que sus miembros se especializaran en cada una de las materias sobre la que deben conocer, debería trasladarse ese requisito a su equipo colaborador; es decir, a su UTL, y en esa medida, pese a que cada Senador o Representante tiene la libertad de escoger discrecionalmente su *staff* de asesores, debería la Ley o el reglamento del Congreso consagrar un estándar más riguroso sobre los perfiles y requisitos mínimos que se precisan para ocupar esos cargos, ya que la finalidad de su creación se dirige al fortalecimiento de las labores que al interior de cada célula legislativa le corresponde a cada parlamentario. Sobre la formación profesional para ocupar el cargo de asesor en una de las UTL respectivas, se observa que para el cargo de asesor VIII –el grado más alto y mejor pagado en la escala salarial de esas unidades–, resulta suficiente contar con una carrera profesional –cualquiera–, una especialización –de cualquier tipo– y cinco años de ejercicio en cualquier sector de la profesión, sin que sea necesario acreditar o cumplir experiencia específica ni relacionada para el desempeño del cargo.

Este déficit de especialización en temas legislativos y de políticas públicas, aunado a la falta de especificación sobre las cuestiones que tienen a cargo y la manera como se contratan estos profesionales –las plazas son de libre nombramiento, y a discreción del parlamentario– genera un empobrecimiento directo del proceso legislativo que conlleva el debilitamiento del proceso democrático, de la calidad de las leyes y al correlativo reforzamiento del populismo punitivo y la irracionalidad en la elaboración de normas[110]. Por esta razón una de las cuestiones

---

110 El costo que implica para el Estado el mantenimiento de estos cargos no es desdeñable: En 2019 el costo del mantenimiento prestacional –básico– de las UTL ascendió a «136.000 millones mensuales (más de 35 millones de euros) y 1.632.000 millones al año (alrededor de 421.487 millones de euros)». *Vid.*

por las que se debe comenzar es por el fortalecimiento del perfil profesional y el reforzamiento de las condiciones mínimas para acceder a estos cargos. Adicionalmente, la designación debe hacerse por los cauces del concurso público mediante la aplicación de pruebas de conocimiento y competencias que permitan establecer la satisfacción de las actitudes y aptitudes del aspirante, el que una vez nombrado bajo esta modalidad de vinculación, le permita al Congreso contar con personal experimentado, fortaleciendo así la continuidad y permanencia de los asesores, haciendo pervivir los conocimientos y la pericia adquirida de los entresijos del proceso legislativo. De esta manera, finalizado el periodo del parlamentario respectivo el personal asesor contará *funcionalmente* con un «nuevo jefe» de quien no depende contractualmente permitiendo el perfeccionamiento de la especialización de estos funcionarios.

El énfasis en la especialización del personal radica en que, para efectos del análisis de este momento legislativo, los debates en comisión –cuya fuente deberá partir de la información y estudios efectuados por las UTL de cada miembro de la Comisión– además de las fortalezas o debilidades de la ponencia definirán en gran medida el futuro de la decisión legislativa que se discutirá en el pleno, ya que, en este escenario cobrará mayor relevancia la discusión y la documentación que se incorpore y debata en comisión, y se reducirá –o debería reducirse– la importancia de la documentación anterior a esa fase (especialmente la iniciativa) pues hasta ese momento la propuesta y su sustento contendrán altos visos de parcialidad debido a que para su autor, será más importante poner en evidencia la situación disfuncional que predica y sobre la que infiere la necesidad de intervención, que la demostración de alternativas

---

https://congresovisible.uniandes.edu.co/agora/post/que-son-que-hacen-las-utl-y-que-investigaciones-las-han-rodeado/10353/ (Consultado el 04/03/2020).

diferentes a las ofrecidas por él, manteniendo así una única posibilidad de intervención y no una visión *panóptica* –o al menos ampliada– de la cuestión, la cual deberá intentarse en este momento del debate.

Adicionalmente, para la posterior elaboración del informe que contiene las discusiones, posiciones y argumentos –coincidentes y disidentes– de los miembros de la comisión y que desencadenarán en la posterior presentación del articulado que será elaborado para la discusión en la plenaria, será necesario que la comisión debata, argumente y propicie la intervención de todos aquellos sujetos que –con conocimientos expertos o sin ellos– consideren que debe tenerse en cuenta su participación, tomando como base sus intereses y su eventual condición de posibles destinatarios de la manifestación legislativa penal[111]. La intervención de estos sujetos es recomendable en atención a que, como se ha mencionado, los intereses que envuelve la iniciativa están rodeados de aspectos técnicos, jurídicos y políticos[112], y dentro de estos la dominancia del punto de vista *político* sacrificará frecuentemente los demás aspectos debido al interés que tiene el legislador de *hacerse visible* ante la sociedad –especialmente en los asuntos mediáticos, que generan impacto y demandan acciones represivas inmediatistas–, pues esa misma aprobación o desacuerdo a la ponencia puede eventualmente utilizarse por éste o por sus opositores como catapulta electoral que le favorezca o le perjudique, o como

---

111 La ciudadanía en general y no el delincuente, que por su grado de estigmatización difícilmente podría intervenir en el ágora legislativa. Además, al momento de la confección de la ley penal su elaboración se dirige a todos los residentes de un territorio y no *al delincuente* en particular. GARGARELLA, Roberto, *Castigar al prójimo, por una refundación democrática del derecho penal,* Buenos Aires, Siglo XXI, 2016, p. 171.

112 *Vid.* GARCÍA-ESCUDERO MÁRQUEZ, *Piedad, La iniciativa legislativa... op. Cit.*, pp. 57-91. También, AA.VV. *La proliferación..., op. Cit.,* JIMÉNEZ APARICIO, Emilio, *El procedimiento...*, p. 283.

muestra de adhesión o desmarque frente a un determinado sector o grupo de presión social.

Conviene, por tanto, que a los grupos de presión y a los demás agentes sociales interesados en el éxito o hundimiento de la ponencia, les sea concedido un espacio para que participen de manera pública en la discusión en comisión para que fortalezcan –especialmente– el componente técnico en el que apoyan o rechazan la proposición. No hacerlo no generará que su voz se apague, sino que busque que su voz sea escuchada soterrada y extraparlamentariamente si es necesario; bien, fuera del Congreso, ora en los pasillos o a puerta cerrada de la célula donde debe tomarse la decisión legislativa[113], con lo que puede incluso imponerse sin contraargumento y sin confrontación pese a la posibilidad de que existan alternativas diversas y quizá mejor habilitadas para hacer frente a la situación disfuncional invocada. La justificación de este *modus operandi* radica en la posibilidad de hacer visible el poder que por fuera de la sede parlamentaria impulsa pública o privadamente la necesidad de intervención, para que, mediante una argumentación sustentada explique su tesis y controvierta la ofrecida por otros sujetos que mantienen una posición diversa a la que defiende; se escuche el ofrecimiento técnico de otras opciones para que la comisión consiga la diversificación de alternativas de intervención y, en caso de que la iniciativa –y posterior ponencia– provenga del ejecutivo, de uno de los entes de creación constitucional, de un partido político o de alguno de sus miembros, sea de cargo de estos –antes del debate formal antes de la comisión– explicar y argumentar los aspectos técnicos de su tesis, frente a los demás sujetos externos convocados que mantienen una posición contraria a la defendida.

---

113 *Vid.* VOGEL, Joachim, *Legislación penal y ciencia del derecho penal (Reflexiones sobre una doctrina teórico-discursiva de la legislación penal)*, en *Revista de Derecho Penal y Criminología (RDPC)*, No. 11, segunda época, 2003, pp. 249-265.

Por tanto, la realización de *pre-debates* no debe entenderse como un escenario antinatural de discusión democrática, ni como el traslado de la facultad de legislar a terceros no investidos, ya que la discusión previa al foro natural institucionalizado para ello, deberá centrarse en todos aquellos aspectos técnicos que sea necesario depurar a fin de que sean tenidos en cuenta dentro del momento de discusión político-democrática en Comisión –como Parlamento en menor escala–, y posteriormente en el Pleno, quienes constituyen el cuerpo legitimado para representar los intereses ciudadanos. En otras palabras, estos *pre-debates* fungirán como filtro en la Comisión para que ésta, al momento del debate parlamentario identifique y debata no solo desde el punto de vista ideológico sino además, apoyado en aspectos técnicos analice las alternativas viables e inviables, delimite el alcance de los objetivos esperados, identifique las posibles estrategias de intervención, analice la capacidad persuasiva de la norma vigente –si es que la hay– para hacer frente a la disfunción social, evalúe el impacto y los costos –económicos y sociales– de la intervención, descarte las opciones irremediablemente inviables, y en general tecnifique y racionalice el debate parlamentario evitando la perpetuación de la percepción referida al general inmovilismo entre la iniciativa original y el producto final producido en el Parlamento. Esta renovación es necesaria, pues, como apunta Hernández Becerra[114], si el Congreso aplica un modelo de mejora respecto del manejo de información y de criterios de calidad, el gobierno se verá abocado a reforzar el contenido de sus iniciativas, lo cual redunda en beneficio para la legalidad y las instituciones del Estado; afirmación a la que se le podría añadir, que esta exigencia se trasladaría no sólo al Ejecutivo sino a todo grupo institucionalizado o no, como condición de

114 *Vid.* HERNÁNDEZ BECERRA, Augusto, *Los servicios técnicos del Congreso…*, *op. Cit.*, p. 27.

mejora de las condiciones técnicas de su iniciativa para que los controles (formales y materiales) y los filtros impuestos al interior de la célula legislativa permitan su avance, perfeccionamiento y trámite hasta la eventual aprobación definitiva como Ley de la república. Como lo aprecia SÁNCHEZ LÁZARO[115] refiriéndose a la incorporación de nuevos preceptos penales, estos «no pueden ser fruto de la improvisación o de una reacción política irreflexiva»[116].

Como se enunció, la realización de esta subfase tendría lugar entre el momento de presentación de ponencia en comisión y antes del inicio formal del debate legislativo. Así podría darse cumplimiento a las previsiones de los artículos 157 y 158 de la LORC en lo concerniente a la obligación del ponente de absolver las preguntas y dudas que se tengan por la comisión sobre la ponencia (art. 157), y la dicción consignada en el artículo 158 que impone que la discusión del proyecto tenga lugar, una vez resueltas las cuestiones fundamentales. En otras palabras, sin la previa resolución de todas aquellas cuestiones que resulten fundamentales para iniciar el debate y que estén relacionadas con la iniciativa, la ponencia y su sustento, no habrá lugar a la discusión en Comisión. Este imperativo nos lleva a reiterar la conveniencia de establecer dentro de esta fase, la existencia de dos momentos diferenciados: uno relativo a la resolución de las *cuestiones fundamentales*, donde se realizarán los *pre-debates*, en cuyo seno se discutirán aquellas cuestiones de índole técnico necesarias para la siguiente subfase; y otra de

---

115 SÁNCHEZ LÁZARO, Fernando Guanarteme, *Política criminal y técnica legislativa. Prolegómenos a una dogmática de lege ferenda*, Granada, Comares, 2007, p. 1.

116 Sobre la tendencia a una legislación penal reactiva, *vid.*, AA.VV. *Crítica y justificación del Derecho penal en el cambio de siglo*, (Coord. Luis Arroyo Zapatero, Ulfrid Neumann, Adán Nieto Martín), DÍEZ RIPOLLÉS, José Luis, *El derecho penal simbólico y los efectos de la pena*, Castilla la Mancha, Ediciones de la UCM, 2003.

carácter democrático –inicio formal del debate en comisión–, donde luego de identificadas todas las cuestiones técnicas se pasará a la discusión política del proyecto –sin que ello impida la realización de una nueva discusión técnica–, pero por los miembros de la Comisión Constitucional, con base en las cuestiones ventiladas en la primera subfase. En este segundo momento y como consecuencia del inicio del debate legislativo en sentido propio, habrá lugar a las intervenciones de los miembros de la comisión quienes teniendo voz y voto deberán exigir a los defensores del proyecto legislativo o constitucional, el ofrecimiento de información y respuesta sobre todas aquellas cuestiones que desde el punto de vista técnico quedaron irresueltas en la primera subfase, o con importantes márgenes de penumbra que pongan en entredicho la eficacia del impacto esperado, el coste de la norma o su viabilidad[117]. La falta de resolución sobre estos tópicos podría eventualmente constituir argumento de inconstitucionalidad de acuerdo con los pronunciamientos proferidos por la Corte Constitucional ante la declaratoria del ECI en las cárceles y establecimientos penitenciarios colombianos; especialmente sobre lo considerado en la sentencia T-762 de 2015, sobre la que más adelante tendremos lugar de pronunciarnos.

e. El deber de deliberación para la aprobación de la ponencia en primer debate

Aclaradas las anteriores cuestiones el paso a seguir será el de la discusión del articulado, a fin de verificar su real coherencia con los motivos que –se dice– lo sustentan. Así mismo, deberán estudiarse todas las propuestas de modificación formuladas –enmiendas–, con base en la discusión que le ha antecedido, y

---

[117] DÍEZ RIPOLLÉS, José Luis, *op. Cit.*, p. 55.

sobre esa base elaborar el *informe* respectivo para que sea tenido en cuenta en la deliberación del pleno (segundo debate).

Este bosquejo refleja que para la elaboración del informe se deberá prestar especial atención a la inclusión en su contenido y de forma obligatoria, de todas aquellas propuestas que se debatieron, fueron vencidas y rechazadas, so pena de que su omisión acarree reclamo de inconstitucionalidad por la no inclusión en el texto de todas las razones que justificaron su descarte o abandono. Esta conclusión, aunque pareciera extremista al aludir a un eventual reparo de inconstitucionalidad, no lo es tanto, pues el cercenamiento de las razones que justifican su descarte dentro de los documentos que se trasladan para etapas pretéritas, impide a los legisladores el conocimiento de razones que deberían ponerse en su conocimiento. Esta condición, que debería ser imperativa, se hace laxa en el artículo 167 de la LORC donde se alude a una aparente *discrecionalidad* del legislador sobre la *posibilidad* de dejar constancia de su voto disidente. No obstante, tal disponibilidad no se hace evidente en la norma constitucional, donde el artículo 160 impone la obligación para el ponente, de que en el informe que se presenta para segundo debate consigne «la totalidad de las propuestas que fueron consideradas por la comisión y las razones que determinaron su rechazo»[118]. Este imperativo constitucional se acompasa con el deber de motivación y deliberación mínima, pues ningún sentido tiene que en el curso del trámite parlamentario se permita el uso de la palabra a los miembros de –en este caso– la Comisión, solo para que manifiesten su voto disidente, sin que expliquen las razones de su desacuerdo, o que habiéndose sustentado tales razones se entienda esta posibilidad como un escenario insustancial cuyo fin es simplemen-

118 *Vid.* SEPÚLVEDA MUÑETÓN, Jaime Alberto, *Concepto…*, *op. Cit.*, p. 75, en la práctica, casi ninguna de las ponencias presentadas para segundo debate cumple este requisito.

te permitir que los grupos minoritarios dejen constancia del disenso, sin necesidad de *réplica* o explicación sobre las razones por las que se descarta la contrapropuesta.

En Colombia la realidad de las discusiones parlamentarias pone en evidencia la presencia de los anteriores fenómenos, siendo frecuente que en materia político criminal el parlamentario vote afirmativa o negativamente una ponencia sin mencionar las razones de su postura –o que siquiera las conozca–; tampoco es esporádico que simplemente se escuche al discrepante para que desarrolle su *antítesis* contra la *tesis* prevalente, y sin que se indiquen las razones por las que su postura no prospera – por lo que no habría lugar a la búsqueda razonada de una *síntesis*[119].

En contra de esta posición, podría decirse que, ante el elevado número de intervinientes (en Comisión y en Plenaria), el trámite legislativo podría verse entorpecido al exigir que cada miembro exponga su punto de vista, y que contra cada uno de los argumentos se deban ofrecer las razones de su descarte, convirtiendo esta fase en algo interminable. Sin embargo, en materia penal debería obrarse de esta manera[120]. La razón por la que nos ratificamos en esta condición estriba en que en los

---

119 La Corte Constitucional ha sostenido que los legisladores tienen el *derecho* de participar en el debate de las leyes, pero no tienen *el deber* de hacerlo. *Vid.* Corte Constitucional, sentencia C-473 de 2004, C-1040 de 2005, C-1041 de 2005. Dicha postura desconoce el inciso tercero del artículo 160 de C.N., que obliga al legislador a incorporar en el informe de ponencia la totalidad de las propuestas que fueron consideradas por la comisión y las razones que determinan su rechazo, por lo que, para que ello suceda, se debe permitir –o exigir– que en los asuntos político-criminales la intervención de todos los que tienen potestad de voto expongan su tesis sobre la base del insumo con que cuentan con antelación a su decisión; por lo tanto, no puede ser un *derecho* del parlamentario la abstención de motivar su voto, sino una *obligación* democrática a su cargo.

120 Previo establecimiento de controles que identifiquen este tipo de maniobras.

debates político criminales, la discusión suele tensionar principios constitucionales de hondo calado, los cuales se entrecruzan y su intervención puede aparejar restricciones a individuos sobre sus derechos fundamentales y sus garantías, por lo que de manera general, tanto sujetos activos como sujetos pasivos de la futura decisión legislativa, podrán ver prospectivamente comprometidos sus derechos y sus libertades constitucionales, por lo que necesaria e indudablemente resulta insuficiente la excusa en favor del parlamentario de abstenerse de intervenir, pues de esta manera se hace prevalecer la *discrecionalidad* del parlamentario, permitiendo que se desconozca argumentativamente su punto de vista, cuando al final, por más que se abstenga de *opinar* y *dar razones,* no se abstiene de *votar,* siendo que esta acción refleje una modificación fenomenológica de la realidad que se verá reflejada en la prosperidad o no de la iniciativa legislativa[121/122]. Por esta razón, es necesaria la búsqueda de alternativas diferentes a las hoy existentes, por lo que bien podría intentarse –por ejemplo–, que los miembros del Parlamento presenten *argumentaciones colegiadas*[123], a fin de que cada uno detalle las razones de su desacuerdo y las razones de su voto, sin que haya lugar a abstención de consignar su postura, con relación a la iniciativa y a la ponencia objeto de discusión. En sentido análogo, debe establecerse un mecanismo en el que

---

121 Consagra el artículo 127 de la LORC que, «entre votar afirmativa o negativamente no hay medio alguno. Todo Congresista que se encuentre en el recinto deberá votar en uno u otro sentido».

122 Aun absteniéndose, su resultado puede repercutir en la continuación o no de la iniciativa. *Vid.* BUCHANNAN, James M., TULLOCK, Gordon, *El cálculo del consenso, fundamentos lógicos de la democracia constitucional,* (Traducción de Javier Salinas Sánchez), Madrid, Espasa, 1980, pp. 151-152, «si los votos políticos no tuvieran valor económico, la corrupción sería imposible»; ante esta realidad «tenderá a surgir del habitual comportamiento egoísta de los hombres a menos que haya fuertes prohibiciones legales o morales contra el comercio».

123 Figura usaba en ocasiones, sin que sea obligatorio.

la posición dominante otorgue respuesta a los argumentos que de forma legítima, y no por mero obstruccionismo, se formulen por las minorías. En otras palabras, para sostener que la decisión mayoritaria se encuentra democráticamente legitimada no es suficiente argumentar que la decisión fue adoptada por la mayoría. Por lo tanto, es necesario que, además de *escuchar* a las minorías se *motiven* las razones por las que no prevalecen sus sugerencias –legítimas– de reforma, especialmente si –como lo hemos anotado–, previo a la discusión en Comisión –y posteriormente en el Pleno–, se ha ofrecido un arsenal técnico-jurídico y ético[124] a los parlamentarios para que racionalicen y justifiquen la decisión adoptada.

Esta obligación es coherente con el *deber de deliberación mínima*, el que se entiende como el momento en el que, más que la realización de un mínimo de deliberación en cualquier sentido[125], se relaciona con la obligación del legislador de que esa deliberación contenga unos *mínimos de justificación* para que se pueda llegar a acuerdos y negociaciones, siempre ligados a la previa realización de un debate en el que se hayan valorado y sopesado todos los puntos legítimos de vista, para evitar decisiones irracionales o incorrectas[126]. Similarmente,

---

124 Dentro de esos aspectos técnicos se encontrarán cuestiones de justificación de la necesidad de intervención penal, donde deberá analizarse su impacto como medio de intervención, y de costos asociados a la decisión legislativa. *Vid.* HABERMAS, Jürgen, *Facticidad…, op. Cit.*, p. 378.

125 *Vid.* Corte Constitucional, sentencias C-1040 de 2005, C-184 de 2016.

126 *Vid.* CARBONNIER, Jean, *Sociología Jurídica…, op. Cit.*, p. 244. «La comprobación de que llueve, no lleva consigo la conclusión de que hay que coger el paraguas, pero un razonamiento elemental hace salir esto de aquello. Cuando las conductas están sometidas a motivaciones más complicadas, la operación se hace más compleja y razonar es con frecuencia elegir entre dos razonamientos que *prima facie* son igualmente aceptables».

Oliver-Lalana[127] sostiene que indudablemente, en el papel pocos discutirán que una ley mal estructurada, será «una ley mala», o que, «los legisladores que no justifican debidamente las leyes que promulgan son, por la misma razón, malos legisladores», siendo esperable que, «en una democracia decente los representantes discutan y sopesen las razones por las que aprueban o rechazan un proyecto de ley»; por lo que, «si tales afirmaciones han de tomarse en serio y no como puros delirios ideológicos, la argumentación y la legislación deben ir de la mano: hacer una ley incluye argumentar sobre ella. Sin embargo, las deliberaciones legislativas en el Parlamento rara vez se conciben como un modo de razonamiento justificativo ni se abordan como un componente de la racionalidad o la legitimidad de las leyes».

Lo dicho nos lleva a confirmar la necesidad de una *deliberación* seria, más allá de la mera a*rgumentación*[128] de pareceres en la que se dé cabida a una verdadera *motivación* que permita que la discusión trascienda no sólo del actual modelo basado frecuentemente en una mera *disertación* populista con la que se pretende justificar el uso del *ius puniendi.* Debemos mudar hacia la realización de un verdadero debate de *justificación* en cuyo seno se argumente sobre su racionalidad, cimentado en estudios sobre su idoneidad, necesidad, proporcionalidad, eficacia, eficiencia de la medida político criminal puesta a consideración de la comisión, así como de sus costos sociales y económicos.

---

127 *Vid.* AA.VV. *The Rationality and Justification of Legislation..., op. cit.*, p 135: AA.VV. *Debatiendo leyes. Estudios sobre justificación parlamentaria de la legislación,* (Ed. Ángel Daniel Oliver-Lalana), Madrid, Dykinson, 2022.

128 *Vid.* MUÑOZ DE MORALES ROMERO, Marta, *El legislador penal europeo..., op. Cit.,* p. 579-580. «La *methodenlehre* se refiere a las buenas razones (...), la *Begründungslehre* abarca el "sí" y el "cómo" de la presentación de razones».

Este *deber de deliberación reforzado* será el resultado de acuerdos que tendrán como génesis, la existencia –que aunque pareciera obvia, quizás sea la causa por la que se pasa por alto– de previos desacuerdos los cuales deberán ser confrontados con la información obtenida en los *pre-debates*, en los debates, y sopesada conforme a sus intereses, ideologías, alternativas y posibilidades; permitiendo que la medida legislativa penal futura no sea el producto de la mera confrontación de la regla de mayorías, sino la consecuencia de haberse tenido en cuenta otras opciones de intervención formuladas por otros espectros ideológicos. Con ello se evitará la distorsión de una medida que, con apariencia democrática envuelva contenidos arbitrarios por razón de haberse impedido que la toma de decisiones sea el efecto de la exploración e identificación de los puntos comunes y divergentes de los parlamentarios tanto en sede de comisión, como en el pleno, para a partir de allí distinguir si sus propuestas admiten algún grado de *negociación* o cambio, o si definitivamente son tan distantes que impiden reconciliarse o morigerarse[129].

Esta última cuestión es interesante y debe tenerse en cuenta dentro del debate legislativo, pues como se ha apuntado, en materia político criminal el asunto que se pone en consideración, implica con frecuencia una tensión entre sujetos titulares de derechos fundamentales y, en línea de principio, será necesario un análisis que permita identificar si tales tensiones son reales o aparentes, si admiten algún grado de acuerdo por los parlamentarios, sobre el grado de flexibilización constitucionalmente permitido, así como el estudio de cuál podría ser la necesidad, posibilidad y límites de esa flexibilización en el

---

129 *Vid.* WRÓBLEWSKI, Jerzy, *Principles, values and rules in legal decision-making and the dimensions of legal rationality*, Ratio Juris Vol. 3, No. 1, 1990, pp. 100–117. La legitimidad de la ley corresponde a una *subclase* de la justificación externa, la cual hace parte de un nivel de racionalidad de mayor categoría.

derecho eventualmente invadido, a fin de evitar que en vez de una suavización se incurra en una quiebra injustificada o desmedida del derecho o la garantía ciudadana. Sobre este aspecto, WALDRON[130] analiza que la mera discrepancia sobre los derechos no implica que éstos no se tomen en serio. Sin embargo, no puede desconocerse que «algunas posturas son sustentadas y defendidas con falsedad o ignorancia por canallas (a quienes no les importan los derechos) o iletradas morales (quienes mal entienden la fuerza e importancia de los derechos)», pero en la mayoría de los casos el desacuerdo podrá tramitarse razonablemente y de buena fe; y aunque la necesidad de solución no hace desaparecer el desacuerdo, deberán admitirse discordancias entre lo que se considera como la decisión correcta y la surgida como consecuencia de un «procedimiento que considera legítimo».

Esta afirmación nos pone de vuelta, ante la necesidad de establecer, de una parte, un procedimiento que incorpore la regulación de las intervenciones de terceros –expertos y no expertos– conforme a la descripción que hemos realizado y la aplicación de un proceso más coherente sobre lo que se debe entender como *deliberación mínima del debate legislativo,* pues como lo dijo UPRIMNY YEPES[131] en su aclaración de voto a la sentencia de constitucionalidad 668 de 2004 «la validez de una decisión mayoritaria no reside únicamente en que ésta haya sido adoptada por una mayoría sino además en que ésta haya sido públicamente deliberada y discutida, de tal manera que

---

130 *Vid.* WALDRON, Jeremy, *Contra el gobierno de los jueces, ventajas y desventajas de tomas decisiones por mayoría en el Congreso y en los tribunales,* Buenos Aires, editorial siglo XXI, 2018, pp. 79-83. EL MISMO, *Derecho y desacuerdos,* (Traducción de José Luis Martí y Agueda Quiroga, Estudio preliminar de Roberto Gargarella y José Luis Martí), Madrid, Barcelona, Marcial Pons, 2005, pp. 108-142; EL MISMO, *Legislating with Integrity,* en, *Fordham Law Review,* vol. 72, 2009.

131 Corte Constitucional, sentencia C-668 de 2004, aclaración de voto. Reiterada en sentencias, C-816 de 2004, C-332 de 2017.

las distintas razones para justificar dicha decisión hayan sido debatidas, sopesadas y conocidas por la ciudadanía. Por consiguiente, para esta concepción, el proceso legislativo no debe ser únicamente un sistema de agregación de preferencias, sino que debe constituirse en una deliberación pública, en la cual los representantes de los ciudadanos, sin olvidar los intereses de los votantes que los eligieron, sin embargo, discuten públicamente y ofrecen razones sobre cuál es la mejor decisión que puede adoptarse en un determinado punto»[132].

f. La deliberación en el pleno para surtir el segundo debate

Concluida la discusión en la Comisión y elaborado el informe, la etapa siguiente es la de su envío al pleno de la cámara legislativa que corresponda. En Colombia, a diferencia de lo que sucede en España, donde existe un bicameralismo imperfecto, la realización de esta fase podrá llevarse a cabo en cualquiera de las dos Cámaras, por lo que su envío dependerá de cuál de las dos Comisiones Constitucionales Permanentes ha llevado a cabo el primer debate. En nuestro caso, si fue la Comisión Constitucional Permanente Primera del Senado de la República la que llevó a cabo el primer debate, será el Pleno del Senado quien deba ocuparse del segundo debate; igual suerte correrá en la otra Cámara legislativa.

Las actividades que deberán celebrarse en esta nueva etapa, las desarrolla la LORC a partir del artículo 174 –sección cuarta–, indicando el devenir que debe cumplirse en plenarias, señalando como primer requisito la designación de un ponen-

---

132 Corte Constitucional, sentencia C-222 de 1997. A «menos que todos los miembros de una comisión o cámara estén de acuerdo en todo lo relativo a determinado tema (...) es inherente al debate la exposición de ideas, criterios y conceptos diversos y hasta contrarios y la confrontación seria y respetuosa entre ellos».

te por el presidente de la Comisión Constitucional, quien tendrá la obligación de presentar ante el Pleno de la respectiva Corporación el informe efectuado por la respectiva Comisión Constitucional. Por su parte, el artículo 175 de esa normativa señala la obligación para el ponente, de registrar en el informe que presenta al Pleno para segundo debate, «la totalidad de las propuestas que fueron consideradas por la Comisión y las razones que determinaron su rechazo», siendo que tal omisión imposibilite a la Cámara respectiva de poner en consideración el proyecto. Este mandato legal guarda armonía con el precepto constitucional reseñado en el inciso tercero del artículo 160, el cual ya hemos mencionado. Sin embargo, en la realidad su exigibilidad no ha sido la allí consagrada, pues como lo denuncia SEPÚLVEDA MUÑETÓN[133], en la práctica pocas veces se cumple este requisito, siendo que en la mayoría de casos se transcriba «la ponencia para primer debate, sin ningún cambio ni modificación, inclusive muchas veces no se toman el trabajo de cambiar la frase final de la ponencia que solicita dar primer debate al proyecto de ley por la frase "dese segundo debate" (...) lamentablemente este precepto se cumple muy pocas veces, ya que los ponentes no consignan los motivos de los cambios, y de la exclusión y rechazo de una u otra propuesta o artículo aprobado en primer debate». Esta irregularidad podría ser suficiente para que la doctrina o la Corte Constitucional se pronunciaran reprochando este actuar; lamentablemente este *descuido* ha pasado desapercibido.

Sobre el contenido de la discusión que debe efectuarse en esta fase, consideramos que el debate a realizar no puede ser de las mismas calidades y características del llevado a cabo en comisión (primer debate), pues de hacerse así se estará incurriendo en una reiteración innecesaria de etapas que ocasiona

---

133 SEPÚLVEDA MUÑETÓN, Jaime Alberto, *Concepto...*, *op. Cit.*, p. 75.

un desgaste excesivo de tiempo y recursos del *íter legis*[134] que incluso desconoce la labor llevada a cabo en la Comisión Constitucional respectiva. La labor efectuada en comisión debe considerarse como un espacio de depuración técnica y de mejor definición del tema a tratar, ya que como lo hemos reseñado, se habrá permitido un espacio previo de discusión técnica (mediante los *pre-debates*) donde habrán participado de forma objetiva y sustentada todas aquellas personas que dentro de su experticia pudieran ofrecer una percepción mejor elaborada al político a fin de que dentro del *debate* formal en Comisión fundamente sus argumentos más racional y justificadamente, sobre la base de la información que ha conocido. Con esto se aspira a la conformación de una propuesta legislativa técnica, jurídica y políticamente mejor formulada.

Las anteriores razones nos llevan a reiterar la necesidad de que la realización del segundo debate no se torne en la repetición de una etapa superada. Entonces, si la discusión que se pretende abordar en el Pleno guarda relación estrecha con cuestiones debatidas en la Comisión y –aclárese– se resolvieron en ese escenario, éstas deberán rechazarse bastando ordenarse que se esté a lo resuelto en la fase antecedente sobre el tema particular. De igual forma deberán ser rechazarse los argumentos superfluos, intrascendentes o los que no guarden relación con el objeto del tema en cuestión. Teniendo presente que el objeto de los debates no es la petrificación de lo discutido en Comisión, sino la profundización y mejora del debate para la adopción de decisiones, podrán abordarse temas que aparentemente se hayan discutido pero que conforme a la disertación

134 *Vid.* PENDAS GARCÍA, Benigno, *Procedimiento legislativo…*, *op. Cit.*, p. 90. «Los argumentos se reiteran una y otra vez, muchas veces por inercia, con la vana esperanza de que el tedio acabe por agotar al adversario o con el deseo, no siempre satisfecho, de obtener la atención del público (id est, de los medios de comunicación) en alguna de las fases».

hecha por el parlamentario solicitante, puedan considerarse como objeto de nuevo análisis por no haberse resuelto en la Comisión o que se refieran a hechos nuevos que no se hayan discutido o resuelto. De esta manera se garantizará una mayor protección de garantías fundamentales en materia penal, y se erigirá un mecanismo de control contra la dilación injustificada y el *filibusterismo.*

En suma, el alcance que debe darse al artículo 185 de la LORC, cuando alude a que «[e]n la discusión y aprobación de un proyecto en segundo debate se seguirá, en lo que fuere compatible, el mismo procedimiento establecido para el primer debate», será el descrito anteriormente, pues como lo señala HUARTE-MENDICOA[135] «es absurdo mantener siete, ocho o nueve lecturas de un mismo proyecto para hacer exclusivamente en todas ellas, una y otra vez, el mismo discurso político». Por lo tanto, el establecimiento de esta nueva etapa deberá erigirse sobre lo construido, con el fin de mejorarlo y avanzar sobre lo hecho; y no con el fin de redundar en debates superados o buscar su empeoramiento[136]. Ésta parece ser la intención del artículo 177 de ese mismo Ordenamiento, al referir que las discrepancias que surjan entre la Plenaria y la Comisión Constitucional, «no deberán corresponder a asuntos nuevos, o no aprobados, o negados en la Comisión Permanente respectiva»[137]. En todo caso, si eso llegara a presentarse, y por tanto se generaran modificaciones, adiciones o supresiones al texto presentado por la Comisión, estas serían resueltas en el Pleno, sin necesidad de ser devueltas a la Comisión Cons-

---

135 ASTARLOA HUARTE-MENDICOA, Ignacio, *El Parlamento moderno, op. Cit.*, 2017, p. 430; AA.VV. *El procedimiento legislativo, V Jornadas de derecho parlamentario,* EL MISMO, *perspectivas de modificación del procedimiento legislativo ordinario,* Madrid, Congreso de los Diputados, 1994, pp. 401- 420.

136 PENDAS GARCÍA, Benigno, *Procedimiento legislativo…, op. Cit.*, 95.

137 Sin abandono de las condiciones de *identidad flexible* desarrolladas por la Corte Constitucional en Sentencia C-094 de 2017.

titucional Permanente que surtió el primer debate, siempre y cuando no se refieran a enmiendas totales[138] o que su fin sea simplemente subsanar errores o incorrecciones técnicas, terminológicas o gramaticales[139], o que el texto resultante refulja incongruente, incomprensible, confuso o tautológico[140]. Sin perjuicio de que por razones de conveniencia se decida devolver el proyecto a la Comisión constitucional primera para nuevo estudio[141].

La necesidad subyacente de evitar la reiteración de lecturas sobre cuestiones superadas se relaciona con la intención de mejora del futuro texto legislativo en términos de racionalidad, coherencia, legitimación y capacidad de respuesta a la situación disfuncional detectada. Por esta razón, los aspectos técnicos seguirán siendo importantes en la plenaria, pues si bien, en este escenario el aspecto político por su mayor visibilidad y por el aumento de intervinientes parlamentarios adquirirá mayor protagonismo, no por ello la toma de decisiones legislativas puede abandonar el aspecto técnico. En otras palabras, para estimar legítima la aplicación de la regla de mayorías en asuntos de naturaleza penal es necesario que dentro del debate en plenaria se lleven a cabo acuerdos y negociaciones entre las diversas posturas políticas e ideológicas, sin desconocer los aspectos técnicos detectados y establecidos en la Comisión[142], puesto que su desconocimiento –inmotivado– restará importancia al verdadero sentido que debe tener la *democracia delibe-*

138 Art. 179 LORC.

139 Art. 180 LORC.

140 Art. 181 LORC.

141 Art. 178 LORC.

142 Sin que resulten camisa de fuerza para los parlamentarios en esta sede. Su modificación será procedente siempre que se justifique y fundamente sus causas.

rativa, para en su remplazo hacer prevalecer una *tiranía de las mayorías*[143] bajo el estéril respaldo de la mayoritaria decisoria.

Como alternativa a este procedimiento el profesor CANO BUESO[144] sugiere la subdivisión del procedimiento de la Plenaria en dos momentos, uno más técnico «de discusión del articulado y sus correspondientes enmiendas» y uno eminentemente político «de valoración general del texto que se acaba de aprobar por parte de cada grupo parlamentario [haciendo uso] del turno de "explicación de voto"»[145]. En este contexto es evidente que en caso de que los parlamentarios consideren adecuado escuchar nuevamente a grupos expertos o a grupos de interés afectados o beneficiados con la prosperidad o hundimiento de la iniciativa que puedan aportar en la confección de la voluntad del legislador puedan hacerlo, siempre y cuando su intervención enriquezca el debate y por lo tanto, que sus intervenciones no constituyan una reiteración argumental sobre cuestiones que se hayan abordado en etapas pretéritas o que simplemente intenten ocuparse de «pormenores insignificantes o disputas insulsas»[146]. La realización de este espacio permitirá a la Cámara Plena debatir de cara a la sociedad sobre la cuestión medular del debate y no sobre cuestiones periféricas, para que así justifique y legitime política, técnica y éticamente la iniciativa[147].

---

143 *Vid.* DE TOCQUEVILLE, Alexis, *La democracia en América,* Tomo I, Madrid, Alianza Editorial, 2006.

144 CANO BUESO, Juan, *Cuestiones de técnica…, op. Cit.,* p. 221.

145 Similarmente, PENDAS GARCÍA, Benigno, *Función de los Parlamentos…, op. Cit.,* p. 363.

146 *Op. Cit.,* p. 365.

147 AA.VV. *Racionalidad legislativa penal y cuestiones de política criminal,* VÉLEZ RODRÍGUEZ, Luis Andrés, *La política criminal del Estado social y democrático de derecho: Bases de evaluación para la política legislativa penal en Colombia,* Bogotá, Ibáñez, 2020, p. 142.

Al ser un foro de discusión público, mal puede entenderse como un espacio para ocuparse de asuntos de menor entidad o en el que se permita dejar huérfana la discusión de su previa justificación ética y técnica[148], para ocuparse simplemente del aspecto *político,* ya que este espacio no habilita «a "destrozar", literalmente, la lógica y la coherencia del proyecto»[149]; por lo que allí deberán abordarse los temas principales que dieron origen a la iniciativa y no los aspectos meramente incidentales o accesorios, pues en su seno se debe buscar la protección del interés común y no la defensa de argumentos irracionales o intereses privados[150] sin siquiera aportar sustento sobre tal determinación[151].

Si bien, no podemos ingenuamente desconocer el mayor peso que tiene en la práctica el punto de vista partidista y político en la toma de decisiones legislativas, la exigencia de una justificación oral y pública en la Plenaria –en la misma forma como se surte en Comisión–, y sin desconocer lo construido hasta ese momento, permitirá que el debate sea más racional y coherente, por lo que, para el cumplimiento de esta tarea, será necesario que tanto en Comisión como en Plenaria se tenga en cuenta, no solo la autonomía de la *voluntad* sino también altas dosis de *inteligencia.* Esta inteligencia, según WALDRON[152], tendrá diferencias, siendo la primera –en Comisión–preva-

148 *Vid.* FERNÁNDEZ CRUZ, José Ángel, *La legitimación social de las leyes penales: Límites y ámbito de su aplicación,* en *Revista de Derecho de la Pontificia Universidad Católica de Valparaíso,* No. XXXIII, 2009, segundo semestre, pp. 231-259.

149 *Cit.* p. 366.

150 *Vid.* CELEMÍN CAICEDO, Yenny Andrea, *La influencia de la jurisprudencia de la Corte Constitucional en el proceso legislativo en Colombia,* en *Revista Precedente,* No. 11, julio-diciembre, 2017, pp. 53-82. Se requiere «empezar a prestar atención al control constitucional de este tipo de trasgresiones».

151 *Vid.* RAZ, Joseph, *La autoridad del derecho, ensayos sobre derecho y moral,* (Traducción y notas de Roberto Tamayo y Salmorán), México, Universidad Autónoma Nacional de México, 1982, p. 72.

152 WALDRON, Jeremy, *Derecho y desacuerdos…, op. cit.,* p. 88.

lentemente *teórica,* y la llevada a cabo en el Pleno, deberá ser eminentemente *práctica,* por lo que deberá prestarse especial cuidado al estudio de la eficacia, la eficiencia y el impacto esperado con la regulación presentada. Para el cumplimiento de este último nivel de inteligencia, el parlamentario deberá desarrollar sus argumentos sobre la base de las cuestiones citadas, y deberá encontrarse en capacidad de explicar y sustentar sus posiciones, responder los contraargumentos legítimamente formulados por sus contrarios, y defender su tesis, a fin de que no sea *una mera opinión,* pues como lo expone ALEXY[153] «el núcleo de la fundamentación pragmático-universal de las normas fundamentales del dialogo racional lo forma la tesis de que todo hablante une a sus manifestaciones las pretensiones de comprensibilidad, veracidad, corrección y verdad. [Por lo que], quien afirma un juicio de valor o de deber, plantea la pretensión de corrección; pretende que su afirmación es fundamentable racionalmente». Por lo tanto, al tomar parte del discurso, deberá cuando se le pida, *fundamentar sus afirmaciones,* así como al efectuar una proposición normativa, *aceptar las consecuencias* que de ella se desprendan.

Esta simbiosis entre discusión *política* y fundamentación *técnica* y *ética* constituye un catalizador entre la deliberación legislativa y su correcta motivación y justificación[154]. Con ella se evita en

---

153 ALEXY, Robert, *Teoría de la argumentación jurídica, la teoría del discurso racional como teoría de la fundamentación jurídica,* (Traducción de Manuel Atienza e Isabel Espejo), Lima, Palestra, 2007, pp. 191-196.

154 *Vid.* MOULIN, Leo, *La tecnocracia, tentación y espantajo del mundo moderno,* en *Revista de Estudios Políticos,* No. 123, mayo-junio, 1962, pp. 91-131. «Especialista es todo hombre que poseyendo, por formación o por experiencia, conocimientos y métodos de pensar adecuados para proponer y resolver cuestiones determinadas, es llamado a título de tal para intervenir en la dirección de los asuntos públicos». «Administrador es todo hombre encargado de preparar, en beneficio del político y basándose en los datos que le proporciona el especialista, una gama de decisiones posibles entre las que el político hará

materia penal: i) El insuficiente argumento de la prevalencia de la decisión mayoritaria por el solo hecho de serlo, pese a que no se ofrezcan las razones para su triunfo; ii). El recurso populista al que con notable frecuencia acuden los legisladores últimamente y que ha llevado en gran medida al desbocamiento de la legislación represora bajo la tesis de atender al clamor ciudadano y, iii). Restringir la apelación a una exagerada especialización innegociable[155] con la que se tecnifique tanto el proceso legislativo que lo único que consiga sea su ineficacia[156].

g. *Los demás debates en Comisión y Pleno para la aprobación de la Ley o Acto legislativo con consecuencias penales*

Terminada la discusión tanto en la Comisión Constitucional Primera Permanente, como en la Plenaria de la Cámara de origen (Senado o Cámara de Representantes), deberá el ponente elaborar un informe en el que –junto con el texto definitivo– se incluyan las explicaciones, modificaciones, adiciones y supresiones hechas[157]. La labor que arranca a partir de este acto es el envío a la otra Cámara para que asuma su labor de órgano de cierre del debate y continúe el trámite establecido en la Ley y en la Constitución. Por lo tanto, deberá iniciar una andadura similar a la que hemos descrito[158], donde la primera actividad co-

---

su elección». «Político es, finalmente, todo hombre cuyo poder se aplica a operar una elección en función de un sistema de valores, de objetivos y de medios cuya elección le pertenece.» pp. 91-92; ZÚÑIGA RODRÍGUEZ, Laura, *Política criminal,* Madrid, Colex, 2001, p. 132.

155 *Vid.* AA.VV. *La política legislativa penal iberoamericana en el cambio de siglo,* (Coord. José Luis Díez Ripollés, Octavio García Pérez), SLOKAR, Walter Alejandro, *La reciente política legislativa penal en Argentina,* Madrid, Edisofer, 2008, pp. 1-24.

156 *Vid.* ZÚÑIGA RODRÍGUEZ, Laura, *op. Cit.,* p. 132-133.

157 *Vid.* SIERRA PORTO, Humberto Antonio, *Concepto y tipos…, op. Cit.,* pp. 135. Art. 182 LORC.

158 Art. 185 LORC.

menzará –al igual que en las fases antes desarrolladas– en la homóloga Comisión Constitucional Permanente que se ocupó del asunto (Comisión Primera), surtiéndose nuevo reparto, nueva designación de ponente(s) y nueva discusión de acuerdo con las fases propias del debate. Allí deberán tenerse en cuenta todas las cuestiones, documentos, análisis y estudios valorados en las etapas que anteceden y que fueron insumo para la conformación de la respectiva ponencia y de los pliegos de modificaciones que se hayan presentado. Luego del debate en comisión, deberá hacerse lo propio en la plenaria de la Corporación donde se surtirá un procedimiento equivalente al surtido en la plenaria de la Corporación de origen. Una vez clausurado el debate y aprobado el proyecto en segundo debate se enviará el expediente a la Cámara originaria para su cotejo y para la elaboración del texto definitivo[159], el cual será posteriormente enviado al presidente de la República para su sanción.

El procedimiento relacionado, se realiza tanto para los proyectos de Ley como para los proyectos de Acto Legislativo, siendo sus diferencias, sucintamente, las relacionadas con,

i). Los plazos o legislaturas para su tramitación: Una legislatura para los PL estatutarios, dos legislaturas para los PAL y leyes ordinarias.

ii). Tipos de *quorum*[160].

Ordinario: Requiere la presencia de la mayoría de los integrantes de la comisión o corporación –se usa para la tramitación de leyes ordinarias–.

---

159 *Vid.* SEPÚLVEDA MUÑETÓN, Jaime Alberto, *Procedimiento Legislativo Colombiano,* Bogotá, Fundación Domopaz, 2014, p. 90.

160 Uno es el quorum deliberatorio, y otro el decisorio. El primero refiere a la necesidad presencial en Comisión o Pleno, de al menos la cuarta parte de sus miembros. El segundo dependerá de si nos encontramos ante un PAL o PL y su tipo (ordinario, estatutario u orgánico), según el artículo 116 LORC.

Calificado: Requiere la asistencia de, al menos las dos terceras partes de los miembros de la Corporación –se usa para las leyes que reformen o deroguen decretos legislativos y leyes que conceden amnistías o indultos por delitos políticos–[161].

Especial: La decisión legislativa se toma con la asistencia de las tres cuartas partes de los integrantes de esta –se usa para autorizar viajes de congresistas al exterior con dineros públicos–[162].

iii). Mayorías: Simple, absoluta, calificada, y especial[163].

iv). Número de debates: Cuatro debates para la tramitación de leyes, encontrando su diferencia en el número de legislaturas: Si se trata de leyes ordinarias se contempla su trámite y aprobación en dos legislaturas[164]. Si se trata de leyes estatutarias, este procedimiento debe completarse en una sola legislatura[165].

En el caso de los proyectos de Acto Legislativo[166] deberá completarse un total de ocho debates (dos vueltas)[167].

El establecimiento de estas diferencias y características radica especialmente en la apreciación hecha por un amplio sector de la doctrina colombiana[168] en lo relativo a la conveniencia de

---

161 Art. 120 LORC.

162 Art. 121 LORC.

163 Artículos 117 a 121 de la LORC. Se requerirá mayoría simple –voto mayoritario de los asistentes– para leyes ordinarias, y mayoría absoluta –voto mayoritario de los integrantes–, para leyes estatutarias. En el caso de los PAL se requerirá la mezcla de ambas modalidades de votación: Mayoría simple en primera vuelta y mayoría absoluta en la segunda.

164 Art. 157 C.N.; artículos 147 y 190 LORC.

165 Art. 208 LORC.

166 La competencia para la tramitación de proyectos de acto legislativo, sin importar su materia, se encuentra en la Comisión Primera Constitucional Permanente de cada Corporación (Senado o Cámara).

167 Art. 375 C.N.; art. 225 LORC.

168 Por todos, VELÁSQUEZ VELÁSQUEZ, Fernando, *Manual…*, *op. Cit.*, p. 55.

la tramitación de leyes penales por vía de Ley estatutaria[169], en cumplimiento a lo dispuesto en el artículo 152.b constitucional. Esta posición se erige como rechazo de la doctrina sentada por la Corte Constitucional[170] que ha sostenido que las leyes estatutarias se ocupan al ejercicio de los derechos fundamentales, situación que no ocurre en el ejercicio del *ius puniendi* del Estado cuando limita derechos al tipificar conductas delictivas, pues las leyes estatutarias se encargan del desarrollo del núcleo esencial de ese derecho, situación que no sucede con la ley penal, «que asume *ab initio* un tenor marcadamente prohibicionista que le permite delimitar genéricamente la libertad, definiendo el campo de lo ilícito y reprochable socialmente. Definitivamente, no hace parte del núcleo esencial de ningún derecho fundamental delinquir; luego, señalar legislativamente los tipos penales y establecer las condignas sanciones, en modo alguno equivale a "regular los derechos fundamentales"».

Apoyados en esta posición, y como regla general, el legislador acude a los lineamientos previstos para la toma de decisiones por la vía ordinaria para regular las cuestiones de naturaleza político criminal. Bajo la interpretación reclamada por la doctrina, el legislador tendría que acudir al proceso regulado para las leyes estatutarias en los casos en los que incorpore la restricción o protección de derechos fundamentales[171]. Por lo tanto, tendría que sujetarse a las condiciones previstas en el artículo 153 superior, que impone que la decisión de su apro-

---

169 El equivalente en España a la Ley Orgánica.

170 Sentencias C-013 de 1993, C-313 de 1994, C-226 de 1994, C-424 de 1994, C-055 de 1995, C-374 de 1997, C-193 de 2005, C-319 de 2006, C-756 de 2008, C-372 de 2016, C-007 de 2017, C-108 de 2017. *Vid.* VÉLEZ RODRÍGUEZ, Luis Andrés, *Política criminal y justicia constitucional. Particular consideración de los tribunales colombiano y español,* Valencia, Tirant lo Blanch, 2016, p. 138-145.

171 *Vid.* SOTOMAYOR ACOSTA, Juan Oberto, *Las recientes reformas penales en Colombia: Un ejemplo de irracionalidad legislativa,* en *Nuevo Foro Penal,* No. 71, 2007, pp. 13-66.

bación, modificación o derogatoria sea adoptada por la mayoría absoluta de sus miembros, que su trámite se surta en una sola legislatura y que dentro de este mismo plazo consiga el previo pronunciamiento de su exequibilidad por parte de la Corte Constitucional; condiciones que no se exigen a las normas tramitadas por vía ordinaria. Para Sotomayor Acosta[172] «esta reserva de ley estatutaria [podría] dificultar no solo el populismo legislativo, sino las reformas legales permanentes, en tanto obligaría a consensos políticos de mayor alcance al exigir su aprobación por mayoría absoluta y su trámite en una misma legislatura»[173].

El ideal de la tramitación de las leyes penales por vía de ley estatutaria evidentemente redundaría en el fortalecimiento de la decisión legislativa adoptada en términos de su legitimidad y constitucionalidad; sin embargo, ante la reticencia adoptada por nuestro máximo tribunal constitucional, en lo referente a la tramitación de estas leyes por esa vía y mientras no decida cambiar la pacífica línea jurisprudencial que ha conservado, la propuesta que venimos sosteniendo se erige como una opción de mejora del trámite de la ley penal pese a que su impulso se geste por los cauces de una ley ordinaria. Se encontrará, por lo tanto revestida de parámetros más fuertes de legitimidad puesto que su contenido será el producto de un debate racionalmente serio, técnico y ético, en el que se han ofrecido las razones necesarias para su justificación, así como demostrando la conveniencia, oportunidad de su trámite y las razones para el descarte de otras propuestas de enmienda. No hacerlo podría constituir un argumento fuerte para sospechar la inconstitucionalidad de la norma, dejando en manos del poder jurisdiccional la enmienda de la tarea del legislador, al pronunciarse sobre su (des)ajuste al ordenamiento constitucional,

---

172 *Op. Cit.*, p. 64.

173 *Loc. Cit.*

perdiendo este la posibilidad de haberlo previsto y subsanado ofreciendo las razones y sustento pertinentes al momento del debate legislativo.

1.3. La fase postlegislativa

Este último estadio, al que la doctrina denomina también como *fase integradora de la eficacia*[174], generalmente relacionado con el momento de sanción, promulgación y publicación de la ley, le pervive en Colombia un aliento del otrora poder imperial estatal, al mantenerse las objeciones presidenciales[175/176]. Las posibilidades para objetar el proyecto de ley elaborado por el cuerpo legislativo tienen como fuente razones *políticas* y razones *jurídicas.* Las primeras corresponderán a aspectos relativos a su inconveniencia, y las segundas se refieren a aspectos de constitucionalidad[177]. En ambos casos el presidente de la República planteará las respectivas objeciones y devolverá el proyecto al Congreso para que el pleno de ambas Cámaras resuelva sobre su contenido. En caso de que las dos Cámaras decidan, por mayoría absoluta de sus miembros, que el proyecto –con objeciones por inconveniencia– debe continuar con su sanción, el presidente deberá proceder a ello. En caso de que el reparo se refiera a cuestiones de inconstitucionalidad y se estime por la mitad más uno de los miembros de cada Cámara que debe seguirse adelante con su promulgación, se

---

174 *Vid.* SIERRA PORTO, Humberto Antonio, *Concepto y tipos…, op. Cit.*, pp. 138; CASTILLO AGUILAR, María Carolina, PADRÓN PARDO, Floralba Alejandrina, *La entidad constitucional del procedimiento legislativo y los vicios formales en la elaboración de la ley*, Bogotá, Universidad Externado de Colombia, 2002, p. 127.

175 SIERRA PORTO, Humberto Antonio, *op. Cit.*, pp. 139.

176 Constitución Política, art. 165, LORC, art. 196.

177 Art. 199 LORC.

deberá enviar el texto a la Corte Constitucional[178] para que ésta se pronuncie sobre su adecuación constitucional y verificación del procedimiento legislativo (análisis de vicios formales y materiales).

Si volvemos al análisis de los puntos concretos desarrollados para mejorar las fases que preceden esta etapa, encontraremos que estos redundan también en esta última fase pues su fortalecimiento suministrará argumentos fuertes para responder, no solo las objeciones de contenido político, sino además los reparos de trascendencia constitucional, consiguiendo así que el proceso legislativo llegue mejor blindado en cuanto a su legitimidad, legitimación y pertinencia. Ahora bien, teniendo en cuenta que con la expedición de la Ley penal se pretende dar respuesta a una situación disfuncional que se invoca como requerida de intervención, lo lógico debería ser, que una vez se promulgue se verifique si el déficit de atención que se intentó solventar con la ley promulgada ha sido satisfecho, si ha generado el fin esperado, si precisa de ajustes, y si se han desencadenado efectos colaterales (esperados o no esperados), a partir de su entrada en vigor[179], por cuanto la identificación de estas cuestiones se relaciona con la *evaluación postlegislativa*[180]; sin embargo, en Colombia este asunto no ha despertado mayor interés respecto de su aplicación[181]. Desde España, CORRAL MALAVER[182] ha considerado que «las afirmaciones sobre eficacia de una norma penal han solido provenir de impresiones

---

[178] Art. 167.

[179] *Vid.* DÍEZ RIPOLLÉS, José Luis, *op. Cit.*, pp. 58-65; RODRÍGUEZ FERRÁNDEZ, Samuel, *op. Cit.*, pp. 204-209; MUÑOZ DE MORALES ROMERO, Marta, *op. Cit.*, pp. 588-624; AA.VV. *Hacia una evaluación racional… op. Cit.*

[180] Sobre la evaluación legislativa en materia penal, además de la nota anterior, *vid.*, SOTO NAVARRO, Susana, *op. Cit.*, pp. 163-165; CORRAL MALAVER, Noelia, *op. Cit.*, pp. 245-272.

[181] *Vid.* SOTOMAYOR ACOSTA, Juan Oberto, *op. Cit.* p. 65.

[182] *Op. Cit.*, p. 246.

soportadas [en] ideas preconcebidas, juicios ideológicos o por mero interés político», por lo tanto, las fases que anteceden esta etapa deberían mejorarse para obtener mejores resultados en cuando a su racionalidad y justificación, las que, al no cumplirse, no permitirían la continuación del proceso legislativo hacia fases superiores[183]. Lo anterior no lleva a considerar que si se fortalecen las fases prelegislativa y legislativa no sea necesaria la fase postlegislativa, pues la evaluación de la ley y el análisis de su eficacia debe ser medido en la realidad, es decir, por fuera del *laboratorio legislativo,* donde será posible valorar aquellas cuestiones que fueron aducidas y sopesadas en el decurso de la expedición de la ley, emergiendo todas aquellas cuestiones que *ex ante* no fue posible tener en cuenta; que habiendo sido advertidas no se consideraron *ocurribles,* o en general preliminarmente imprevisibles.

Por lo tanto, esta fase la componen «un conjunto de actividades de evaluación de los diversos efectos de la decisión legal tras su entrada en vigor, y perdura hasta el momento en que se cuestiona de modo socialmente creíble su adecuación a la realidad social o económica que pretende regular. En ese momento se inicia una nueva fase prelegislativa»[184]. Lo anterior evidencia la importancia que debe asignarse a esta última fase, ya que la ausencia de evaluación impedirá identificar su capacidad de respuesta al problema social que aspiraba encarar y por lo tanto, privará al legislador de ofrecer una mejor solución a partir de las experiencias aprendidas, rompiendo así el ciclo normal por el que debe transitar el circuito legislativo. Como lo asevera Nieto Martín[185], «buena parte de la irracionalidad legislativa

---

183 CORRAL MALAVER, Noelia, *op. Cit.*, p. 248. Justificaciones «peregrinas».

184 *Vid.* DÍEZ RIPOLLÉS, José Luis, *op. Cit.*, p. 58.

185 AA.VV. *Hacia una evaluación racional..., op. Cit.*, NIETO MARTÍN, Adán, *Un triángulo necesario: Ciencia de la legislación, control constitucional de las leyes penales y legislación experimental*, p. 423.

actual proviene precisamente de que no existe una definición de las necesidades de intervención realizada de acuerdo con la metodología de las ciencias sociales que sirva de contrapeso a los discursos populistas o, simplemente sesgados». Por lo tanto, el ciclo legislativo debe ser circular e ininterrumpido; y en los eventos en los que se precise de nueva intervención, deberán identificarse sus causas, efectos y las alternativas que darán lugar al inicio del ciclo decisional. Sin embargo, este ciclo frecuentemente se rompe por el no cumplimiento de las condiciones necesarias en cualquiera de sus etapas, siendo las de mayor notoriedad, las percibidas en la fase postlegislativa. El ciclo legislativo podría representarse de la siguiente manera:

Gráfico 2: El *deber ser* de un correcto ciclo legislativo penal conforme a sus fases.

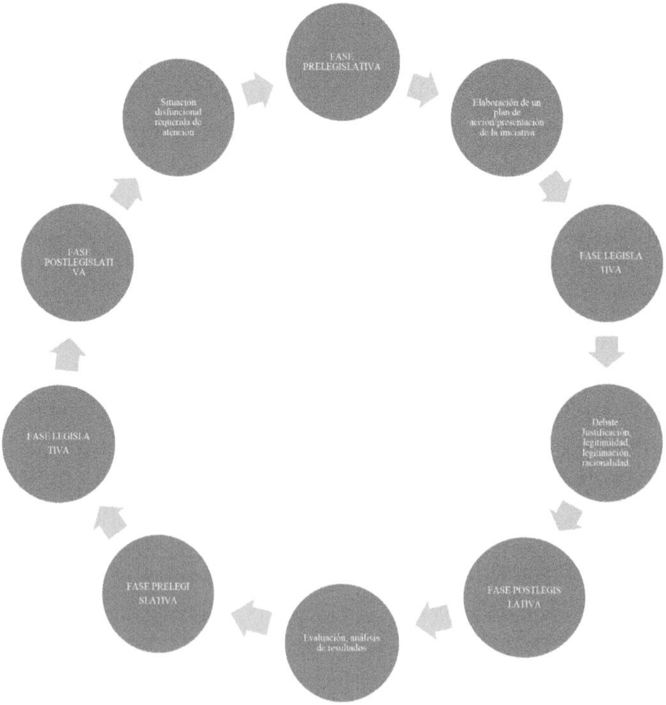

Fuente: Elaboración propia.

Aquí se representa el *deber ser* del proceso legislativo, que como se advierte, debe ser cíclico al retroalimentarse sus etapas. El correcto transitar de sus fases dependerá de lo que se haya hecho en la etapa presente y en la etapa antecedente, las que conforme a las cuestiones planteadas, deberán generar una mejora del proceso. El éxito de sus etapas dependerá de su cumplimiento, al igual que sus repercusiones al verse reflejadas no solo en la fase individualmente considerada, sino además en las fases futuras que al circularizarse, afectan positiva o negativamente toda la dinámica que compone el circuito legislativo.

1.3.1. La intervención de la Corte Constitucional como control clausural contra la irracionalidad en el ciclo legislativo

Al margen de la necesidad de la labor evaluadora en fase postlegislativa, la intervención de la Corte Constitucional colombiana en esta etapa puede constituir una herramienta de mejora para la racionalidad de las leyes penales y por lo tanto, por el surgimiento de un verdadero interés en el cumplimiento del ciclo legislativo. En este sentido, los pronunciamientos proferidos por ese tribunal podrían llegar a ser más intensos, a partir del perfeccionamiento de la fase formal del *íter* decisional, enfatizando su ejercicio en la revisión por el legislador del cumplimiento del deber de control sobre los aspectos *formales* y *materiales* presentados por los sujetos con iniciativa legislativa[186]. Adicionalmente, ese control de constitucionalidad podría complementarse con la revisión sobre la justificación y racionalidad de la iniciativa, con base en el cumplimiento del ofrecimiento de razones y sustento dirigidos a comprobar las bases en que su funda la iniciativa de contenido penal y/o sus modificaciones a lo largo de los debates legislativos.

---

186 *Vid.* Capítulo III, puntos 1.1.2 y 1.2.2.a.

El punto de partida que permitiría la aplicación de este mecanismo de control podría desprenderse de la verificación del cumplimiento del «estándar constitucional mínimo de una política criminal respetuosa de los derechos humanos» dispuesto por la Corte Constitucional en sentencia T-762 de 2015. Allí, ese alto tribunal ratificó que en Colombia pervive un estado de cosas inconstitucional (ECI) en las cárceles y establecimientos penitenciarios, que no se resuelve con la mera creación de nuevos cupos carcelarios, sino que como irregularidad estructural que es, precisa de un trabajo articulado entre todas las ramas del poder público[187].

Previo a emitir un número importante de órdenes a varios de los poderes públicos para superar el ECI, La Corte Constitucional efectúa un diagnóstico respecto del primer eslabón del proceso de criminalización, es decir, en cuanto a las deficiencias existentes en el proceso legislativo penal colombiano[188], al sostener que «la ausencia de una Política Criminal articulada, consistente, coherente, fundada en elementos empíricos y enmarcada constitucionalmente, ha contribuido a ahondar la crisis en el Sistema Penitenciario y Carcelario»[189], por lo que la superación de este problema estructural no puede provenir

---

187 La declaratoria del ECI en materia carcelaria fue proferida por la Corte Constitucional, por primera vez, en sentencia T-153 de 1998. Luego, la sentencia T-388 de 2013 alude a un nuevo ECI a partir de una masiva y generalizada violación de derechos constitucionales sobre las personas privadas de la libertad. Sobre los elementos para declarar el ECI, leer el fundamento jurídico 4.1.5.

188 La Corte Constitucional tuvo como insumo el informe de la Comisión Asesora de Política Criminal del Ministerio de Justicia de 2012. *Vid.* Diagnóstico y propuesta de lineamientos de política criminal para el Estado colombiano. Disponible en http://www.politicacriminal.gov.co/Portals/0/documento/Informe%20de%20la%20Comisi%C3%B3n%20Asesora%20de%20Pol%C3%ADtica%20Criminal.pdf (Consultado el 19/02/2022).

189 Sentencia T-762 de 2015, F.J. 28.

de la mera creación de cupos carcelarios adicionales, pues con ello se presumiría que el ECI se resuelve prestando atención sólo al tercer proceso de criminalización, sin que sea necesaria la intervención en etapas anteriores, lo que equivale a una visión miope, centrada, no en la solución sino en el diagnóstico, o en la mejora –solo– de la prisionización y no en la –más general– Política Criminal colombiana[190].

Enfatiza la Corte que en el Estado colombiano, los entes que formulan y diseñan la política criminal «han adoptado decisiones de forma *reactiva* y *sin fundamentos empíricos sólidos*», basando sus posiciones en el afán por responder a fenómenos sociales mayormente mediatizados, con el fin de mostrar resultados aparentes y sólo para otorgar protagonismo a un sector político determinado, sin que su verdadero fin sea impactar los índices de criminalidad, y sin base empírica que vincule la norma con la reducción del fenómeno delincuencial[191]. Añade que al formularse incorrectamente la decisión legislativa, se dificulta el seguimiento y la evaluación de la eficacia de la norma, engendrando dificultades adicionales relacionadas con incoherencia normativa y falta de capacidad estatal para hacer efectiva la decisión legislativa[192]. Por lo tanto –expone ese Tribunal–, al ser la política criminal colombiana, históricamente volátil, incoherente, sujeta a la política de seguridad, sin sustento empírico y tendencialmente endurecedora de las sanciones[193], la difuminación de sus consecuencias se ve reflejada en los tres niveles del proceso de criminalización.

En esa providencia, la Corte Constitucional emite 34 órdenes generales a diversos órganos públicos que de una u otra

---

190 *Cit.* F.J. 30.

191 F.J. 31.

192 F.J. 32.

193 En su F.J. 35, advierte que la prisión ha llegado a convertirse en el eje de la política criminal.

forma participan en el diseño o en las consecuencias de la actual política criminal Colombia. Algunas de las disposiciones proferidas se relacionan con las cuestiones que venimos planteando[194]:

i). Al Congreso de la República, sin desconocer su libertad de configuración normativa, le ordena dar aplicación al *estándar constitucional mínimo de una política criminal respetuosa de los derechos humanos*; condicionando este requisito, a lo que sobre éste indicó ese tribunal en los fundamentos jurídicos 50 a 66. Tal obligación la sujeta, no solo a la etapa de tramitación, sino que además la condiciona a un escrutinio desde la fase prelegislativa, cuando alude a los estadios de proposición e inicio de proyectos de ley (PL) y de acto legislativo (PAL) «que incidan en la formulación y diseño de la Política Criminal, en el funcionamiento del Sistema de Justicia Penal y/o en el funcionamiento del Sistema Penitenciario y Carcelario».

Similar directriz efectúa al Gobierno Nacional, enfatizando tal compromiso en cabeza del ministro de Justicia y del Derecho y al fiscal general de la Nación al momento de presentar sus iniciativas [195], y facultando al presidente de la República a objetar los PL o PAL que no cumplan con ese estándar.

ii). Como complemento y refuerzo para el cumplimiento de este *estándar constitucional mínimo,* desde lo funcional le ordena al Congreso de la República que cumpla «lo dispuesto en los artículos 3°, numeral 6°, y 18 del Decreto 2055 de 2014, en el sentido de contar con el *concepto previo del Comité Técnico Científico del Consejo Superior de Política Criminal*, para iniciar el trámite de proyectos de ley o actos legislativos que incidan en

194 *Ibid.* Parte resolutiva, artículo vigésimo segundo.

195 Lo que ratifica la necesidad de exigir el cumplimiento de ciertos requisitos desde la fase prelegislativa.

la política criminal y en el funcionamiento del Sistema de Justicia Penal».

iii). Desde la creación del sistema sancionador, exhorta al Legislativo, al Ejecutivo y a la Fiscalía, para que «promuevan la creación, implementación y/o ejecución de *un sistema amplio de penas y medidas de aseguramiento alternativas a la privación de la libertad*». De igual forma solicita al Ministerio de Justicia la revisión de la tasación penal vigente, a fin de identificar sus incoherencias e inconsistencias en términos de proporcionalidad, postulando medidas de corrección.

iv). Desde la opinión ciudadana ordena al Ministro de Justicia que «estructure una política pública de concientización ciudadana, con vocación de permanencia, sobre los fines del derecho penal y de la pena privativa de la libertad, orientado al reconocimiento de alternativas sancionatorias, a la sensibilización sobre la importancia del derecho a la libertad y al reconocimiento de las limitaciones de la prisión para la resocialización, en las condiciones actuales de desconocimiento de derechos de los reclusos».

v). Sobre la recopilación de información empírica, resulta de interés la orden impartida al Ministerio de Justicia, al solicitarle que «emprenda las acciones para la creación de un sistema de información unificado, serio y confiable sobre Política Criminal», indicándole como aspectos a tener en cuenta, la creación de estadísticas y bases de datos unificadas sobre la criminalidad en el país; la posibilidad de medir el impacto de las leyes y reformas político criminales y penitenciarias, la consolidación de información estadística sobre la detención preventiva en Colombia, y la revisión de «la fiabilidad de la información relacionada con la creación y adecuación de cupos carcelarios, con el fin de determinar cuántos cupos cumplen las condiciones mínimas». Para el cumplimiento de este mandato ordena que al interior del Ministerio de Justicia se cree una instancia técnica de carácter permanente que se ocupe de consolidar, establecer mecanismos de incorporación, diseño, valoración y retroalimentación de la información[196].

La expedición de estas y otras órdenes constituye un promisorio acercamiento a la materialización de un *vademécum* instrumental para la racionalidad legislativa en materia penal, que *debería* satisfacerse en sede prelegislativa, *exigirse* en la etapa legislativa y ser *verificado* a nivel postlegislativo. En esta decisión constitucional se emite un número importante de órdenes que directa o indirectamente transversalizan cada uno de los estadios del proceso de criminalización y deben satisfacerse por cada uno de los actores del proceso legiferante, so pena de vulneración del canon de constitucionalidad reforzado establecido por ese tribunal[197]. A efectos de este trabajo resultan de interés las exigencias impartidas al Congreso, al Presidente de la República, a su Secretario Jurídico, al Ministerio de Justicia y a la Fiscalía General de la Nación, a quienes impone la sujeción, contrastación y/o cumplimiento de un estándar constitucional mínimo de una política criminal respetuosa de los derechos humanos[198]; el aporte/verificación del concepto previo del Comité Técnico Científico del Consejo Superior de Política Criminal[199] en los casos en los que se pretenda tramitar proyectos de Ley o de Acto Legislativo que incidan en la

---

196 Función que se ha intentado cumplir por el Consejo Superior de Política Criminal.

197 AA.VV. *Racionalidad legislativa penal..., op. Cit.*, VÉLEZ RODRÍGUEZ, Luis Andrés, *La política criminal del Estado social y democrático de derecho: Bases de evaluación para la política legislativa penal en Colombia*, pp. 159-162.

198 Los requisitos del referido estándar pueden resumirse en i). el carácter preventivo de la política criminal, ii). el respeto del principio de libertad personal, iii). La intención resocializadora al condenado, iv). la excepcionalidad del recurso al derecho penal, v). la protección de los derechos humanos del condenado y la protección a los sujetos de especial protección, vi). La coherencia de la política criminal, su sustento empírico y su sostenibilidad.

199 Y su fortalecimiento y autonomía como instancia técnica.

formulación y diseño de la Política Criminal, en el funcionamiento del Sistema de Justicia Penal y/o en el funcionamiento del Sistema Penitenciario y Carcelario; la posibilidad presidencial de objetar los proyectos de Ley o de Actos Legislativo que no superen el estándar aludido y la presentación de iniciativas legislativas que promuevan la creación, implementación y/o ejecución de un sistema amplio de penas y medidas de aseguramiento alternativas a la privación de la libertad.

La satisfacción de estos requisitos no puede ser vista como una simple sugerencia a estos miembros del poder público para que decidan discrecionalmente si se apegan o no a su cumplimiento, sino que constituyen verdaderas exhortaciones cuyo propósito es hacer del proceso legislativo una actividad mejor sustentada desde el punto de vista técnico, político y jurídico. Como dijera VÉLEZ RODRÍGUEZ[200] refiriéndose a la necesidad de cualificar las leyes penales, el problema radica en su real implementación, que no puede estar simplemente sujeta a «la buena voluntad del legislador [pues], ¿qué incentivo tiene él para imponerse límites a sí mismo?». Por lo tanto, si se ha advertido por la misma Corte Constitucional la falta de efectividad del texto constitucional, advirtiendo prácticas en las que «las autoridades públicas, aún al actuar en el marco de sus competencias legales, tejen su actividad al margen de los derechos humanos y de sus obligaciones constitucionales, en relación con su respeto y garantía»[201] mal puede ese mismo tribunal conformarse con efectuar órdenes sobre las que después no tiene ningún interés por verificar su cumplimiento, o sin que esa desafección genere consecuencia jurídico-práctica alguna como ha sucedido hasta ahora.

---

200 *Vid.* AA.VV. *Hacia una evaluación racional…*, *op. Cit.*, VÉLEZ RODRÍGUEZ, Luis Andrés, *op. Cit.*, p. 388.

201 Sentencia T-762 de 2015. F.J. 22.

En consecuencia, la Corte Constitucional, al haber configurado un mandato de carácter externo[202] que se extiende a algunos sujetos con titularidad para la presentación y/o tramitación de iniciativas contenido penal, no puede sustraerse de su correlativa obligación de verificación de cumplimiento del estándar constitucional mínimo de una política criminal respetuosa de los derechos humanos.

Sus pronunciamientos sobre el cumplimiento de este requisito no constituyen una transgresión a la legitimidad democrática parlamentaria, ya que dicho control estará condicionado, *formalmente*, a la contrastación de si el Parlamento, como autoridad principal, ha verificado de forma completa y adecuada esta función dentro de las diversas etapas del proceso legislativo (quedando por tanto la intervención de ese tribunal como una actividad residual); y *materialmente*, su margen de intervención estará circunscrita al análisis de la satisfacción de los aspectos señalados en la citada providencia que, como canon de constitucional reforzado ha establecido.

---

202 Sin olvidar el mandato interno al legislador, proveniente de la configuración de la Comisión Especial de Modernización del Congreso y su Unidad Coordinadora de Asistencia Técnica Legislativa creada mediante Ley 1147 de 2007.

Capítulo IV.

PROPUESTAS DE MEJORA PARA EL PROCESO LEGISLATIVO

I. TEORÍA DE LA LEGISLACIÓN Y RACIONALIDAD LEGISLATIVA COMO INSTRUMENTOS DE MEJORA PARA EL PROCESO LEGISLATIVO

Tuvieron que pasar dos siglos para que la ciencia de la legislación y el interés por hacer racional la toma de decisiones legislativas recuperara interés.[1] Para MARCILLA CÓRDO-

---

1 En el ámbito europeo, el despertar nace hacia la época de los 60 con la obra de NOLL, Peter, *Gesetzgebungslehre,* y de ALTMANN, Ekkehard, BADEN, Eberhard, KINDERMANN, Harald, MOTSCH, Richard, THIELER-MEVISSEN, Gerda, *Studien zu einer Theorie der Gesetzgebung.* En España, pueden citarse las obras del Grupo de Estudios de técnica legislativa –GRETEL–, *La forma de las leyes: Diez estudios de técnica legislativa,* Barcelona, Bosch, 1986; *Curso de técnica legislativa,* Madrid, Centro de Estudios Constitucionales, Madrid, 1989; ZAPATERO, Virgilio, *El arte de legislar, op. Cit.*; ATIENZA, Manuel, *Contribución..., op. Cit.*, GARCÍA AMADO, Juan Antonio, *Razón práctica y teoría de la legislación, op. Cit.;* MARCILLA CÓRDOBA, Gema. *Racionalidad Legislativa..., op. Cit.*, GALIANA SAURA, Ángeles, *La ley..., op. Cit.*, LA MISMA, *La legislación..., op. Cit.;* AA.VV. *La proliferación..., op. Cit.;* AA.VV. *La calidad de las leyes, op. Cit.;* AA.VV. *La legislación en serio, op. Cit.* Desde el derecho penal, MADRID CONESA, Fulgencio, *La legalidad del delito,* Valencia, Universidad de Valencia, Instituto de Criminología y Departamento de Derecho Penal, 1983; CUERDA RIEZU, Antonio, *El Legislador y el Derecho penal op. Cit.*; DÍEZ RIPOLLÉS, José Luis, *La racionalidad..., op. Cit.;* BECERRA MUÑOZ, José, *La toma de decisiones..., op. Cit.*; RODRÍGUEZ FERRÁNDEZ, Samuel, *La evaluación..., op. Cit.;* AA.VV. *Hacia una evaluación racional..., op. Cit.;* AA.VV. *La elaboración de las leyes penales en España..., op. Cit.* En Colombia, las obras sobre teoría de la legislación y

BA[2], este despertar resulta como corolario de la crisis misma de la ley, como consecuencia de la suma de causas abordadas a lo largo de este texto. Dentro de esta suma de factores la autora reseña, además de la falta de sistematicidad, supremacía, unicidad, generalidad, abstracción e inflación normativa, deficiencias de origen técnico (por falta de esmero, tiempo, medios técnicos y profesionalización de los encargados de su elaboración), y en otros casos, cuestiones originadas a partir de los cambios sociales, económicos y políticos del modelo de Estado en que pretenden insertarse. Aunado a esta suma de posibles aspectos por atender, podrían añadirse, para el caso del derecho penal –pero no solo para este sector del derecho–, los relativos a la presión ejercida por los medios de comunicación, la influencia ejercida por los grupos de presión, el excesivo populismo, el desinterés por el criterio experto y el interés opaco del legislador por utilizar el derecho penal como mecanismo para hacer política.

Ante este panorama, es evidente que la crisis de la legislación no encontrará solución mediante la simple adopción de un criterio *minimalista* de la teoría de la legislación, pues de ella deriva un enfoque reduccionista vinculado con el mero apor-

---

racionalidad legislativa son incipientes. El aporte desde el derecho penal lo hace, GUZMÁN DÍAZ, Carlos Andrés, *Política criminal y libertad de expresión, análisis a partir de la apología al terrorismo,* Bogotá, Ibáñez, 2020, pp. 194-228. SOTOMAYOR ACOSTA, Juan Oberto, *Las recientes reformas penales en Colombia: Un ejemplo de irracionalidad legislativa op. Cit.;* VÉLEZ RODRÍGUEZ, Luis Andrés, *Política criminal y justicia constitucional…, op. Cit.;* AA.VV. *Racionalidad legislativa penal y cuestiones de política criminal, op. Cit.* EL MISMO, GUZMÁN DÍAZ, Carlos Andrés, *Víctima del delito y racionalidad legislativa penal, comentarios al proyecto de ley sobre acusación particular de la víctima del delito en el sistema procesal colombiano,* en, *InDret,* No. 1, 2015, pp. 1-31*;* CÁCERES GONZÁLEZ, Emiro, *Derecho penal y derecho administrativo sancionador: elementos de racionalidad legislativa, op. Cit.*

2 *Vid.* MARCILLA CÓRDOBA, Gema, *Op. Cit.,* pp. 251-254.

te de criterios instrumentales para que el legislador los tenga en cuenta dentro de su postura política, sin que importen sus fines. En consecuencia, la asunción de una postura *maximalista*[3], al añadir a su estudio cuestiones de razón práctica y de criterios valorativos y éticos llevarán a una mejora del texto y del proceso legislativo.

Atendiendo este modelo, ATIENZA[4] ha construido un sistema de racionalidad basado en niveles, donde incorpora cuestiones de contenido ético e instrumental, dirigidos al desarrollo de una teoría de la legislación. Bajo esta consideración, el autor[5] propone la aplicación de cinco niveles de racionalidad

---

3 *Vid.* WROBLEWSKY, Jersy, *La science de la legislation,* en Travaux du Centre de Philosophie du Droit, París, PUF, 1988, pp. 105. Citado por ZAPATERO GÓMEZ, Virgilio, *De la jurisprudencia a la legislación,* en *Doxa,* No. 15-16, 1994, pp. 788-789. Posición adoptada en España por, MARCILLA CÓRDOBA, Gema, *op. Cit.*, pp. 279-286; GARCÍA FIGUEROA, Alfonso, *Legislación y neoconstitucionalismo,* en *Anales de la cátedra Francisco Suarez,* No. 49, 215, p. 325; AARNIO, Aulis, *Sobre la legitimidad del derecho: Un punto de vista conceptual,* en *Ratio Iuris,* Vol. 2, No. 2, 1989, p. 99; SIMÕES NASCIMENTO, Roberta, *Teoría de la legislación y la argumentación legislativa, Brasil y España desde una perspectiva comparada,* (Traducción de Laura Criado Sánchez), Argentina, Olejnik, 2021, p. 92; DÍEZ RIPOLLÉS, José Luis, *op. Cit.*, pp. 88-91. Otros autores aluden a una teoría normativa en sentido débil o instrumental y a una de corte fuerte de contenido material o formal. *Vid.* AA.VV. *Elementos de técnica legislativa,* BULYGIN, Eugenio, *Teoría y técnica de la legislación, op. Cit.* p. 12-13; GARCÍA AMADO, Juan Antonio, *op. Cit.* p. 304, 310.

4 Sobre este tema se ha referido en diferentes lugares. *Vid. Contribución…, op. Cit.*, pp. 9-12; EL MISMO, *problemas abiertos en la filosofía del derecho,* en *Doxa,* No. 1, 1986, pp. 29-34; *Argumentación y legislación, op. Cit.* pp. 89-111; *Las razones del derecho, teorías de la argumentación jurídica,* México, Universidad Nacional Autónoma de México, 2005, pp. 204-207; *Teoría y técnica de la legislación,* en, *Theoria,* No. 3, 1987, pp. 435-447; AA.VV. *La política legislativa penal en occidente,* EL MISMO, *Argumentación y legislación, op. Cit.*, pp.19-45; AA.VV. *La legislación en serio,* EL MISMO, *Un modelo de análisis de la argumentación legislativa, op. Cit.*, pp. 343-395.

5 *Vid.* ATIENZA, Manuel, *Contribución…, op. Cit.*, pp. 27-40.

para la actividad legisladora, las cuales clasifica en racionalidad *comunicativa o lingüística;* racionalidad *jurídico-formal;* racionalidad *pragmática;* racionalidad *teleológica* y racionalidad *ética.* Después de señalar sus contenidos, al final el autor propone la aplicación de un criterio transversal –una metaracionalidad– que denomina *eficiencia*[6/7].

Partiendo del Modelo formulado por ATIENZA, y haciendo algunos ajustes en su contenido, DÍEZ RIPOLLÉS elabora un modelo de racionalidad legislativo para el derecho penal, del que sostiene en primer término, que debe ser modificado su orden. Por tanto, la racionalidad ética constituirá la palanca de Arquímedes de la que deben partir las demás racionalidades. Para este autor, si lo que se pretende es, no solo la constitución de una herramienta de análisis de las leyes existentes, sino además, la creación de un instrumento para la racionalización del proceso de elaboración de leyes, esta racionalidad debe ser la que marque el ámbito de juego de las demás racionalidades, estableciéndose un orden decreciente de instrumentalidad que las jerarquice, siendo la racionalidad teleológica la que le precede, al fijar sus objetivos y metas, dejando la racionalidad lingüística en último lugar[8]. Esta propuesta es posteriormente aceptada por ATIENZA[9], quien reconoce que para efectos de la aplicación de los niveles de racionalidad al proceso legislativo, tiene más sentido este orden, pues por lo que se debe empezar es por discutir los objetivos que persigue la ley, y si estos están justificados para luego identificar los medios que se

6 *Cit.*, pp. 91-95.

7 No obstante, en *Argumentación y legislación, op. Cit.*, p. 100, el autor «rebautiza» la eficiencia como una *metaracionalidad,* nominándola como *razonabilidad,* referida a la exigencia de equilibrio o ponderación al momento de obtener los fines perseguidos con los niveles de racionalidad a un coste razonable u óptimo.

8 *Vid.* DÍEZ RIPOLLÉS, José Luis, *op. Cit.,* p. 91.

9 *Vid.* ATIENZA, Manuel, *op. Cit.*, p. 111.

van a usar para lograrlo, la sistemática que deberá tenerse en cuenta para su consistencia y finalmente, analizar la redacción del articulado.

El *giro copernicano* propuesto por DÍEZ RIPOLLÉS, nos lleva entonces a un nuevo planteamiento en el que, si lo que se debe buscar, en primer lugar, es la satisfacción de los fines sociales, para, a partir de ellos identificar y filtrar los medios disponibles para su consecución, el sistema actual se viene haciendo de manera incorrecta, pues lo primero que se debería hacer, no es restringir los contenidos a proteger, sobre la base de la gravedad del delito invocando criterios de fragmentariedad o subsidiariedad entre otros, sino identificar originariamente, los bienes jurídicos considerados como relevantes para el derecho penal, y una vez identificados, proceder a delimitar el alcance de la intervención represiva a fin de protegerlos; aplicando para ello, criterios de racionalidad éticos, teleológicos y pragmáticos[10].

En todo caso, al ser la racionalidad ética, la base de la que parten las demás racionalidades, y atendiendo a su contenido *justificatorio,* que la diferencia de las demás racionalidades cuyo contenido es *instrumental,* el autor propone el reconocimiento de unos principios como parte de este nivel de racionalidad, los cuales, por su mismo carácter, no podrán ser objeto de negociación dentro del proceso legislativo pues ellos reflejan los consensos sociales básicos que por su evolución y aceptación en el tiempo –y en la evolución histórico-social–, podrían considerarse como de aceptación generalizada. En terminología *Habermasiana,* corresponderán con lo que el autor denomina como «mundo de la vida», el cual corresponde a un concepto que complementa la acción comunicativa, en donde la sociedad es vista como algo más que un sistema, y que, en términos

---

10 *Vid.* DÍEZ RIPOLLÉS, José Luis, *op. Cit.,* pp. 100-105.

pragmáticos y fenomenológicos tiene por objeto capturar estructuras formales que, tanto individual como colectivamente, se consideran como estables[11]. Partiendo de este concepto, Díez Ripollés determina que el ordenamiento jurídico, de acuerdo con sus respectivos sectores, cuenta con un aparato de principios éticos que lo sustentan. De esta manera, para el caso del ejercicio del *ius puniendi* estatal, tales principios serán categorizados entre: principios «estructurales de primer nivel», los cuales vendrán acompañados de la atención al criterio democrático[12], que servirá para la identificación de los «principios estructurales de segundo grado» de los que, dentro del debate decisional, podrán identificarse también, la existencia, para cada caso en concreto, de unos principios *coyunturales*[13]. Tales *principios estructurales de primer nivel,* como principios con contenido ético estable, no sujeto a modulación por vía de discurso, corresponderán con los *principios* de protección, responsabilidad y sanción[14], los cuales, en su interior estarán compuestos

11 Preferimos aludir a estructuras formales «estables» y no a estructuras de tipo «invariable», pues este término puede resultar polémico ante el desarrollo de un nivel de racionalidad ética, ya que los contenidos de este nivel de racionalidad no son de contenido universal, sino que responden a la aceptación social que de ellos se hace en un determinado momento, contexto y modelo de Estado. *Vid.* HABERMAS, Jürgen, *Teoría de la acción comunicativa, op. Cit. passim.* EL MISMO, *Teoría de la acción comunicativa, crítica de la acción funcionalista,* T. II., (Traducción de Manuel Jiménez Redondo), Madrid, Taurus, 1999, especialmente, capítulo VI. Para una ampliación del concepto de «mundo de la vida» desde la perspectiva de Edmund Husser (quien acuñó el concepto), *vid.* AA.VV. *Sobre el concepto de mundo de la vida, actas de la II semana española de fenomenología,* (Ed. Javier San Martín), Madrid, UNED, 1993.

12 *Vid.* DÍEZ RIPOLLÉS, *Loc. Cit.*

13 *Ibid.* p. 107

14 Que serían el trasunto de las tres decisiones político-criminales básicas que fundamentan el derecho penal: 1). La referida al mantenimiento del orden social básico dirigido a la evitación de riesgos o daños graves contra bienes jurídicos; 2) La necesidad de intervenir socialmente sobre los responsables y,

respectivamente de unos *subprincipios* que lo integran[15] (lesividad, fragmentariedad, interés público, correspondencia con la realidad, certeza jurídica, responsabilidad por el hecho, imputación, reprochabilidad, jurisdiccionalidad, humanidad de las penas, fines del pena).

1.1. Posibilidades para materializar la racionalidad legislativa penal en la práctica

Según la propuesta del autor[16], la pretensión de presentar estos niveles de racionalidad es que los mismos trasciendan de lo meramente prescriptivo y que pasen a un plano operativo. Sin embargo, pese al notable avance que comporta la definición, identificación y asentamiento de unos *principios* que constituirían la médula *no negociable* para el legislador y que lo obligarían a su cumplimiento, al igual que el señalamiento de unos *principios* de segundo orden y de coyuntura de corte consensuable, negociable o flexible dentro del trámite legislativo, resultan de difícil consecución *en la práctica.* La razón de dicha dificultad reside, justamente, en el sujeto obligado a su cumplimiento: El legislador.

Por lo tanto, lo que queremos significar es que, de una parte, la forma como se encuentran actualmente conformadas *las reglas* y estructura del proceso legislativo merece modificaciones y adiciones para su mejora; y por otra parte, la fijación de unos *principios estructurales y coyunturales,* si bien constituye un

---

3) la neutralización de estas conductas por vía del control social sancionador (preferimos referirnos de manera general al poder sancionador del Estado, y no solo al derecho penal como manifestación del ejercicio del *ius puniendi* del Estado). *Op. Cit.*, pp. 136-137.

15 *Cit.*, pp. 136-163.

16 *Ibid.*

valioso punto de partida para la mejora del proceso y el producto legislativo, no vincula de manera suficiente al prelegislador y al legislador, al dejar su aplicación por vía de *principios*. Por lo tanto, se hace imperioso ofrecer un alcance más aproximado para que los participantes del ciclo legislativo, y los obligados de la elaboración de la ley penal puedan hacer efectivos estos criterios de racionalidad.

1.1.1. La concreción de reglas y principios en el ejercicio del ciclo legislativo penal

No es este el lugar, y seguramente, no somos los más autorizados para efectuar de manera amplia una disertación sobre lo que la doctrina considera como elementos diferenciadores entre reglas y principios[17], ya que, como lo ha reconocido ésta, es posible que su diferenciación sea difusa, o que incluso entre ellos se generen solapamientos[18]. Pese a lo anterior, conviene recordar como enunciación general, y sólo para efectos de avanzar en el planteamiento que hemos formulado que, en ambos casos nos encontraremos frente a una *norma*, siendo esta condición su base general, y los conceptos de *principio* y *regla*, su cimiento particular[19]. En cuanto a lo que puede entender-

---

17 Por todos, HART, Herbert L.A., *El concepto de Derecho*, (Traducción de Genaro R. Carrió), Buenos Aires, Abeledo-Perrot, 1990; DWORKIN, Ronald, *Los derechos en serio*, Barcelona, Ariel, 1989; EL MISMO, *El imperio de la justicia*, Barcelona, Gedisa, 2012; ALEXY, Robert, *Teoría de los derechos fundamentales*, Madrid, Centro de Estudios Constitucionales, 1993; ATIENZA, Manuel, RUIZ MANERO, Juan, Las piezas del derecho, teoría de los enunciados jurídicos, Barcelona, Ariel, 1996.

18 *Vid.* ATIENZA, Manuel, RUIZ MANERO, Juan, *Sobre principios y reglas*, en, *Doxa*, No. 10, 1991, p. 105.

19 Coinciden con esta diferenciación los autores citados dos notas atrás. *Vid.*, ALEXY, Robert, *op. Cit.*, pp. 82-86; ATIENZA, Manuel, RUIZ MANERO, Juan, *op. Cit.*, pp. 1-7.

se como *principio*, pese a sus diversas clasificaciones, conviene citar la referida a aquel que señala que es aquel concepto de derecho que, por su textura abierta, no ordena la realización específica de algo en concreto, sino que su señalamiento aspira a que su aplicación se dé en la mayor medida posible, como un mandato de optimización con base en posibilidades fácticas y jurídicas[20]. Por su parte, con relación a la *regla*, esta corresponderá con aquellas normas que exigen un cumplimiento «de todo o nada», es decir, que no pueden cumplirse o incumplirse de forma relativa, sino que su exigibilidad es plena y no parcial; situación que lleva automáticamente a identificar, sin mayor dificultad, si su contenido se ha satisfecho o se ha burlado, efectuando para ello un análisis disyuntivo[21]. Otra situación diferenciadora residirá en su importancia. Esta tendrá lugar en los casos en los que se presenten fricciones entre dos o más principios, debiendo ser necesario efectuar un análisis sobre su peso o importancia relativa, particularidad que no se atribuye a las reglas[22].

A pesar del grado de indeterminación que puede tener el establecimiento de un racero que diferencie en ciertos casos una regla de un principio[23], estas clasificaciones ofrecen una base importante para apuntar que especialmente, en el caso de las *reglas*, es posible identificar ciertas normas que pueden encajar dentro de esta categoría, y, por lo tanto, ante su (in)cumplimiento, será posible deducir su consecuencia jurídica. En

---

20 *Vid.* DWORKIN, Ronald, *Los derechos en serio, op. Cit.*, pp. 72-80; ALEXY, Robert, *Loc. Cit.*

21 *Cit.*

22 *Vid.* DWORKIN, Ronald, *op. Cit.*, pp. 77-78.

23 *Vid.* AARNIO, Luis, *Reglas y principios en el razonamiento jurídico*, en *Anuario da Facultade de Dereito da Universidade da Coruña*, No. 4, 2000, pp. 593-502. El autor agrupa las teorías diferenciadoras, entre las que se encuentran las de demarcación fuerte y las de demarcación débil. Al final reconoce que pese a sus intentos no es fácil identificar sus diferencias.

este sentido, conviene añadir a la anterior discusión una categoría que en materia de *reglas* permita subdividir su contenido en: i) Reglas que por su grado de claridad como requisito de satisfacción puedan catalogarse como reglas «de todo o nada», las cuales nominaremos como *reglas procedimentales;* ii). En los casos en los que la regla presente fronteras difusas con un principio, preferiremos referirnos a éstas como *reglas deónticas,* al exigirse de su contenido la realización de comportamientos debidos, mas no necesarios[24]; y, iii). Cuando nos encontremos frente a normas que no planteen ningún comportamiento, ni sea fácilmente identificables una consecuencia jurídica en particular, preferiremos aludir a que nos encontramos frente a un principio[25].

Adicionalmente, atendiendo a la condición *funcional* de la propuesta, es preciso anotar que probablemente, para una mejor diferenciación entre unos y otros, en los eventos en los que se presenten «casos difíciles», será más conveniente analizar su tratamiento como regla o principio según el *escenario o fase* en el que se interprete, y no solo en razón a su *contenido.* Por lo tanto, en aplicación de esta premisa, el tratamiento de los niveles de racionalidad *instrumentales* podrá tener diferente trato dependiendo de si nos encontramos en la fase prelegislativa, legislativa o postlegislativa.

1.2. Reglas y principios en la fase prelegislativa penal

En los capítulos segundo y tercero nos referimos el panorama actual de la fase prelegislativa penal en España y Colombia

---

24 *Vid.* ROBLES, Gregorio, *Las reglas del derecho y las reglas de los juegos, ensayo de teoría analítica del derecho,* Palma de Mallorca, Universidad Palma de Mallorca, 1984, pp. 91-196.

25 *Op. cit.*, pp. 121-138. *Reglas ónticas,* las cuales constituyen reglas indirectas de la acción que pese a no exigir conducta alguna sí afectan las reglas directas.

haciendo notar que una de las principales dificultades que se ha tenido para su fortalecimiento, es el desconocimiento legal, jurisprudencial y doctrinal por reconocer esta fase como una parte esencial del ciclo legislativo. En ese mismo lugar apuntamos el proceso sicológico y sociológico que se cierne y constituye la base para llegar al proyecto o proposición de ley, siendo éste, por tanto, simplemente la manera como se consuma esa fase, mas no la fuente que la origina.

Llegado al momento de sugerir formas de intervención –como resultado de la fijación de unos objetivos originados por la racionalidad teleológica–, a fin de evitar la continuación de propuestas basadas en meras emociones, prejuicios, intereses sectorizados y conjeturas, se hace necesario el establecimiento de *reglas procedimentales* que, en su condición de todo o nada, respondan a la legitimidad de los objetivos e informen si éstos guardan correlación con las metas y estrategias formuladas (coherencia). Por lo tanto, en esta fase se deberán propiciar *escenarios* en los que los interesados, con sus opiniones no expertas[26] tengan la posibilidad de escuchar criterios expertos, y a partir de estos (unos y otros) sustentar sus tesis y estrategias, depurar posiciones, buscar consensos y descartar alternativas simbólicas o inefectivas disfrazadas de posibles respuestas al clamor social. La depuración de esta hoja de ruta servirá de insumo para fases consecuentes y permitirá visibilizar los virtuales interesados, quienes a esta altura comenzarán a formular sus propuestas y estrategias sobre la base de la información que hayan podido recopilar, y la que hayan podido obtener de quienes proponen una vía de intervención diversa.

---

26 En España, un primer intento para atender esta propuesta, al menos en el caso de iniciativas legislativas de procedencia gubernamental lo constituyen los artículos 26.2 y 26.6 de la Ley del Gobierno.

Así, si con la presentación de los planes de acción, y exigiendo la implementación de ese requisito como una *regla procedimental*, lo que se buscará es:

i) Delimitar el problema y definir lo que se quiere mejorar[27], se debe, a partir de la contemplación de los criterios de racionalidad ética –comenzando por el principio de protección–, señalar la obligación de satisfacción de una especie de *lista de chequeo justificativa*[28] con la que informen si:

- ¿Existe una verdadera disfunción social? ¿Cuál es el actual nivel de daño o perjuicio que ha generado a la sociedad?
- ¿Existen antecedentes legales o se han aplicado políticas públicas para dar respuesta a esta disfunción? ¿Cuál ha sido su resultado?
- ¿Qué consecuencias se podrían generar si no se interviene?
- ¿Se han agotado alternativas diversas al ejercicio del *ius puniendi* estatal? ¿Cuál ha sido su resultado?
- ¿Existe un bien jurídico individual o colectivo vulnerado o en riesgo perceptible?

---

27 *Vid.* AA.VV. *Elementos de técnica legislativa,* (Coord. Miguel Carbonell, Susana Thalía Pedroza de la Llave), RODRÍGUEZ MONDRAGÓN, Reyes, *El proceso de producción legislativa, un procedimiento de diseño institucional.* México, UNAM, 2000, pp. 86-87.

28 Optamos por la opción de la lista de chequeo pues pese a que su uso puede ser criticable por la eventual percepción de que este tipo de métodos con el tiempo tornan en mera formalidad, resultan un mecanismo de fácil rastreo para identificar cuestiones que requieren respuesta, al igual que para controlar y enjuiciar en sedes legislativas más avanzadas. En todo caso, para evitar esa percepción de simple formalidad, es posible hacer exigible el cumplimiento de una lista de chequeo *justificativa.*

- ¿Es necesaria la creación de una política represiva o de legislación sancionatoria sobre la materia? ¿Se puede ejercer otro tipo de medidas coactivas o sancionatorias menos invasivas?

ii). Adicionalmente, se hará necesario identificar los actores involucrados, sus intereses, incentivos y motivaciones[29], por lo que para la consecución de este fin, se deberán resolver en el plan de acción cuestiones como las que siguen:

- ¿Existen colectivos o agentes sociales identificados, que persigan la materialización de la iniciativa (sindicatos, grupos de víctimas, grupos significativos de ciudadanos, agremiaciones, grupos empresariales, etcétera), que vengan defendiendo la iniciativa?
- ¿Se han presentado movilizaciones para la visibilización del hecho disfuncional?
- ¿Se ha hecho uso o han sido partícipes los medios de comunicación masiva en la consolidación del hecho invocado como disfuncional?
- ¿Es perceptible la persecución de intereses particulares o de grupos minoritarios en el mantenimiento de la invocación de la necesidad de intervención legislativa?
- ¿Se han propiciado escenarios en los que las opiniones expertas y no expertas hayan disertado sobre sus razones y estrategias de intervención? ¿Los sujetos intervinientes ofrecieron datos empíricos que convaliden sus argumentos? ¿Se discutieron sus resultados? ¿Se lograron puntos comunes? ¿Se pudieron generar acuerdos? ¿Se ofrecieron alternativas de negociación que permitieran llegar a decisiones consensuadas? ¿Se permitió la intervención de miembros de la sociedad civil?

29 *Vid.* RODRÍGUEZ MONDRAGÓN, Reyes, *Loc. Cit.*

Al referirnos a que el cumplimiento de estas reglas corresponde a una condición de todo o nada, no quiere decir que será suficiente con la indicación de un sí o un no para avanzar en el trámite, pues de la lectura de las preguntas refulge la necesidad de un ofrecimiento de razones y de evidencia que los haga sostenibles. Este listado puede coincidir con modelos de *checklist* que ya han sido propuestos con mayor o menor detalle por la doctrina[30]; sin embargo, la particularidad que tendrían estos cuestionarios sería el de contar con un grado de determinación mejor adaptado a las validaciones que se desprenden de la atención a los niveles de racionalidad legislativa. Estas preguntas constituirán un *acuerdo de mínimos*, siendo éstas las cuestiones que mínimamente deberán responderse dentro del respectivo plan de acción, a fin de poder continuar con la fase subsiguiente que corresponderá con la elaboración concreta del articulado de la iniciativa legislativa, siendo todo este ejercicio preliminar, la base que sostendrá y justificará la coherencia del articulado.

Estas precondiciones, a modo de *reglas procedimentales*, deberán atenderse tanto en el ámbito español como en el colombiano. Adicionalmente, en el caso del primero de los países, donde las iniciativas legislativas de origen gubernamental, por mandato constitucional exige que vengan acompañadas de una exposición de motivos, y de los antecedentes necesarios que las sustentan, recomendamos la realización complementaria de los siguientes cuestionamientos:

- ¿De dónde provienen las reivindicaciones; cuales son las razones que se invocan?

---

30 Por todos, AA.VV. *Curso de técnica legislativa GRETEL, Serie de Técnica legislativa I, op. Cit.*, MARTIN CASALS, Miquel, *la técnica de las checklisten*, pp. 255-270; GARCÍA-ESCUDERO MÁRQUEZ, Piedad, *Nociones de técnica legislativa para uso parlamentario*, en *Revista Parlamentaria de la Asamblea de Madrid*, No. 13, diciembre 2005, pp. 121-164.

- ¿Cuál es la actual situación jurídica y de hecho?
- ¿Cuál es la recurrencia del problema y cuál es la población afectada?
- ¿Se han permitido espacios en los que los diferentes actores sociales y grupos expertos puedan intervenir y formular sus puntos de vista? ¿Se ha consensuado la iniciativa propuesta a partir de estas intervenciones? ¿De qué manera?
- ¿Es necesaria la intervención? Justifique su necesidad.
- ¿Existe habilitación constitucional para intervenir en la forma propuesta?
- ¿Existen y se han intentado otros mecanismos de intervención menos gravosos?
- ¿Existe normatividad que regule la materia? En caso de su existencia, indique las causas que justifican la nueva regulación (o su desregulación).
- ¿Cuál es el fundamento empírico en que apoya la necesidad de regulación (o desregulación)?[31]
- Indique los objetivos trazados en el plan de acción y explique de qué manera se satisfacen estos con la medida legislativa propuesta.

---

31 AA.VV. *Los problemas de la investigación empírica en criminología: La situación española,* (Eds. José Luis Díez Ripollés, Ana Isabel Cerezo Domínguez), Valencia, Tirant lo Blanch, 2001, LARRAURI PIJOÁN, Elena, *Aportación de las ciencias sociales a la elaboración de reformar en la legislación penal,* p. 95. Para que la criminología sea útil al legislador se deben plantear ciertas cuestiones antes de presentar un proyecto de ley, siendo el *checklist* un insumo que obliga al legislador a contestar sobre objetivos, vías alternas, leyes a reformar y costos económicos de su aplicación.

- ¿Cuáles son los costos personales, sociales y económicos que acarrea la medida formulada?
- En el corto, mediano y largo plazo ¿de qué manera se plantea medir el resultado conseguido con la medida? ¿Cuál es el beneficio esperado?[32]

Es probable que estas preguntas puedan responderse con los cuestionamientos descritos como regla mínima, sin embargo, estas preguntas, sin ser prolijas, pueden aumentar las exigencias de racionalidad, y servirán como un primer cribado contra iniciativas populistas, sin estudios o sustento empírico, simbólicas, con fines marcadamente políticos o que busquen beneficiar/perjudicar sin base justificadora, determinadas capas de la sociedad. Este requisito limitará la ya marcada proliferación legislativa penal y ofrecerá información suficiente para la elaboración y justificación de la exposición de motivos[33] que soporta la iniciativa legislativa.

La creación de estas reglas permitirá que el concepto de democracia participativa vaya más allá de la percepción básica actual de que ésta se ejerce simplemente, mediante el derecho a elegir y ser elegido; y aunque no es posible acceder al antiguo mecanismo de la democracia directa, la activación de estas *reglas* y *escenarios* obligará a los aparatos del poder en etapas subsiguientes, a ocuparse por atender, no solo la validez formal de las iniciativas y su tramitación –y su prospectivo control–, sino además a atender la justificación y sustento de su validez

---

32 Contrario al excesivo cuestionario utilizado en Alemania, Por su parte, MORA-DONATTO, Cecilia, *Teoría de la legislación*, Bogotá, Instituto de Estudios Constitucionales, Universidad Externado de Colombia, 2003, p. 35, propone un cuestionario demasiado *minimalista* y ambiguo.

33 Según BECERRA MUÑOZ, José, *La toma de decisiones…, op. Cit.* pp. 391-393, una correcta construcción de la exposición de motivos (EM) hace innecesario el *checklist*. En nuestra opinión, la coexistencia de las dos alternativas puede ser operativamente útil en esta instancia.

material, y a seguir esforzarse en ulteriores etapas por mejorar o reforzar su sustento a fin de que sus decisiones sean percibidas como válidamente legitimadas ante una sociedad que desde un comienzo, ha sentado las bases de la discusión. En esta temprana fase del ciclo legislativo, nos hemos inclinado por la creación de *reglas procedimentales* condicionadas a un estudio de todo o nada, en las que, para la habilitación de la fase siguiente, se deberán satisfacer las condiciones mencionadas, en vez de elegir *reglas deónticas* o el estudio bajo la idea de principios de textura abierta, en atención al *escenario* en el que nos encontramos, al grado precario de madurez de la cuestión, y a la pretensión de funcionalidad de nuestra propuesta. Situación que no sería posible cumplir, si dejamos a la libre elección entre las dos opciones restantes, pues su posible indeterminación podría impedir el avance hacia sucesivas etapas del proceso legislativo en los que puede ser mejor entendida la posibilidad de abrirse a estas alternativas.

En suma, si el interés de los participantes es continuar con el impulso de sus propuestas de intervención, y que se les active la posibilidad de continuar en la fase siguiente, lo que deberán hacer es respetar «coactivamente» las reglas creadas. Este efecto generará una fijación sobre los extremos tolerables de sus propuestas; un conocimiento anticipado sobre las *reglas* que les permiten su participación; y una correlativa identificación de casos en los que los participantes adviertan que otros han transgredido la regla, a fin de que, en ulteriores *fases* pueda denunciarse tal transgresión y que el encargado de su verificación se ocupe de aplicar la consecuencia jurídica[34].

---

[34] Este control podrá ejercerse en fase legislativa y postlegislativa con los reglamentos vigentes que regulan la materia, o bien mediante la creación de nuevas reglas que llenen el vacío.

1.3. Reglas y principios en la fase legislativa penal

Activada esta fase, podemos encontrar que a diferencia de la etapa anterior, su procedimiento se encuentra regulado tanto en España como en Colombia. Pese a esto, las realidades del proceso legislativo nos ponen frente a una entelequia que precisa de complementos pues, pese a las *reglas* vigentes este procedimiento se encuentra lejos de abarcar todas las cuestiones que pueden presentarse desde lo práctico y que comprometen las decisiones del legislador, quien a partir del texto que lo habilita, ha sabido encontrar el espacio de las *no reglas,* y/o de las reglas que por su amplio espacio de indeterminación le han permitido participar a su conveniencia, olvidando que desde este momento asume –al menos teóricamente– la representación de un sector de la ciudadanía, que en este contexto, se sujeta a su decisión, o bien, le indican a la sombra la manera como debe intervenir. Sobre este punto, resulta cuestionable el escaso reparo que le ha merecido a la doctrina y a los tribunales la falta de identificación de fronteras que impidan al legislador transvasar su poder regulador como consecuencia de una excesiva e injusta intromisión en la libertad de los ciudadanos.

Como confirmación a este diagnóstico resulta suficiente pensar en los eventos en los que, tanto el legislador como los tribunales han rechazado o aceptado a su acomodo decisiones penales en las que las conveniencias han definido su procedencia o improcedencia, apelando para ello al uso del etéreo concepto de la «libertad de configuración del legislador», quien invocando esta potestad –cual sombrero de mago– ha decidido sobre los límites de la libertad de sus coasociados. Bajo esta invocación se ha hecho uso del ejercicio del *ius puniendi* estatal, mutando dicha *libertad de configuración* hacia una *arbitrariedad legislativa,* con la tolerancia de la jurisprudencia y –quizás, la impotencia— de la doctrina al considerar que sus decisiones se han adoptado dentro de los márgenes permitidos de las reglas parlamentarias y la nuevamente amplia libertad que permite la interpretación del texto supremo. Por esta razón, conviene prestar atención a la aplicación de los criterios de racionalidad legislativa, y especialmente a la racionalidad ética como medida de las demás racionalidades, para que en el ejercicio de esta fase, el legislador realice su trabajo apegado al texto constitucional y al respeto del citado «mundo de la vida» que es el que revitaliza el texto supremo.

Una de las razones que nos llevan a sugerir el establecimiento de nuevas reglas al proceso legislativo penal vigente podemos encontrarla en LEONI[35] para quien «el sistema legal centrado en la legislación no sólo implica la posibilidad de que otras personas (los legisladores) puedan interferir en nuestras acciones diarias, sino que también implica la posibilidad de que puedan cambiar su manera de interferir en esas actividades diarias». Si bien la tesis de este autor transita por destinos diferentes a los ahora propuestos[36], pone de presente la necesidad de controlar, de alguna manera, la libertad del legislador en la intromisión en las relaciones sociales para que esa libertad no mute en arbitrariedad ni en libertinaje. Así pues, coincidiendo con BUCHANAN Y BRENNAN[37], resulta problemática la idea con la que usualmente los abogados damos por sentada la adecuación o justeza de las reglas existentes que regulan el derecho y la creación normativa, sin detenernos a pensar en su contenido, limitándonos a su aplicación llana y sin mayores cuestionamientos.

Por lo tanto, si hasta ahora hemos criticado la posición doctrinal positivista de interpretar la ley *a partir de la ley,* si en esta

---

35 *Vid.* LEONI, Bruno, *La libertad y la ley,* Madrid, Unión Editorial, 2008, p. 38.

36 Al porponer que el proceso legislativo se reforme y transforme en un «proceso espontáneo, similar al del comercio o al del lenguaje». *Ibid.*, p. 153.

37 *Vid.* BUCHANNAN, James M., BRENNAN, Geofrey, *La razón de las normas, economía política constitucional,* (traducción de José Antonio Aguirre Rodríguez), Madrid, Unión Editorial, 1987, p. 33.

fase asumimos una posición de meros intérpretes del proceso legislativo a partir de la normatividad vigente, estaremos cayendo en el mismo error, por lo que se hace necesario, partir del conocimiento de las reglas vigentes e identificar sus debilidades, sesgos y fortalezas para, desde allí proponer reglas de mejora que eviten que los intervinientes llenen discrecionalmente y en provecho propio suyo estos espacios, en perjuicio de resultados democráticamente más ajustados, o en desmedro de sectores minoritarios o de principios básicos de un Estado social y democrático de derecho. En este sentido, en los capítulos II y III nos ocupamos, no solo de las realidades sino también de algunas propuestas de mejora para el proceso legislativo español y colombiano; por lo tanto, el abordaje que pretendemos ahora constituye un complemento de lo dicho en ese lugar, siendo su finalidad, la de intentar un ajuste como marco general, intentando armonizarlo con los niveles de racionalidad legislativa penal. Así, una vez presentado el proyecto o proposición de ley de contenido penal será necesaria la implementación de un *control formal* que, para el caso colombiano, proponíamos se hiciera por el presidente o secretario de la corporación y cuyo cumplimiento se supeditará al cumplimiento de las cuestiones que componen la fase prelegislativa y que constituyen *reglas procedimentales* propias de ese escenario.

De manera similar, en España, esta función podría ser ejercida –y de hecho, con sus limitaciones se ejerce– por la Mesa del Congreso de los Diputados en ejercicio de la facultad de calificación y admisión a trámite. Por lo tanto, en esta función de control *formal*, las dependencias mencionadas tendrían la obligación de verificar que las *reglas procedimentales* acordadas en fase prelegislativa fueron satisfechas desde la formalidad, –se reitera–, para luego de esa constatación, dar lugar a la apertura oficial del procedimiento legislativo penal. La importancia de esta verificación para las iniciativas legislativas penales, radica en la necesidad de confirmación de que la información que se radica ante el Parlamento, ha tenido en cuenta la opinión ciudadana y experta, el sustento empírico, la confirmación de la situación disfuncional, la identificación del bien jurídico, y en general, el cumplimiento de las condiciones que componen el plan de acción, en el que teóricamente ya se habría efectuado un primer tamiz que confirma la necesidad de atención por las vías del derecho penal.

Ahora bien, como se señaló en el punto 1.2.2 del capítulo II, en España existe un procedimiento parlamentario diferenciado para las iniciativas que provienen del Ejecutivo, de las que proceden de otros sujetos, situación a la que la doctrina no le ha dado mayor importancia pero que en realidad constituye un filtro adicional manifiestamente injustificado donde se pasa, del ejercicio de un *control formal* al ejercicio adicional de un *control político* temprano, con el que al final se eliminan las propuestas de la oposición, constituyendo un ejercicio arbitrario del poder legislador autorizado reglamentariamente. La forma como se ejerce dicho cercenamiento, la constituye el análisis que realiza el Pleno del Congreso de los Diputados mediante el procedimiento de toma en consideración –en algunos casos, se impone un segundo filtro, por vía del concepto que debe presentar el presidente de Gobierno en ciertas circunstancias– donde se decide si acepta o no a trámite la iniciativa legislativa, sobre la base de un estudio de su oportunidad, sus principios o espíritu.

Aunque en nuestra opinión, no debería existir una diferenciación de trato entre proposiciones y proyectos de ley en esta etapa –salvo el relativo a la posibilidad de dar mensaje de urgencia para que se prioricen las iniciativas del Ejecutivo–, y por tanto, encomendar en esta fase la realización de sólo un filtro *formal* dejando el análisis material para fases más avanzadas, si se pretende mantener este trato dispar y aplicar la toma en consideración para las proposiciones de ley en la forma como se viene haciendo, es decir, bajo el argumento de analizar *su oportunidad, principios o espíritu,* consideramos que la implementación de una *regla procedimental* que analice en realidad este criterio, puede constituir un elemento útil para que dicho control no constituya un análisis sobre su contenido, desde *la vertiente ideológica* del grupo mayoritario o de coalición que la rechaza. De esta manera, dentro del análisis *político* que se viene implementando en esta etapa, se deberá confrontar la satisfacción de los principios estructurales de primer nivel (racionalidad ética justificadora), y a partir de la confirmación de su cumplimiento, verificar la observancia de los demás niveles de racionalidad que en su función instrumental, pondrán en evidencia la posible presencia de principios estructurales de segundo nivel, los que en desarrollo de un debate ético-político permitirán el descubrimiento de principios e intereses periféricos en disputa y por tanto con posibilidades de negociación.

De esta manera, a fin de evitar que esta etapa se cierre «sobre sí misma»[38], será necesaria la implementación de una *regla procedimental* en esta fase, con la que se haga exigible que, tanto el interesado con la tramitación de la iniciativa, como el grupo con pretensiones de rechazo –o el Pleno en general–, tengan la obligación de ofrecer las razones *políticas* y *técnicas* que los motivan a mantener su postura, permitiéndose la posibilidad de entrega de información y audiencia a sectores que eventualmente puedan verse afectados[39]. Esta condición genera un efecto de doble vía; de una parte impondrá a los autores de la iniciativa el ofrecimiento de criterios fuertes para defender su proposición, y de otro, impondrá al Pleno o al grupo mayoritario interesado con la decisión contraria, la obligación de sustentar y argumentar las razones para negarlo. Por lo tanto, la *regla procedimental* será la configuración de un mecanismo que en esta fase imponga la obligación de permitir el debate dialéctico y técnico.

---

38 *Vid.* DÍEZ RIPOLLÉS, José Luis, *La racionalidad..., op. Cit.*, p. 52.

39 *Op. Cit.*

A su vez, como producto de la creación de esta proposición normativa[40], emergerá necesaria la aplicación adicional de *reglas deónticas,* que dijimos corresponden con la realización de comportamientos debidos, mas no necesarios. Donde, en atención a que al hacerse evidente, racionalidades instrumentales con pretensiones yuxtapuestas –como correlato de la presencia de principios e intereses que se bifurcan– los legisladores desde sus orillas ideológicas ofrecerán criterios que refuercen sus tesis y debiliten la de sus «adversarios», usando para ello *argumentos doxásticos* y *argumentos epistémicos* que les permitan el triunfo de su teoría[41].

Superada esta fase de *control formal*[42] a la iniciativa legislativa, llega el momento de apertura y trámite del procedimiento legislativo desde su esfera de análisis y *control material.* Esta fase constituiría el momento que mayor atención requiere dentro del proceso legiferante, y se realizará a lo largo de todo el proceso legislativo en una y otra Cámara, y se surtirá desde el momento mismo de designación de la ponencia, pasando por la elaboración del informe y finalizando con los debates que la componen en Comisión y que clausuran en el Pleno, los cuales suceden como condición para la adopción de la decisión definitiva mediante el registro del voto. Durante esta fase las partes procederán al estudio, debate y negociación de la iniciativa y de sus enmiendas sometidos a la condición de que sus posibilidades estén atadas al cumplimiento de la *regla procedimental* impuesta desde la elaboración del plan de acción; es decir, el límite de intervención de las racionalidades instrumentales,

---

40 *Vid.* Sobre la diferenciación entre norma y proposición normativa, *vid.* Por todos, VON WRIGHT, Georg Henrik, *Norma y acción, una investigación lógica,* (Traducción de Pedro García Ferrerò), Madrid, Técnos, 1970; BULIGYN, Eugenio, *Lógica deóntica, normas y proposiciones normativas* Madrid, Marcial Pons, 2018.

41 Sobre el contenido de estos argumentos nos ocuparemos *infra.*

42 Y de *control político* en fase de toma en consideración para el caso español.

como reflejo de intereses de heterogéneo contenido, deberá venir condicionado al cumplimiento de la racionalidad ética como racionalidad justificadora. En este estadio los políticos y los interesados con el éxito de la iniciativa legislativa penal deberán mostrar sus cartas, ofrecer las bases en las que apoyan sus posiciones y haber dejado registro de su participación interna y externa de su injerencia[43]. Esta condición envuelve la necesidad de que no solo los titulares de la iniciativa cumplan con este requisito, sino que también los interesados con un resultado contrario se encuentren obligados a cumplir con una carga similar. Por lo tanto, para el caso de las enmiendas será necesaria la imposición de un criterio –quizás menos exigente que el impuesto para el autor, en atención a que cuentan con un plazo inferior– con el que, este sujeto informe sobre el resultado y sustento de sus conclusiones.

Así, a efectos del estudio preparatorio que se lleva a cabo en fase de enmienda, deberá entenderse que tanto autor de la iniciativa, como autor de las enmiendas, deberán presentar una especie de *plan de acción* (para el autor) o *plan de modificación* (para quien presenta enmiendas)[44]; donde, conforme a su propuesta general, o su propuesta particular de modificación al articulado, informen/cuestionen sobre las posibilidades de intervención existentes y/o las cuestiones aparcadas por su antagonista; las alternativas contempladas/descartadas/o no tenidas en cuenta por uno y otro; la información sobre la necesidad o el cuestionamiento acerca de la intervención legislativa (penalización/ despenalización por ejemplo), si esta

---

43 Lo que en capítulos anteriores denominamos *huella legislativa,* que también precisará de una *regla procedimental* que la haga exigible.

44 Se reitera, para el caso del autor de las enmiendas el cumplimiento de su *plan de modificación* deberá ser menos exigente en atención a los plazos legislativos y a que sus propuestas deben ir conectadas con el contenido del proyecto o proposición inicial que ya cuenta con un plan de acción general.

necesidad es fundada o simplemente aparente y en general, el estudio razonado de sus propuestas[45] a fin de que sean los entes decisores –Comisión y Pleno– quienes revisen los argumentos y a partir de este estudio de fuentes y de negociaciones puedan adoptar una decisión mejor fundada.

El documento que consolidará estas cuestiones constituirá insumo para los debates subsiguientes, y se condicionará al cumplimiento de estos límites. Por tanto, la función de debatir, descartar, mantener o modificar la propuesta original o la de enmienda, con base en criterios políticos, jurídicos y técnicos deberá evitar la merma de los niveles de racionalidad en que se haya avanzado y muy especialmente, velar por el respeto de la racionalidad ética la cual no tendrá carácter negociable.

La manera como se llevará a cabo este ejercicio surgirá mediante la incorporación de *reglas procedimentales* dirigidas a crear mecanismos que imponga la obligación al legislador de sustentar sus propuestas. La utilidad de este requisito surge incluso como alternativa de evitación de que en ulteriores fases se intente legislar flexiblemente por vía de enmienda al no ser necesario el cumplimiento de la *regla procedimental* que se exige dentro del plan de acción al titular de la iniciativa; situación que controlaría incluso que las reformas *in voce,* que se proponen dentro del debate no vayan a ir más allá de lo meramente formal y que por esa vía se introduzcan modificaciones importantes al texto discutido. De esta manera, dentro de la discusión y debate de las *reglas deónticas,* –relacionadas con la realización de comportamientos debidos mas no necesarios–, su tratamiento se centrará en la comprensión sobre lo que se considera obligatorio, prohibido o permitido, sin concedérsele condición de verdad o falsedad[46]. Por lo tanto, si trasladamos

---

45 Aquí deberá surgir una nueva *regla de procedimiento.*

46 Como en su momento lo planteó VON WRIGHT. *Vid.* BULIGYN, Eugenio, *Lógica deóntica... op. Cit.*

este entendimiento, no al texto legislativo, sino a la *justificación* ofrecida para sustentarlo, entenderemos como comportamiento debido pero no necesario, o simplemente permitido[47], la decisión de cada legislador entre elegir ofrecer la información que considere adecuada a sus intereses, o decidir abstener de ofrecer información que le pueda resultar perjudicial a su argumento a la espera de que su opositor haga lo propio. Esta actuación será simplemente el resultado de un proceso legislativo cuyo reflejo es la exteriorización de distintos intereses en juego, como manifestación de diversas racionalidades instrumentales que se ciernen en un ambiente que no podemos olvidar que es político. Sin embargo, tal abstención –se repite– tendrá como límite el respeto de los principios que componen la racionalidad ética, y la sujeción a las *reglas procedimentales* a las que hemos hecho referencia, donde deberá venir inmersa la regla relativa al registro o huella normativa.

En cuanto al ofrecimiento de *argumentos doxásticos*[48] y de *argumentos epistémicos*[49], éstos corresponderán a argumentos sustentados en *opiniones* (los primeros), que requerirán de argumentos de refuerzo que, desde el plano empírico susten-

---

47 Nos encontraríamos frente a una regla deóntica del tipo «tú puedes» y no del tipo «tú debes». *Vid.* SCHAUER, Frederick, *Las reglas en juego. Un examen filosófico de la toma de decisiones basada en reglas en el derecho y en la vida cotidiana,* (Traducción de Claudia Orunesu, Jorge L. Rodríguez), Madrid, Marcial Pons, 2004, pp. 63-67.

48 La palabra *doxa* no se encuentra en el diccionario de la real academia de la lengua española, sin embargo, los diccionarios filosóficos señalan que su raíz proviene del griego δόξα, doxa, procedente del verbo δοκέω, dokeo, opinar, creer. Por tanto, correspondería con la opinión o creencia que tiene de algo, sin ofrecer pruebas sobre su validez y, por tanto, sometido a discusión y duda. *Vid.* https://encyclopaedia.herdereditorial.com/wiki/Doxa (Consultado el 01/09/2022).

49 Entendida como la «teoría de los fundamentos y métodos del conocimiento científico». *Vid.* https://dle.rae.es/epistemolog%C3%ADa (Consultado el 01/09/2022).

ten y corroboren las afirmaciones que allí se presentan (los segundos), siendo su racero y límite –se repite– el respeto de los criterios de racionalidad ética. De tal suerte, los argumentos epistémicos constituirán pauta o convención que guíe «las actitudes doxásticas con el fin intrínseco de alcanzar conocimiento –es decir, llegar a creencias verdaderas y adecuadamente justificadas acerca del mundo– [y], las normas epistémicas establece[rán] o evalúa[rán] respecto a exigencias epistémicas de corrección, optimalidad o racionalidad»[50]. Finalmente, la confrontación de los argumentos suministrados por cada uno de los legisladores será resuelto mediante *normas de argumentación* por parte de los equipos decisores de cierre (Comisión y Pleno), quienes, aplicando criterios de evaluación *ex ante* determinarán la corrección de uno y otro argumento[51].

Ahora bien, sobra anotar que cuando hacemos referencia al ofrecimiento de argumentos epistémicos no estamos haciendo alusión a la imposición de pautas irrefutables o sometidas a criterios de infalibilidad como si de una ciencia exacta se tratara, sino al suministro de información empírica que haga creíble su tesis. En términos Popperianos, al ofrecimiento de tesis que puedan someterse conjeturas y refutaciones, a falsación o falibilidad, y que mientras puedan mantenerse en el tiempo, puedan ser consideradas seriamente[52]. Evidentemente, para el desarrollo de estas condiciones, es necesario el estableci-

---

50 *Vid.* AA.VV. *Compendio de lógica, argumentación y retórica,* (Eds. Luis Vega Reñón, Paula Olmos Gómez), Madrid, Trotta, 201, p. 427. No obstante, FERRARO, Francesco, *Razionalità legislativa e motivazione delle leggi un' introduzione teorica,* Milano, Giuffrè, Francis Lefebvre, 2019, pp. 29-38, entiende la racionalidad epistémica, como la razón para creer, y la racionalidad práctica como la razón para actuar.

51 *Op. Cit.,* p. 428.

52 *Vid.* http://www.juecesdemocracia.es/wp-content/uploads/2020/05/Revista-Social-ABRIL-2020.pdf (Consultado el 01/09/2022).

miento de una *regla procedimental*[53] adicional que se ocupe de la necesidad de *reforzamiento del proceso deliberativo,* que coincidirá con la necesidad de dar importancia a la necesidad de dar explicaciones como condición para votar, sin que pueda contemplarse la facultad de intervenir en el debate como *un derecho* del parlamentario, sino como *un deber* que surge como manifestación del modelo de Estado democrático y como reflejo de la confianza depositada por los ciudadanos al momento de elegir a sus representantes. Esta condición cobra mayor importancia en las discusiones penales, donde la cuestión y tensión entre derechos y garantías emerge latente. Por lo tanto, la invocación de la regla de mayorías resulta insuficiente para el predominio de una decisión político-criminal, simplemente por la imposición de una posición cuantitativamente mayor, cuando desde lo cualitativo la discusión simplemente se ha dejado aparcada y sin bases que cimienten la decisión dominante.

En desarrollo de la democracia deliberativa,[54] será necesario algo más que la invocación del simple criterio mayoritario, pues, como lo expone NINO[55] el diálogo «es el mecanismo a través del cual la democracia convierte las preferencias autointeresadas en preferencias imparciales». Por lo tanto, aunque pudiera parecer utópica la pretensión del autor cuando alude

---

53 *Vid.* NIEMBRO ORTEGA, Roberto, *La justicia constitucional de la democracia deliberativa,* Madrid, Marcial Pons, 2019, p. 248. «[L]os votos deben expresarse después del cumplimiento de los procedimientos previstos en la Constitución, en las leyes y en los reglamentos respectivos».

54 Seguidores del concepto de democracia *deliberativa, vid.,* HABERMAS, Jürgen, *Facticidad y validez, op. Cit.,* NINO, Carlos Santiago, *La Constitución de la democracia deliberativa,* Barcelona, Gedisa, 1997, GARGARELLA, Roberto, *El derecho como una conversación entre iguales,* Argentina, Siglo del hombre, 2021; NIEMBRO ORTEGA, Roberto, *La justicia constitucional…, op. Cit. Cfr.* MOUFFE, Chantal, *En torno a lo político,* Buenos Aires, Fondo de Cultura Económica, 2007.

55 *Vid.* NINO, Carlos Santiago, *op. Cit.,* p. 202.

a la consecución de preferencias imparciales, resulta al menos indiscutible que la imposición del cumplimiento de criterios de racionalidad apoyados en la obligación de justificar las razones que llevan a defender o modular un argumento permitirán que una decisión se encuentre mejor sustentada desde lo ético, lo pragmático, lo teleológico, lo sistemático y lo jurídico-formal como consecuencia de un debate enriquecido con las aportaciones hechas por los demás intervinientes[56]. A esto fue a lo que nos referimos, cuando en otro lugar aludimos a la necesidad del cumplimiento de unos *mínimos de justificación,* fundado sobre la base de un *deber de deliberación reforzado* que vaya más allá del mero ofrecimiento de argumentos *[doxásticos]* y que trascienda al ofrecimiento complementario de *argumentos epistémicos* que redunden en la mejora del texto y del debate[57].

Somos conscientes de que para la concreción de esta propuesta se hace necesaria la superación de dificultades adicionales como los intereses que se presentan soterrada y extraparlamentariamente entre políticos y grupos de presión; los controles que internamente imponen los controles y la disciplina de partido; la prevalencia o mayor importancia del voto por sobre la opinión del parlamentario votante y, de manera general la cuestión relativa a la falta de voluntad política para el cambio y mejora del proceso legislativo. Sin embargo, como proposición periférica, y solo como sugerencia marginal, es posible que la iniciativa popular tome las riendas de esa falta de voluntad política presentando una iniciativa legislativa

---

56 *Cit.,* p. 210.

57 *Vid.* BUCHANNAN, James M., BRENNAN, Geofrey, *La razón de las normas, op. Cit.,* pp. 71-80. Se puede cambiar la opinión que tenemos sobre algo a partir de la contrastación empírica, o a partir del ofrecimiento de una nueva percepción de los hechos con base en una interpretación alternativa. Así, nos encontraremos en una discusión entre dos lenguajes: el científico y el político; el primero tiene un criterio de verdad, el segundo tiene un criterio al que se debe llegar a partir de consensos.

que abarque esta temática, y exigiendo a sus representantes la obligación de regular estas cuestiones mediante la creación de *reglas procedimentales*. El control al cumplimiento de esta exigencia podrá llevarse a cabo mediante audiencias de rendición de cuentas, al igual que, en caso de burla o incumplimiento, mediante el reproche social reflejado en la falta de respaldo en las urnas al momento en el que el político active de nuevo su aspiración a un cargo de representación.

1.4. Reglas y principios en la fase postlegislativa penal

Llegados a esta fase, al igual que se hizo en los títulos anteriores, esta etapa fue descrita y desarrollada en capítulos anteriores[58], por lo que la mención en este apartado será solo articuladora, conforme a los niveles de racionalidad que hemos abordado en este capítulo. Por lo tanto, desde los niveles de racionalidad legislativa, opinamos que la prevalencia que se debe dar a los mismos corresponde en primer lugar, a la verificación del respeto de la racionalidad ética como condición justificadora y, en segundo lugar, a los niveles de racionalidad legislativa pragmático y teleológico[59] sin que se abandone el estudio de los demás niveles de racionalidad. En esta fase la labor que se lleva a cabo corresponde, de una parte, con la evaluación del producto legislativo con base en parámetros de eficiencia y eficacia de la norma puesta en vigor, a partir del estudio del cumplimiento de sus objetivos y estrategias, y si los mismos pudieron materializar los fines esperados desarrollando por tanto una evaluación *ex post*. De otra parte, en esta fase entrará un nuevo participante que en desarrollo de su *función arbitral posterior* verificará que las fases del proceso legislativo se

---

58 *Vid.* Capítulos II y III, punto 1.3.

59 Para DÍEZ RIPOLLÉS, *op. Cit.*, p. 99, los niveles de racionalidad que deben prevalecer son los niveles pragmático y jurídico formal.

hayan desarrollado conforme a las reglas que lo disciplinan; que sus intervinientes no hayan transgredido sus límites; que la decisión haya dado cumplimiento a la atención del criterio democrático y que por tanto se haya escuchado la opinión de expertos y legos interesados o eventualmente afectados con la norma futura; que se haya justificado y ofrecido el material necesario para sustentar la iniciativa legislativa; que quienes participaron como controladores presenciales del proceso legislativo, hayan verificado la satisfacción de las reglas, estableciendo *in situ* y con inmediación, las consecuencias jurídicas de los excesos en que se haya incurrido y en general, que quienes controlaban *en vivo* la pulsión legislativa se hayan sujetado y dado cumplimiento a las condiciones y reglas establecidas para su participación.

Como podrá suponerse, esta *función arbitral ulterior* corresponderá al ejercicio que en desarrollo del control de constitucionalidad se ha conferido a los Tribunales Constitucionales, del que apuntamos en su momento, su función de control debía transitar hacia un control más intenso a la labor realizada por los sujetos con facultad de iniciativa legislativa, en cuanto al cumplimiento de las condiciones formales y materiales necesarias para la tramitación de sus iniciativas, al igual que la verificación de que los sujetos con función arbitral al interior de las Cámaras (secretario, presidente, Mesa, Comisiones y Pleno) hayan dado cumplimiento a la labor de control que se les ha encomendado. De igual manera, analizar el cumplimiento de quien tenía la labor de demostrar, ofrecer razones y justificar, como de quien tenía a cargo la función de verificar la satisfacción de este requisito.

Teniendo en cuenta que estas condiciones se relacionan con cuestiones relativas a la teoría de la legislación, y más específicamente, al cumplimiento de condiciones de racionalidad legislativa penal, hemos formulado la necesidad de la creación –principalmente– de *reglas procedimentales* que permitan parametrizar el cumplimiento de estos requisitos, sumadas a la satisfacción de *reglas deónticas* y *principios* que sustenten las razones de sus argumentos. La causa para esta formulación reside especialmente en que, si bien la doctrina y la jurisprudencia penal cuentan con un dilatado y asentado desarrollo de los principios que la componen, no puede pasarse por alto que las decisiones de este tipo son adoptadas en un escenario en el que predominan *políticos* y que la decisión por ellos adoptada suele eclipsar la participación que en ese escenario realizan otros participantes con conocimientos técnicos. Esta situación envuelve una realidad que no puede pasar desapercibida, y que demuestra que por infortunio, exigirle al legislador el cumplimiento de *principios* como el de *ultima ratio,* necesidad, fragmentariedad, lesividad, u otro, termina siendo una conversación en la que –para él– se estará hablando de cuestiones muy enrevesadas, vacuas o asumibles de cualquier manera.

Por lo tanto, aunque hemos propuesto métodos que, al referirse a aspectos de *dinámica y estática* legislativa pueden asemejarse más a cuestiones de *táctica y metódica* legislativa[60], resulta necesario reconducirlos a condiciones con apariencia más bien, de criterios de *técnica legislativa,* pues al final, pueden referirse a la satisfacción de reglas que, de *lege ferenda,* constituirían criterios formales del *íter* legislativo en sus dos primeras fa-

---

60 La táctica legislativa obedece al análisis de los órganos y el procedimiento –externo– de la legislación, y de los medios como se influye en éste; es decir, se ocupa de, «el dónde y el cómo» puede influirse y regularse la legislación. La metódica legislativa tendrá como función ocuparse del aspecto dinámico de la legislación, es decir, de su fase interna; encargándose por tanto de sus fines, objetivos, intereses concernidos, contenido, medios empleados, evaluación (*ex ante* y *ex post*) de sus impactos y en general, del plano valorativo y sus ponderaciones. *Vid.* KARPEN, Ulrich, *Zum gegenwartigen Stand der Gesetzgebungslehre in der Bundesrepublik Deutschland,* (Traducción de Martín Mariscal Lahusen), en *Zeitschrifc für Gesetzgebung,* No. 1, 1986, p. 2.

ses[61]. Sin embargo, como hemos anotado, teniendo en cuenta que quienes participan en la toma de decisiones legislativas son sujetos que pertenecen a vertientes ideológicas diferentes, con ambiciones políticas, personales y electorales de diverso contenido que pueden asfixiar los requisitos técnico-jurídicos, resulta más adecuado, para efectos del control de racionalidad en esta fase, establecer este parámetro para evidenciar, de una parte, los excesos en que pudo hacer incurrido el legislador, o tolerado el encargado de los controles internos dispuestos en cada fase, y de otra, establecer un criterio que permita limitar la potestad interpretativa del Tribunal Constitucional al momento de enjuiciar la constitucionalidad de la norma penal puesta bajo su escrutinio.

De esta manera estaremos estableciendo un *vademécum* instrumental que permita hacer más racional la toma de decisiones legislativas penales, las que para su trámite *deberán* satisfacer ciertos requisitos en sede prelegislativa, asegurarse de ser *exigidos* en la etapa legislativa, al igual que *confrontados y verificados* en su cumplimiento en sede postlegislativa. Así, las formas de participación de este tribunal, para la declaratoria de constitucionalidad/ inconstitucionalidad seguirán teniendo como base, los defectos provenientes de violaciones a principios constitucionales que hagan incompatible la norma de inferior jerarquía con relación al texto supremo, y en otros, los sobrevenidos del incumplimiento de requisitos –reglas– procedimentales que conformen el rito legislativo, siendo éste último, el que adquiera notoriedad, en atención a que su falta de aplicación podrá detonar en una eventual vulneración de principios y valores insertados dentro a modo de reglas den-

---

61 Pese a este criterio de control formal, dentro de las cuestiones de técnica legislativa podría incorporarse, no solo el cumplimiento de formalidades sino además, desde una visión maximalista, la satisfacción de *los medios* más adecuados para conseguir el fin.

tro de dicho procedimiento. Las condiciones de este cambio obligarán a la creación de nuevas reglas que lleven hacia una evolución jurisprudencial en cuanto a:

1.4.1. La variación del argumento de la deferencia del legislador, hacia uno referido a la deferencia del rito legislativo y su producto.

La imposición de criterios de racionalidad, *envasados* –algunos– en *reglas procedimentales,* obligará no solo al legislador, sino también al Tribunal Constitucional, a dejar de usar el argumento de la libertad de configuración legislativa de la manera tan escueta como lo viene haciendo, puesto que sus intenciones legisladoras contarán con una serie de *normas parámetro* que le fijarán el ámbito de juego con el que puede interferir, y por contera, permitiendo, de acuerdo a su trascendencia, establecer el alcance de su consecuencia jurídica. De esta manera, a título de ejemplo, en el caso colombiano se podrá ampliar la mirada hacia la exigibilidad para la presentación de proyectos de ley o de acto legislativo de contenido penal, de algo más que la simple mención que establece el artículo 145 del reglamento del congreso[62], hacia la imposición del cumplimiento del estándar de constitucionalidad mínimo establecido en la sentencia T-762 de 2015[63] o, en el caso español, la obligatoriedad del cumplimiento de los *antecedentes necesarios* de que trata el artículo 88 de la CE para presentar proyectos de ley[64] el cual podría extenderse –con sus respectivas matizaciones– a las proposiciones de ley, sin que la falta de denuncia parlamen-

---

62 *Vid.* Capítulo III, punto 1.1.2. También, AA.VV. *Utopías y distopías..., op. Cit.*, CÁCERES GONZÁLEZ, Emiro, *Producción de leyes penales en Colombia...*

63 *Vid.* Capítulo III, punto 2.3.1.

64 *Vid.* Capítulo II, punto 1.1.1.

taria se entienda como un vicio que subsana la irregularidad[65], al igual que el reconocimiento de la fase prelegislativa como criterio integrante de las fases del procedimiento legislativo, ahora con mayor razón, a partir de las modificaciones surtidas a la Ley del Gobierno como respuesta al cumplimiento de acuerdos internacionales[66] de buena regulación, los cuales, para Colombia, al hacer parte de la OCDE, también podrían ser extensibles.

El postulado de la deferencia hacia la racionalidad del legislador precisa de ser superado; si nos detenemos a pensar en su sustento, fácilmente evidenciaremos que su base histórica se cimienta, implícitamente, en el mito positivista del legislador racional, el que como se vio en el primer capítulo, nos llevó en bucle hacia el abandono del proceso legislativo al pretender mantenerse la idea de pureza de la ciencia del derecho penal, ligado a la percepción de que las decisiones del representante de la sociedad eran racionales; postura con la que hasta ahora se ha presumido su no arbitrariedad con el débil argumento de representación de sus electores por virtud de un proceso democrático que con frecuencia resulta bastante alejado de la realidad. Bajo la superficie de esta deferencia se oculta una idea cimentada bajo un postulado ilustrado de *ratio* y de *voluntas* que precisa de evolución conforme a la nueva realidad social que nos avoca, y que nos lleva hacia la exigencia de una deferencia del proceso legislativo y su producto, más que a la de la racionalidad del legislador *per se*. De la misma manera, el fortalecimiento del rito y de la ley, podrá llevar con el tiempo, y de manera correlativa, la recuperación de la deferencia al legislador, ya no por su desnuda condición de tal, sino como resultado de la mejora de la labor que se le ha encomendado.

---

65 Como lo ha entendido el TC, a partir de la STC 108/86.

66 *Vid.* Capítulo II, primera parte, punto 2.3.1., a, b.

1.4.2. La obligatoriedad de los principios de la buena regulación, como condición de validez del procedimiento y del texto legislativo.

Como ya anunciamos, en el caso español, los principios de la buena regulación o *better regulation* se han venido exigiendo en su legislación interna, siendo aplicado su énfasis en las normas expedidas por el Gobierno, y dejándose de lado para la legislación. De manera similar, en Colombia, a partir de la expedición del documento CONPES 3816 de 2014[67], y como resultado del cumplimiento de compromisos internacionales, se han venido planteando criterios para la mejora normativa, sin embargo, los avances obtenidos sólo han alcanzado a irradiar su aplicación a las normas expedidas por el Ejecutivo, quien ha expedido un número importante de decretos dirigidos a ese fin. A pesar de este considerando y como el mismo documento CONPES[68] y la OCDE[69] lo consagran, en el contexto internacional se entiende por normatividad a todo tipo de intervención del Estado, incluyendo así «tanto las leyes (primarias y secundarias), órdenes formales e informales, regulaciones subordinadas, trámites administrativos y normas elaboradas por organizaciones no gubernamentales o auto-reguladores en quienes el gobierno ha delegado potestades regulatorias». Por lo tanto, no percibimos ninguna excusa para la aplicación de las normas de la buena regulación en ámbitos de mayor importancia, como los referidos a las normas de contenido penal que, como es sabido, pueden comprometer derechos y garantías fundamentales que incluso podrían ser enjuiciadas

---

67 *Vid.* https://colaboracion.dnp.gov.co/CDT/Conpes/Econ%C3%B3micos/3816.pdf (Consultado el 05/09/2022).

68 *Cit.* p. 8.

69 *Vid.* https://www.oecd.org/gov/regulatory-policy/42059305.pdf (Consultado el 05/09/2022).

mediante los procedimientos de constitucionalidad de competencia de las Cortes o Tribunales constitucionales.

1.4.3. El reconocimiento del principio de justificación como garantía del proceso legislativo.

Este principio debe complementar la teoría de la legislación, siendo su contenido similar al que hemos venido desarrollando cada vez que hemos aludido a la necesidad de que el legislador ofrezca las razones y el sustento suficiente que cimiente la decisión legislativa defendida. De esta manera, con independencia de si se erige o no a la categoría –como algunos lo han planteado– de derecho fundamental[70]. Lo que sí es cierto, es que como lo señala VARONA GÓMEZ[71], el nuevo modelo de sociedad impide legislar de espaldas a la sociedad argumentando que se hace en su nombre sin que le sea exigible que justifique sus decisiones. Por lo tanto, este criterio, como los demás que hemos citado, coincidirá con la prohibición de *interdicción de la arbitrariedad* que al igual que los niveles de racionalidad, precisará de contornos, por lo que el establecimiento de estos requisitos, a modo de *test de racionalidad,* constituirán –nuevamente– criterio y límite tanto para el legislador como para el intérprete constitucional, a fin de que las decisiones adoptadas y las sometidas a control, den cuenta del sometimiento a una cultura de la justificación del ejercicio del poder del Estado, basada en «la contundencia de los argumentos ofrecidos en

---

70 *Vid.* FORST, Rainer, *Justificación y crítica, perspectivas de una teoría crítica de la política,* (Traducción de Graciela Calderón), Buenos Aires, Katz Editores, 2014, pp. 55-90.

71 *Vid.* VARONA GÓMEZ, Daniel, *Derecho penal democrático y participación ciudadana,* en, *Indret,* No. 2, 2018, pp. 8-11.

defensa de sus decisiones, y no en el miedo que inspira la fuerza a su mando»[72].

Aunque el concepto de *interdicción de la arbitrariedad* tiene asidero constitucional en el artículo 9.3 de la CE, en el escenario colombiano no fue insertado bajo la categoría de fundamental en el texto supremo, no obstante, existen artículos que le dan sustento, como el relativo a la prevalencia del interés general descrito en el artículo 1 del canon constitucional, que impediría el capricho legislativo; o la mención al modelo de Estado Social de Derecho fundado en el principio de dignidad humana, fijado en ese mismo artículo, ora el señalamiento de los fines del Estado y los objetivos de las autoridades públicas, consignado en el artículo 2 *ídem*. Estos y otros artículos llevan a imponer la obligación de que el capricho legislativo sea limitado y a que sea procedente la obligación de verificar si en el trámite legislativo se ofrecieron razones[73], si estuvieron soportadas, si se atendieron las regla procedimentales y si no se incurrió en excesos, pues de la definición de *interdicción de la arbitrariedad* que trae el diccionario panhispánico del español jurídico[74] se desprenden elementos que refuerzan nuestro análisis, al considerar como «contraria a derecho cualquier decisión de los poderes públicos que carezca de fundamento suficiente, infrinja principios a los que deben estar sometidas las potestades públicas, incurra en manifiesto error de hecho o esté adoptada de acuerdo con razonamientos inaceptables por su incoherencia por no considerar otras opciones más favorables o porque conducen a resultados absurdos». Si toma-

---

72 *Vid.* MUREINIK, Etienne, *A Bridge to Where? Op. cit.*, p, 32.

73 *Vid.* FERRARO, Francesco, *op. Cit.*, (Introducción). A diferencia de lo que sucede con las decisiones judiciales y administrativas, la necesidad de exigir razones a los legisladores ha tardado mucho en asentarse en la cultura jurídica.

74 *Vid.* https://dpej.rae.es/lema/interdicci%C3%B3n-de-la-arbitrariedad (Consultado el 05/09/2022).

mos esta definición y la insertamos dentro de los criterios de racionalidad que hemos intentado transformar en reglas de procedimiento, encontraremos que el enjuiciamiento de la arbitrariedad de la norma o del proceso será mejor adaptada, y nos llevará por tanto a identificar la transgresión de esos criterios –retomando la sucinta definición mencionada–, por falta de sustento suficiente, por violación de principios de primera o segunda categoría, por la existencia de errores trascendentes dentro del trasegar legislativo, por no ofrecer razones u ofrecerlas insuficientemente, por ofrecer medidas simbólicas, o por no contemplar alternativas adicionales al ejercicio del *ius puniendi* estatal como medida de intervención ante el hecho disfuncional, siendo del resorte del TC la verificación de que estos requisitos han sido satisfechos.

1.4.4. Justificación y argumentación legislativa.

Reconocida la justificación como condición necesaria para el proceso legislativo, surge ahora la necesidad de verificar la argumentación legislativa utilizada para el derrocamiento de las demás propuestas. Hasta ahora los esfuerzos doctrinales referidos a la argumentación jurídica se han enfocado con mayor énfasis en la llamada argumentación judicial[75], es decir, en la manera como argumentan los jueces en sus providencias, olvidado o reduciendo importancia a otros espacios en los que también se argumenta jurídicamente. En este caso, jurídico-políticamente[76]. Sobre este segmento, la doctrina –cuando lo

---

75 *Vid.* Por todos, ALEXY, Robert, *Teoría de la argumentación jurídica,* Madrid, 1989, Centro de Estudios Constitucionales; McCORMICK, Neil, *Razonamiento jurídico y teoría del derecho,* Lima, Palestra, 2018.

76 No obstante, ya se han perfilado importantes avances, generalmente ligados a la racionalidad legislativa. *Vid.,* Por todos, ATIENZA, Manuel, *Contribución..., op. Cit.*; EL MISMO, *Curso de argumentación jurídica,* Madrid, Trotta, 2013; MARCILLA CÓRDOBA, Gema. *Racionalidad Legislativa..., op. Cit.;* LA

ha hecho– ha aludido indistintamente a la idea de *necesidad de la argumentación jurídica* también para el proceso legislativo, indicando que dentro de esa función se deberá aludir a la *justificación* de las decisiones legislativas[77]. Si bien estas cuestiones precisan de una mayor reflexión, conviene anotar que si lo que pretendemos es establecer una diferenciación entre la obligación del legislador acerca de la necesidad del ofrecimiento de razones sobre las que sustenta su invención legislativa penal y su sustento de, el análisis sobre las razones que permitan a los tribunales constitucionales enjuiciar la constitucionalidad de la ley penal aprobada sin que se entrometa en cuestiones de política sujetándose a su labor de intérprete constitucional, es necesario diferenciar una y otra facultad, por lo que, para el caso podríamos aludir al concepto de *justificación,* solamente para los casos referidos a la labor llevada a cabo por el legislador, dejando el concepto de *argumentación legislativa,* para el momento del análisis que lleve a cabo el poder jurisdiccional constitucional al verificar su adecuación con el texto supremo y el cumplimiento de las reglas y el rito procedimental. Si bien esta diferenciación puede parecer intrascendente, consideramos necesaria esta división a fin de avanzar en el reconocimiento de la argumentación jurídica dentro del proceso legislativo. En todo caso, es claro que dentro del proceso de toma de decisiones legislativo intervendrán otros tipos de argumentación, por lo que, la alusión a la *justificación,* entendida como la tarea para el legislador, de «probar algo con razones convincentes, testigos o documentos»,[78] nos permitirá reconocer la interdisciplinariedad que ocurre en ese escenario,

---

MISMA, *Razón práctica, creación de normas y principio democrático: una reflexión sobre los ámbitos de la argumentación legislativa,* en, *Anales de la Cátedra Francisco Suárez,* No. 47, 2013, pp. 43-83; GALIANA SAURA, Ángeles, *La ley…, op. Cit.,* ZAPATERO, Virgilio, *El arte de legislar, op. Cit.*

77 *Vid.* FERRARO, Francesco, *op. Cit.*

78 *Vid.* https://dle.rae.es/justificar?m=form (Consultado el 08/09/2022).

permitiendo eventualmente avanzar hacia la formulación de nuevos criterios que faciliten la identificación de eventos en los que el TC ha desbordado su competencia, al pronunciarse sobre cuestiones relativas al espectro político. De esta manera, si bien el TC tendrá también la posibilidad, desde lo formal, de verificar el cumplimiento del principio de justificación, su mayor ejercicio se deberá desarrollar desde el análisis de la *argumentación jurídico-legislativa* ofrecida, a partir del insumo *explicativo* utilizado para el cumplimiento de las reglas de racionalidad tanto justificativa, como instrumental que permita el respeto del criterio político sin menoscabo de las razones técnico-jurídicas[79].

Desde el punto de vista de la racionalidad práctica, podría plantearse que, dentro de un análisis de evaluación *ex post* el TC se pronuncie sobre la eficacia y efectividad de la ley –labor que podría incluso ser ejercida por otro órgano–[80]. Sin embargo, desde el punto de vista de la argumentación, podría este tribunal verificar el correcto uso de los niveles de racionalidad, en apego del respeto jerarquizado, en primer lugar, de la racionalidad ética, cuya fuente se encontraría en una argumentación «nucleada en torno a la teoría del delito»[81] de donde se desprenden sus principios, y partir de allí analizar el apego a

---

79 Si bien la diferenciación entre justificación y argumentación puede resultar sutil, la definición de argumentar nos habla de aducir o alegar argumentos; siendo el argumento, el «razonamiento para probar o demostrar una proposición, o para convencer de lo que se afirma o se niega». *Vid.* https://dle.rae.es/argumentar?m=form (voz: Argumentar); https://dle.rae.es/argumento (voz: Argumento). (Consultados el 08/09/2022). FERRARO, Francesco, *op. Cit.* pp. 34-38, propone el establecimiento de una diferenciación entre razones normativas, motivadoras y explicativas.

80 RODRÍGUEZ FERRÁNDEZ, Samuel, *La evaluación…, op. Cit.*, pp. 348-361, propone que sea el TC quien realice evaluación legislativa mediante la creación de un órgano adscrito que denomina Comité de Evaluación Legislativa.

81 *Vid.* DÍEZ RIPOLLÉS, José Luis, *op. Cit.* p. 73.

las demás racionalidades utilizadas en el caso concreto, controlando que el debate argumentativo no haya hecho prevalecer los aspectos técnicos o instrumentales, sobre los criterios éticos socialmente reconocidos, o incluso, que por virtud *retórica* del interviniente, se hayan hecho prevalecer principios sectorizados, por sobre principios socialmente aceptados. Si bien, ATIENZA[82] señala que la evaluación de la argumentación jurídica en sectores diferentes a las decisiones judiciales no puede demandar una motivación que cumpla «criterios formales (autoritativos y procedimentales) y sustantivos tendentes a asegurar que las decisiones vayan acompañadas de una argumentación —motivación— adecuada», vemos cómo en el trámite legislativo es viable esta posibilidad, y aunque es cierto que en esos escenarios se persiguen motivaciones sociales e individuales que pueden hacer que el derecho sea visto, más como un límite o medio, y no como un fin[83], ello no obsta para que dentro del análisis de constitucionalidad pueda verificarse si existió tolerancia –del árbitro *in situ*–, abuso o desbordamiento de la facultad –por parte del interesado con la iniciativa o su reforma–, o simplemente, negociación y votación sin deliberación[84] por parte de los encargados de adoptar la decisión parlamentaria. Estas posibilidades permitirían –conforme a su trascendencia– declarar el incumplimiento de las reglas que condicionan la intervención de los participantes, por parte de los tribunales competentes.

Por lo tanto, dentro del análisis de constitucionalidad podrá enjuiciarse la objetividad del criterio vencedor, no sobre la

---

82 *Vid.* ATIENZA, Manuel, *Curso de argumentación jurídica,* p. 548.

83 *Loc. Cit.*

84 *Vid.* MARCILLA CÓRDOBA, Gema. *Razón práctica, creación de normas y principio democrático... op. Cit.*, pp. 76-77. NIEMBRO ORTEGA, Roberto, *La justicia constitucional..., op. Cit.* p. 257, alude a la necesidad de distinción entre acuerdos genuinos y pseudo-compromisos basados en relaciones de poder.

base de «la única respuesta correcta»,[85] pues en este escenario nos encontramos ante opciones legislativas procedentes, sino sobre el estudio del mayor grado de razonabilidad ofrecido en la argumentación, aplicando para el efecto, como criterios de evaluación, los relativos a su congruencia[86], aceptabilidad de las consecuencias –resultado esperado– y moralidad social justificada[87], los cuales, *ex novo,* nos llevarán a los contenidos de racionalidad[88], pero vistos ahora, desde el punto de vista argumentativo.

---

85 *Vid.* DWORKIN, Ronald, *Los derechos en serio, op. Cit.*

86 ATIENZA, Manuel, *op. Cit.*, p. 553-562, utiliza en este caso el término *coherencia,* pues en ese lugar está haciendo referencia a la argumentación judicial. Preferimos variar este término por el de *congruencia,* para que sea usado en los casos de argumentación jurídica en el escenario legislativo, pues, como lo expone FERRARO, Francesco, *op. Cit.*, pp. 73-78, –citando a Wintgens, Aarnio, Alexy y a otros–, si bien no hay un concepto diferenciador claro entre uno y otro, hay cierto acuerdo doctrinal en que la congruencia –a diferencia de la coherencia– admite grados, reconociendo la posibilidad de argumentos más congruentes que otros, permitiendo la aplicación de diferentes puntos de vista sobre opiniones diferentes, también válidas. En el plano legislativo, esto haría más armónica la convivencia entre criterios jurídicos, técnicos y políticos.

87 *Vid.* ATIENZA, Manuel, *Loc. Cit.* El autor añade a estos elementos, un criterio de moralidad justificada, el cual se tendrá en cuenta con independencia de si coincide o no con la moralidad social. En nuestro caso, decidimos aludir a un único criterio de moralidad social justificada (el nivel de racionalidad ética) que debe coincidir con criterios que históricamente le dan vida y sustento. La variación de estos principios deberá obedecer a mutaciones mantenidas en el tiempo, y no a impresiones coyunturales originadas de la disfunción social.

88 Para un análisis de la argumentación jurídica asociada con los niveles de racionalidad legislativa, especialmente, desde la racionalidad práctica, recomendamos el monográfico *¿Para qué sirve la teoría de la argumentación jurídica?*, en, *Teoría y Derecho, revista de pensamiento jurídico,* No. 20, 2016.

1.5. El criterio democrático (deliberativo) como refuerzo de la racionalidad ética

Este criterio no puede ser desconocido dentro del proceso legislativo penal, pues su legitimidad dependerá en buena medida de que el contenido de sus decisiones y prohibiciones refleje el sistema de valores que en la estructura social en que pretende insertarse han sido aceptados. Desde esta perspectiva, existirá un sistema de valores jerarquizado (de primer y segundo nivel) que conforme a los niveles de racionalidad que hemos aceptado, corresponderán con el reconocimiento de unos principios estructurales de primer nivel, los que de conformidad con su aceptación social generalizada no podrán ser desconocidos ni negociados por el legislador, salvo que exista una modificación paulatina, demostrable y no coyuntural del sistema social que les ha dado abrigo. En cuanto los principios de segundo nivel, su negociabilidad dependerá en buena medida, de la atención que se preste a la posible diversidad de opiniones como manifestación del respeto a la *legitimidad* ciudadana que les da sustento[89].

Este criterio de legitimidad contrasta con la manera decimonónica como el legislador ha venido adoptando sus decisiones. Conocido es, que desde el periodo ilustrado la idea del legislador racional ha pervivido entre nosotros, sin que la comunidad académica haya encontrado mayor dificultad en la pervivencia de esta ficción. La tesis Rousseauniana del sometimiento libre de los ciudadanos a la voluntad de la ley, y el argumento de que sus representantes son seres con la sabiduría suficiente para conocer qué es lo mejor para sus destinatarios se ha mantenido sorprendentemente implícita en el tiempo. Esta interpretación ha otorgado un halo de legitimidad a las decisiones del legislador, bajo el argumento de que sus decisiones no son

---

89 *Vid.* DÍEZ RIPOLLÉS, José Luis, *op. Cit.* pp. 93, 165-197.

otra cosa que el reflejo de esa intención ciudadana por mantener las condiciones necesarias para la pervivencia del contrato social. Sin embargo, la realidad nos ha puesto de presente ante una realidad diferente: La presión de los medios masivos de comunicación, la injerencia de los lobbies y los grupos de presión, el interés electoral o sectorial del legislador por sacar una determinada política penal que lo beneficie en un sentido inconfesable, lo lleva en ocasiones a adoptar sus decisiones en contravía de los sujetos que dice representar, llevando así que la realidad (de un interés determinado) supere la ficción (de la representación democrática). Por lo tanto, en términos de legitimidad, es necesario algo más que la simple invocación por el legislador de la representación democrática, por lo que la exigencia de la generación de espacios de intervención pública ciudadana resulta ser una mejor herramienta para la materialización de esta pretensión[90]. Al hilo de esta apreciación, la exigencia de justificación de las decisiones adoptadas por el legislador también constituye un criterio que legitima su intervención, siendo este mecanismo una forma implícita de rendir cuentas a la ciudadanía sobre la realidad de, a quienes ha decidido representar en una determinada ocasión.

En consecuencia, resulta –por decir lo menos– «exótico» el argumento de la *legitimidad* del legislador para considerar que sus decisiones son adecuadas por el solo hecho del sujeto de donde proviene, sin necesidad de exigir motivación y justificación de sus decisiones[91], cuando por el contrario, exigimos a

---

90 *Vid.* MARTÍ, José Luis, *La república deliberativa, una teoría de la democracia,* Barcelona, Marcial Pons, 2006, p. 22. «[E]l procedimiento deliberativo actúa como proceso de justificación o legitimación de las decisiones políticas».

91 *Vid.* WROBLEWSKI, Jerzy, *Principles, Values, and Rules in Legal Decision-Making and the Dimensions of Legal Rationality,* en, *Ratio Juris,* Vol. 3, No. 1, marzo, 1990, p. 117 «La legitimidad se refiere al derecho, a las decisiones de elaboración de la ley y/o de aplicación de la ley (...). Se centra en responder a tres preguntas: ¿Por qué la ley es "buena en el sentido más o menos definido? ¿Por

quienes toman decisiones judiciales administrativas a que motiven y argumenten sus providencias en atención a la falta de legitimidad democrática de las funciones que desempeñan. Y todo aunado al hecho de la falta de confianza ciudadana en las instituciones parlamentarias, y a la actual mayor confianza en las decisiones judiciales. Especialmente, las proferidas por los tribunales constitucionales. En otras palabras, bajo un modelo de democracia deliberativa, para que una decisión legislativa de trascendencia político criminal sea legítima, debe contener *algo más* que la supuesta legitimación que proviene del poder del que dimana; de igual forma, dicha legitimidad deberá ser *algo más* que la invocación del legislador, de ser el representante de la sociedad, para en su remplazo avanzar hacia modelos de participación ciudadana, quienes a su vez deberán participar de manera informada[92]. Sobre estos puntos nos ocupamos en los capítulos II y III, cuando, para la fase prelegislativa propusimos que los sujetos interesados con la realización del plan de acción generen espacios de diálogo en los que participen ciudadanos legos y expertos para la superación de posiciones basadas en meros juicios emotivos, trascendiendo hacia posiciones fundadas, donde, aunque sea posible obviar el criterio personal del interesado, sea necesario para seguir a la siguiente fase (legislativa), el ofrecimiento de evidencia que sustente sus

---

qué la ley debe ser obedecida, aplicada, aceptada? etc. ¿Cómo debe hacerse y aplicarse, es decir, cómo deben tomarse las decisiones adecuadas, en el sentido de decisiones debidamente justificadas? Las respuestas de legitimidad se conciben, pues, como justificaciones externas en las que las razones justificativas tratan de las premisas axiológicas como buenas razones para las decisiones».

92 Aludimos a una participación *informada* pues si se permite en estos escenarios cualquier tipo de intervención, estaremos pervirtiendo un sistema que por su manipulabilidad puede desmejorar el proceso. Sobre la evolución del concepto de opinión pública y su tendencia mediatizada, politizada y manipulada, *Vid.* HABERMAS, Jürgen, *Historia y crítica de la opinión pública* (Traducción de Antoni Domenech), Barcelona, Gustavo Gili, 1981.

argumentaciones. De igual manera, en sede legislativa, propusimos la generación de espacios a manera de *pre-debates,* donde se fortalezca la labor realizada en el plan de acción y se camine hacia un texto legislativo más robusto y mejor legitimado.

Si tomamos prestada la tesis de Duff[93] que refiere a que «el derecho penal aparece (o debería aparecer) en el razonamiento práctico de las personas no como amenaza fáctica, sino como "reivindicando una autoridad normativa"; no como razones independientes del contenido, sino como normas que incluyen en su propio enunciado valores con los que la comunidad se siente comprometida», siendo estos valores «los suyos propios» y por los que actúan movidos, encontraremos que dichos valores deberán dimanar de esos principios categorizados de manera masiva por la sociedad (y que corresponden con los principios de la racionalidad ética), y en otros casos, de manera parcial por grupos y sectores de la colectividad más o menos representativos (que serían los principios estructurales de segundo nivel, y que se analizan al trasluz de los demás criterios de racionalidad), siendo en este escenario donde puede cobrar importancia la intervención de los juicios expertos y de los juicios legos.

En suma, si como ciudadanos nos encontramos en la *obligación* fundamental de aceptar y obedecer la Constitución y la Ley, no identificamos una razón plausible que lleve a desconocer que, por virtud de esta condición también tenemos la posibilidad del ejercicio del *derecho* a participar de manera directa, en las decisiones que nos afectan; y con mucha mayor razón cuando de derecho penal o políticas penales estamos hablando; pues, siendo éste instrumento de poder, un mecanismo extremo de violencia legalizada e invocada como monopolio

---

93 *Vid.* DUFF, Antony, *Sobre el castigo, por una justicia penal que hable el lenguaje de la comunidad,* (Traducción de Horacio Pons), Argentina, Siglo XXI, 2015, pp. 17-18.

estatal, su definición deberá ser el reflejo de los principios y valores socialmente aceptados, y de los principios de menor jerarquía que intersubjetivamente, por virtud del ejercicio deliberativo y justificativo nos hemos impuesto[94]. Siendo entonces la aplicación de todos sus ingredientes, los que nos permitirán reconocer a la ley penal, no como el imperativo que sin razones suficientes se nos obliga a cumplir, sino el reflejo de la sociedad que hemos configurado[95].

---

94 *Vid.* DÍEZ RIPOLLÉS, José Luis, *op. Cit.* p. 185.

95 Con mayor razón en sociedades desiguales que, como lo expone GARGARELLA, Roberto, *Castigar al prójimo, op. Cit.*, p. 159, pese a la alta composición social heterogénea, la composición carcelaria suele ser bastante homogénea.

Conclusiones

I. Se tomó el periodo ilustrado como punto de partida para identificar las causas de la *crisis de la ley*. El pensamiento de las luces ofreció la idea de modernidad y la necesidad de racionalización de las decisiones del gobernante, al reconocerse al pueblo como soberano y no como súbdito por lo que surge la necesidad de crear leyes generales y abstractas que regulen las relaciones entre individuos y con el Estado.

Los ideales de generalidad, abstracción y completitud de las normas, consigue su *cenit* con las codificaciones (incluida la penal), creyéndose que con estos textos es posible compilar y capturar la totalidad de los modos de regulación de las relaciones sociales. Se crea un edificio dogmático robusto que en muchos casos, para ser considerado *ciencia*, deberá desmarcarse de pasiones, coyunturas y subjetivismos, lo que en el fondo conllevará a un *cerrar de ojos* a las realidades sociales que lo rodean. De esta manera, *la ciencia del derecho* en general, y del *derecho penal* en particular, obtiene un formidable afinamiento en cuanto a sus estructuras, y correlativamente, como consecuencia del fortalecimiento de las teorías positivo formalistas, y voluntaristas sobre el concepto de ley, brota el desinterés por la *ciencia de la legislación,* al ser el proceso legislativo, un asunto rodeado de pasiones y subjetividades, es decir asunto diferente al dogma, y por tanto a lo que se entiende por *ciencia.*

II. En ebullición se cierne la decadencia del mito del legislador racional, y el cambio del modelo de Estado pone en crisis la idea de completitud normativa ante la llegada de la sociedad industrial. El Estado burgués y sus pretensiones de *liberté, et égalité* devienen solo formales, emergiendo grandes capas de pobreza, y acaparamiento de riqueza en unas pocas manos. Desde el ejercicio el *ius puniendi,* esta desigualdad genera la penalización de conductas contra de la propiedad privada, lo que en el fondo conlleva el germen criminalizador de sectores marginados de la sociedad. Este escenario obliga a un nuevo cambio de modelo de Estado, pasando de uno no interventor, a uno de corte asistencialista, con el que se pretende dar cobertura a sectores sociales desamparados. El modelo de Estado social genera una *macrocefalia* estatal burocratizada para atender medidas bienestaristas, lo que lleva a una agrandamiento del Ejecutivo, y una aminorización del Legislador, al verse aquel, mejor adaptado para hacer frente al nuevo esquema interventor. Se acentúa así, la proliferación legislativa, su *hipertrofia* e *hipostenia*, debilitando los ideales ilustrados de generalidad, uniformidad y abstracción.

III. Para el derecho penal, una de las mayores conquistas será la preservación de los principios de necesidad, *ultima ratio,* proporcionalidad, responsabilidad por el hecho, presunción de inocencia, actividad probatoria, defensa y debido proceso, los que, con la sociedad del riesgo se verán en continuo riesgo. El ejecutivo interviene por vía reglamentaria, ora, por cauces parlamentarios, llevando a un *legislador acompañante* del querer del Gobierno, acarreando pobreza en los debates, irracionalidad discursiva, ausencia o carencia de justificación, decisiones sin sustento, y una aparente *negociabilidad* de los principios que vertebran los aspectos sustanciales y adjetivos del procedimiento penal. Paralelamente, por vía de legislación dispersa y de diverso calibre se regulan conductas represoras por vía de remisión, con el fin de complementan o suplir el tipo, poniendo en entredicho el principio de legalidad.

IV. A la crisis de la ley y del legislador se suma el surgimiento de las constituciones estatales, lo que lleva a una *sobreconstitucionalización,* y a una aparente amenaza de inconstitucionalidad de la ley, trayendo como efecto pendular, la translación de la confianza ciudadana hacia el poder judicial y especialmente al Juez Constitucional, quien fijará las bases que, en acuerdo de mínimos y máximos le son permitidos a todos los poderes públicos, pero su poder regulador rayará en ocasiones con excesos de interpretación, y en otros con excesivo formalismo y deferencia al legislador, más que a su producto.

V. Los capítulos II y III se ocupan de la teoría y la práctica del proceso legislativo penal en España y Colombia respectivamente. En el primero de los países sugerimos que, de *lege ferenda* constitucional se permita la intervención ciudadana en las iniciativas penales, pues su actual configuración acarrea un germen de desconfianza que desconoce el carácter democrático del actual modelo de Estado, que en nada impide la existencia de un *populismo por goteo* mediante intervenciones opacas de sectores poderosos, medios de comunicación y grupos de presión, quienes ante la *no regla* inciden decisivamente en la formación de la voluntad ciudadana, y en la decisión normativa.

VI. En cuanto a la teoría y la práctica del proceso legislativo en ambos paises, lo primero que es preciso señalar es su composición en fases y subfases, en las que discurre el proceso (como fuente) y la ley (como producto). Desde el punto de vista dogmático, el énfasis se ha centrado en *el producto,* olvidando la manera como se desarrolla, como si éste no comprometiera el resultado final. Por lo tanto, resulta necesario reconocer que el proceso legislativo va más allá de lo que sucede en el Parlamento, existiendo dentro del circuito legislativo, una *fase previa* o prelegislativa, una legislativa, y una de estirpe postlegislativa, compuestas de fases y momentos internos que como *estática* y *dinámica* legislativa deben ser reconocidos, *visibilizados y regulados,* pues su no reconocimiento, no lleva a su no existencia, sino a un ejercicio subrepticio que le permite una injerencia desbocada.

VII. Como elementos que ayudan a reconocer la fase prelegislativa en España, el artículo 88 de la CE será el punto de inicio, siendo después la Ley del Gobierno y la Ley del Régimen jurídico del Sector Público–LRJSP, mediante los *principios de buena regulación* (necesidad, eficacia, proporcionalidad, seguridad jurídica, transparencia, y eficiencia), quienes obliguen a la mejore del proceso y el producto legislativo. En el caso colombiano, ante la ausencia de un artículo similar al 88 de la CE, y la pobreza del artículo 145 de la LORC en cuanto a los requisitos para presentar iniciativas legislativas, serán de interés, para el ámbito penal, las aportaciones realizadas mediante las directivas presidenciales (02 de 2006 y 06 de 2008) por su semejanza con los *principios de buena regulación,* y la orden que transversalmente hizo la Corte Constitucional en sentencia T-762 de 2015, para todos los que intervienen en el diseño de la política criminal.

VIII. En sede legislativa, se sugiere para ambos países que la Mesa del Congreso ejerza un «control de legalidad formal» que, sin prejuzgar la iniciativa, verifique la satisfacción de los *antecedentes necesarios,* para evitar la continuación hacia fases más avanzadas del procedimiento hasta su subsanación, so pena de rechazo.

Superada esta etapa –y la de toma en consideración de las proposiciones de Ley en el caso de España–, en fase constitutiva, se debe establecer una diferenciación entre las actividades que se realizan en fase de Comisión (dictamen, ponencia, informe y enmiendas) y en el Pleno de cada Cámara, a fin de evitar la reiteración innecesaria de lecturas, y la discusión de «pormenores insignificantes o disputas insultas»[1]. Cada una de estas fases tendrá un énfasis, en el que predominará lo técnico, lo jurídico y/o lo político. Las fases de discusión y dictamen no constituirán fases desgajadas, siendo la primera de carácter *descriptivo/orientativo* y la segunda de corte *consultivo.* Ya en el Pleno, cobrara preponderancia la esfera *política* sin que su alcance permita el sacrificio del trabajo que técnicamente se ha realizado, por lo que las variaciones que se surtan en este escenario no deberán fundamentarse en el simple criterio de

1 *Vid.* PENDAS GARCÍA, Benigno, *Procedimiento legislativo..., op. Cit.,* p. 99.

las mayorías, sino sustentarse discursiva, empírica, documental y técnicamente, situación que llevará a la necesidad de que el parlamentario para *votar* deba *sustentar* su posición mediante la satisfacción de un *deber de deliberación reforzado* como exteriorización del ejercicio de su representación democrática.

IX. En fase postlegislativa, si se toma en serio el proceso legislativo conforme a las fases planteadas y se adoptan las medidas necesarias para su cumplimiento, se conformará un proceso circular que retroalimentará las fases que le preceden y le suceden, por lo que en esta etapa se procederá a la evaluación *ex post* de los resultados esperados con la iniciativa, a fin de verificar los resultados obtenidos y definir si es necesaria la circularización de un nuevo proceso prelegislativo y legislativo, dirigido a mejorar las deficiencias que se hayan verificado en esta fase.

Desde la función de intervención del Tribunal Constitucional, la verificación del cumplimiento de ciertos requisitos procedimentales dentro del rito legislativo —en todas sus fases—, de *lege ferenda* constituye un elemento que debe ser contemplado, pues su pretermisión puede aparejar la vulneración de principios y valores constitucionales ante la presencia de la *no regla* permitiendo y tolerando la incursión en abusos y excesos. La fase prelegislativa es la etapa más huérfana de atención, al considerarse una etapa administrativa que no hace parte del proceso legislativo, facilitando injerencias que, en el fondo, comprometen, y hasta condicionan, la futura decisión legislativa. Se debe hacer traslación de la actual deferencia al legislador —residuo del mito ilustrado del legislador racional— y asignársela a su producto, o al menos, imponerle condiciones a su invocación.

X. El panorama anterior constituye el escenario para el resurgir de la *teoría de la legislación,* a fin de tender puentes entre *vox populi,* y *vox peritus,* –pero no solo eso– a fin de lograr su pervivencia dentro del proceso legislativo en todas sus fases.

Adoptando una postura *maximalista* en la aplicación de los elementos que componen la teoría de la legislación, estimamos necesaria la consideración de *reglas, principios* y *valores* que hagan operativa esta teoría. Por lo tanto, cobrarán igual importancia aspectos como la táctica y la técnica de la legislación (al igual que la metódica y la analítica), como ejercicios que deben atenderse y regularse, en atención a las repercusiones que generan al interior de la toma de decisiones legislativas. Posiblemente, uno de los mayores problemas a los que se tiene que enfrentar el dogmático para hacer entender al legislador –y ahora también al prelegislador– la importancia por el respeto de los principios constitucionales, y el respeto por el edificio dogmático creado para el derecho penal desde tiempos de la ilustración se residencie en su desinterés por conocer el alcance y límites que éstos deben tener. De esta manera, estos principios, por su textura abierta, han generado una *indeterminación* que le ha facilitado amoldarlo a la medida más aproximada que necesite para el éxito de su interés legislable, además de la invocación *comodín* de su amplio *margen de configuración.* Una *teoría de la legislación maximalista* podría ofrecer una versión más refinada de su poder interventor, evitando una percepción para el legislador, y el prelegislador, de que dichos principios constituyen invocaciones vacuas, disponibles y sin contenido concreto.

XI. Para la materialización de esta teoría, adoptamos los cinco niveles de racionalidad legislativa desarrollados por el profesor ATIENZA, y ajustados para el derecho penal por el Profesor DÍEZ RIPOLLÉS. Sin embargo, teniendo en cuenta que la implantación de estos principios se desarrolla en un ambiente esencialmente *político,* consideramos necesario analizar las cuestiones que, desde la *dinámica* y la *estática* legislativa comprometen la decisión a adoptar, y en invocación de los principios estructurales y coyunturales propuestos dentro de los niveles de racionalidad legislativa penal, formulamos la posibilidad de aplicar en cada una de las fases, y con diferente alcance, una serie de *reglas* que hagan –en la medida de lo posible– la aplicación de estos *principios*. La propuesta de aplicación de *reglas* obedece a que éstas exigen un cumplimiento «de todo o nada», y por tanto, no pueden cumplirse o incumplirse relativamente, sino que exigen su satisfacción plena, llevando automáticamente a identificar si su contenido se satisfizo o se burló, mediante la aplicación de un análisis disyuntivo. Sin embargo, esta fórmula deberá aplicarse teniendo en cuenta la fase, el escenario y el hecho sometido a discusión. De esta manera, existirán, i). Reglas que por su grado de claridad como requisito de satisfacción puedan catalogarse como reglas «de todo o nada» *(reglas procedimentales);* ii). Reglas con fronteras difusas con relación a un principio, *(reglas deónticas),* que exigen la realización de comportamientos debidos, mas no necesarios y, iii). Normas que no planteen ningún comportamiento, ni permiten identificar una consecuencia jurídica en particular, que recibirán el trato de *principio*. Complementariamente, desde el punto de vista de la *justificación,* se solicitará el ofrecimiento de *argumentos doxásticos* y *epistémicos* que contengan no sólo las *opiniones* personales o de partido sobre la iniciativa (los primeros), sino además los argumentos que desde lo empírico sustenten la tesis defendida (los segundos); siendo su límite el nivel de racionalidad ética como criterio justificador.

El control de estas reglas será transversal, *debiendo* satisfacerse desde la fase prelegislativa; ser *exigido* en fase legislativa, y *verificado* en fase postlegislativa, siendo además del resorte de la ciudadanía y la academia, su visibilización, exigencia, denuncia y control para la mejora del proceso legislativo penal.

Bibliografía

AA.VV. *Algunos problemas actuales de técnica legislativa,* (Dir. Estanislao Arana García), Pamplona, Aranzadi, 2015.

—, *Arquitectura política del miedo, Homenaje a Atilio Borón* (Dir. Robinson Salazar Pérez, Nchamah Miller), Buenos Aires, Elaleph, 2010.

—, *Carta de los Derechos Fundamentales de la Unión Europea, Comentario artículo por artículo,* (Dir. Araceli Mangas Martín), Bilbao, Fundación BBVA, 2008.

—, *Compendio de lógica, argumentación y retórica,* (Eds. Luis Vega Reñón, Paula Olmos Gómez), Madrid, Trotta, 2021.

—, *Contornos y pliegues del derecho, Homenaje a Roberto Bergalli,* (Coord. Iñaki Rivera Beiras, Héctor C. Silveira Gorski, Encarna Bodelón González, Amadeu Recasens i Brunet), Barcelona, Anthropos, 2006.

—, *Crítica y justificación del Derecho penal en el cambio de siglo,* (Coord. Luis Arroyo Zapatero, Ulfrid Neumann, Adán Nieto Martín), Castilla la Mancha, Ediciones de la UCM, 2003.

—, *Curso de técnica legislativa GRETEL, Serie de Técnica legislativa I,* Madrid, Centro de Estudios Constitucionales, Madrid, 1989.

—, *Debatiendo leyes. Estudios sobre justificación parlamentaria de la legislación,* (Ed. Ángel Daniel Oliver-Lalana), Madrid, Dykinson, 2022.

—, *Derecho penal y política transnacional,* (Coord. Silvina Bacigalupo Saggese, Manuel Cancio Meliá), Barcelona, Atelier, 2005.

—, *El control de la actividad estatal, Discrecionalidad, División de Poderes y Control Extrajudicial,* T.I. (Dir. Enrique M. Alonso Regueira), Buenos Aires, Asociación de Docentes, Facultad de Derecho y Ciencias Sociales, Universidad de Buenos Aires, 2016.

—, *Elementos de técnica legislativa,* (Coord. Miguel Carbonell, Susana Thalía Pedroza de la Llave), México, UNAM, 2000.

—, *Estudios de derecho civil en homenaje al profesor Dr. José Luis Lacruz Berdejo,* T. II, Barcelona, Bosch, 1993.

—, *Estudios de Derecho penal: homenaje al profesor Miguel Bajo* (Coord. Silvina Bacigalupo Saggese, Bernardo Feijoo Sánchez, Juan Ignacio Echano Basaldua), Madrid, Ramón Areces, 2016.

—, *Fraude a consumidores y Derecho penal, fundamentos y talleres de leading cases,* (Dir. Corcoy Bidasolo Mirentxu, Gómez Martin Víctor), Madrid, Edisofer, 2016.

—, *Hacia una evaluación racional de las leyes penales,* (Dirs. Adán Nieto Martín, Marta Muñoz de Morales Romero, José Becerra Muñoz), Madrid, Marcial Pons, 2016.

—, *Homenaje al Dr. Marino Barbero Santos in memoriam,* volumen I, (Dir. Luis Arroyo zapatero, Ignacio Berdugo Gómez de La Torre), Universidad de Salamanca, 2001.

—, *Institutional Design in New Democracies,* (Eds. Arendt Lijphart, Carlos H. Waisman), Boulder, Westview, 1996.

—, *Imperialismo Constitucional,* (Comp. María Luisa Rodríguez Peñaranda), Bogotá, Universidad Nacional de Colombia, 2013.

—, *Innovación en el ámbito del buen gobierno regulatorio: ciencias del comportamiento, transparencia y prevención de la corrupción,* (Coord. Juli Ponce Solé, Agustí Cerrillo I. Martínez), Madrid, Instituto Nacional de Administración Pública, 2017.

—, *Justicia penal siglo XXI, una selección de criminal justice 2000* (Ed. Rosemary Barberet y Jesús Barquín), Granada, U.S. Department of Justice.

—, *La adaptación del derecho penal al desarrollo social y tecnológico,* (Ed. Carlos Mario Romeo Casabona, Fernando Guanerteme Sánchez Lázaro), Granada, Comares, 2010.

—, *La aurora de la libertad – Los primeros liberalismos del mundo Iberoamericano, Madrid,* Marcial Pons, 2013.

—, *La buena legislación,* (Eds. María Jesús Montoro Chiner, Karl-Peter Sommermann), Barcelona-Speyer. Instituto Alemán de Investigación para la Administración Pública, 2015.

—, *La crisis del principio de legalidad en el nuevo Código Penal: ¿decadencia o evolución?* (Coord. Juan Pablo Montiel), Madrid, Marcial Pons, 2012.

—, *La elaboración de las leyes penales en España (Memorias de las Jornadas sobre la elaboración de leyes penales: En busca de un diagnóstico de las necesidades actuales),* (Eds. José Becerra Muñoz, Samuel Rodríguez Ferrández), Valencia, Tirant lo Blanch, 2021.

—, *La evaluación de las leyes,* (Eds. Oswaldo, Oelckers Camus, Alan, Bronfman Vargas), Santiago de Chile, Ediciones Universitarias de Valparaíso, 2002.

—, *La evaluación de las leyes, XII Jornadas de la asociación española de Letrados de Parlamentos,* (Coord. Francesc Pau I Vall, Javier Pardo Falcón), Madrid, Tecnos, 2006.

—, *La forma de las leyes: Diez estudios de técnica legislativa,* Barcelona, Bosch, 1986.

—, *La legislación en serio, estudios sobre derecho y legisprudencia,* (Ed. Ángel Daniel Oliver-Lalana), Valencia, Tirant lo Blanch, 2019.

—, *Política criminal mediática, populismo penal y criminología crítica de los medios y de la justicia penal,* (Coordinador y editor, Estanislao Escalante Barreto), Bogotá, Universidad Nacional-Ibáñez, 2018.

—, *La política legislativa iberoamericana en el cambio de siglo.* (Coord. José Luis Díez Ripollés, Octavio García Ramírez), Buenos Aires, B. De F. 2008.

—, *La política legislativa penal en occidente, una perspectiva comparada,* Valencia, Tirant lo Blanch, 2005.

—, *La política legislativa penal iberoamericana en el cambio de siglo,* (Coord. José Luis Díez Ripollés, Octavio García Pérez), Madrid, Edisofer, 2008.

—, *La proliferación legislativa: Un desafío para el Estado de derecho* (Dir. Aurelio Menéndez Menéndez), Madrid, Cívitas, 2004.

—, *La técnica legislativa a debate,* (Coord. Jesús M. Corona Ferro, Francesc Pau Vall, José Tudela Aranda), Madrid, Tecnos, 1994.

—, *Legislar mejor 2009,* Madrid, Ministerio de Justicia, 2009.

—, *Los problemas de la investigación empírica en criminología: La situación española,* (Eds. José Luis Díez Ripollés, Ana Isabel Cerezo Domínguez), Valencia, Tirant lo Blanch, 2001.

—, *Malas noticias. Medios de comunicación, política criminal y garantías penales en España,* (Dirs. Mercedes García Arán, Joan Botella), Valencia, Tirant lo Blanch, 2008.

—, *Manual de derecho constitucional, (Benda, Maihofer, Vogel, Hesse, Heyde),* Edición prolegómena y traducción de Antonio López Pina, Madrid, Marcial Pons, 2001.

—, *Manual de Derecho Constitucional, T. II,* (Coord. Francisco Balaguer Callejón), Madrid, Tecnos, 2017.

—, *Memento práctico, técnica normativa, 2016-2017.*

—, *¿Para qué sirve la teoría de la argumentación jurídica?,* en, *Teoría y Derecho, revista de pensamiento jurídico,* No. 20, 2016.

—, *Racionalidad legislativa penal y cuestiones de política criminal,* (Coord. Luis Andrés Vélez-Rodríguez, Bogotá, Ibáñez, 2020.

—, *Rational Lawmaking under Review, Legisprudence According to the German Federal Constitutional Court,* (Eds. Klaus Meßerschmidt, Ángel. Daniel Oliver-Lalana), Switzerland, Springer, 2016.

—, *Régimen jurídico del sector público y procedimiento administrativo común,* (Dir. Miguel Ángel Recuerda Girela), Navarra, Aranzadi, 2016.

—, *Sobre el concepto de mundo de la vida, actas de la II semana española de fenomenología,* (Ed. Javier San Martín), Madrid, UNED, 1993.

—, *Temas básicos de derecho constitucional,* T. II (Coord. Manuel Aragón Reyes), Madrid, Cívitas, 2001.

—, *Temas básicos de derecho constitucional,* T. II (Coord. Manuel Aragón Reyes), Madrid, Civitas, 2001.

—, *The Rationality and Justification of Legislation, Essays in Legisprudence,* (Eds. Luc J. Wintgens, Angel Daniel Oliver-Lalana), Switzerland-Heidelberg-New York-Dordrecht-London, Springer, 2013.

—, *¿Tiene un futuro el Derecho penal?* (Comp. Julio B.J. Maier, Gabriela E. Córdoba), Buenos Aires, Ad hoc, 2009.

—, *Utopías y distopías. La ciencia jurídica en el constitucionalismo colombiano contemporáneo* (Eds. Claudia Alexandra Munévar Quintero, Valentina González Carreño, Luis Andrés Vélez-Rodríguez), Bogotá, Ibáñez, 2023, en prensa.

AARNIO, Aulis, *Sobre la legitimidad del derecho: Un punto de vista conceptual,* en *Ratio Iuris,* Vol. 2, No. 2, 1989.

—, *Reglas y principios en el razonamiento jurídico,* en *Anuario da Facultade de Dereito da Universidade da Coruña,* No. 4, 2000, pp. 593-502.

AJA FERNÁNDEZ, Eliseo, *Caracteres y principios generales del procedimiento legislativo,* en *Anuari de Dret politic,* 1983, pp. 159-171.

ALEXY, Robert, *Teoría de la argumentación jurídica, la teoría del discurso racional como teoría de la fundamentación jurídica,* (Traducción de Manuel Atienza e Isabel Espejo), Lima, Palestra, 2007.

—, *Teoría de la argumentación jurídica,* Madrid, Centro de Estudios Constitucionales, 1989.

—, *Teoría de los derechos fundamentales,* Madrid, Centro de Estudios Constitucionales, 1993.

ALONSO DE ANTONIO, Ángel Luis, *Las ponencias en el procedimiento legislativo,* en, *Revista de Estudios Políticos (Nueva época),* No. 85, julio-septiembre, 1994, p. 91.

—, ALONSO DE ANTONIO, Ángel Luis, *Derecho Parlamentario,* Barcelona Bosch, 2000.

ÁLVAREZ CONDE, Enrique, *Curso de Derecho Constitucional,* T. II, Madrid, Tecnos, 1992.

ARCE JANARIZ, Alberto, *El trámite de admisión de los procedimientos parlamentarios en la jurisprudencia constitucional,* en *REDC,* Año 16. Núm. 46. Enero-abril, 1996, pp. 207-238

ASTARLOA HUARTE-MENDICOA, Ignacio, *El Parlamento moderno, importancia, descrédito y cambio,* Madrid, Iustel, 2017.

—, *La modernización del Congreso de la República de Colombia,* en *Revista Derecho del Estado,* No. 11, diciembre de 2011.

ATIENZA, Manuel, *Contribución a una teoría de la legislación,* Madrid, Cívitas, 1997.

—, *Curso de argumentación jurídica,* Madrid, Trotta, 2013.

—, *Las razones del derecho, teorías de la argumentación jurídica,* México, Universidad Nacional Autónoma de México, 2005.

—, MANERO RUIZ, Juan, *Dejemos atrás el positivismo jurídico,* en *Isonomía, Revistas de Teoría y Filosofía del Derecho,* No. 27, México, 2007.

—, *Problemas abiertos en la filosofía del derecho,* en *Doxa,* No. 1, 1986, pp. 29-34.

—, RUIZ MANERO, Juan, *Las piezas del derecho, teoría de los enunciados jurídicos,* Barcelona, Ariel, 1996.

—, RUIZ MANERO, Juan, *Sobre principios y reglas,* en, *Doxa,* No. 10, 1991.

—, *Teoría y técnica de la legislación,* en *Theoria,* No. 3, 1987, pp. 435-447.

BARAK, Aharon, *Proporcionalidad, los derechos fundamentales y sus restricciones,* (traducción de Gonzalo Villa Rosas), Lima, Palestra, 2017.

BARTHÉLEMY Joseph, Essai *sur le travail parlementaire et le système des commissions,* París, Delagrave, 1934.

BECCARÍA, Cesare, *De los delitos y de las penas,* (Introducción, notas y traducción de Francisco Tomás y Valiente), Madrid, Aguilar, 1982.

—, *Tratado de los delitos y de las penas,* Madrid, Universidad Carlos III, 2015.

BECERRA MUÑOZ, José, *La toma de decisiones en política criminal, Bases para un análisis multidisciplinar,* Valencia, Tirant lo Blanch, 2013.

BECK, *La sociedad del riesgo mundial. En busca de la seguridad perdida,* (Traducción de Rosa S. Carbó), Barcelona, Piadós, 2007.

—, *La Sociedad del Riesgo, hacia una nueva modernidad,* (Traducción de Jorge Navarro/Daniel Jiménez/María Rosa Borrás), Barcelona, 2002.

BENITO SÁNCHEZ, Demelsa, *evidencia empírica y populismo punitivo, el diseño de la política criminal,* Barcelona, Bosch, 2020.

BENTHAM, Jeremy, *Nomografía o el arte de redactar leyes,* (Edición y estudio preliminar de Virgilio Zapatero, Traducción de Cristina Pabón), Madrid, Centro de Estudios Políticos y Constitucionales, 2004.

—, *Tácticas parlamentarias,* Estudio preliminar, Benigno Pendas, México, Cámara de Diputados, LVII Legislatura, 2002.

BERDUGO GÓMEZ DE LA TORRE, Ignacio, *Viejo y Nuevo Derecho penal, Principios y desafíos del Derecho penal de hoy,* Madrid, Iustel, 2012.

—, ARROYO ZAPATERO, Luis, FERRÉ OLIVÉ Juan Carlos, GARCÍA RIVAS, Nicolás, SERRANO PIEDECASAS, José Ramón, TERRADILLOS BASOCO, Juan, *Curso de Derecho penal, P.G,* Barcelona, Experiencia, 2010.

BIGLINO CAMPOS, Paloma, *Los vicios en el procedimiento legislativo,* Madrid, Centro de Estudios Constitucionales, 1991

BOBBIO, Norberto, *El problema del positivismo jurídico,* México, Fontarama, 1992.

—, *Estudios de Historia de la Filosofía: De Hobbes a Gramsci.* Madrid, Debate, 1985.

—, *Giusnaturalismo e positivismo giuridico,* Milán, Edizioni di Comunità, 1965.

—, *Teoría de la Scienza Giuridica,* Torino, G. Giappichelli, 1950.

BODINO, Juan, *Los seis libros de la República,* (Edición y estudio preliminar de José Luis Bermejo Cabrejo, Traducción de Gaspar de Añastro Isunza), Madrid, Centro de Estudios Constitucionales, 1992, Libro I.

BRANDARIZ GARCÍA, José Ángel, *El modelo gerencial-actuarial de la penalidad,* Madrid, Dykinson, 2016.

BUCHANNAN, James M., BRENNAN, Geofrey, *La razón de las normas, economía política constitucional,* (traducción de José Antonio Aguirre Rodríguez), Madrid, Unión Editorial, 1987.

—, *El cálculo del consenso, fundamentos lógicos de la democracia constitucional,* (Traducción de Javier Salinas Sánchez), Madrid, Espasa, 1980.

BULIGYN, Eugenio, *Lógica deóntica, normas y proposiciones normativas* Madrid, Marcial Pons, 2018.

BUSTOS GISBERT, Rafael, *Calidad democrática, Reflexiones constitucionales desde la teoría, la realidad y el deseo,* Madrid, Marcial Pons, 2017.

CÁCERES GONZÁLEZ, Emiro, *Derecho penal y derecho administrativo sancionador: elementos de racionalidad legislativa,* Bogotá, Leyer editores, 2017.

—, *Prisión perpetua en Colombia. Análisis de las Iniciativas Legislativas para su autorización, y de los argumentos «racionales» para su incorporación en el ordenamiento colombiano,* en *Nuevo Foro Penal,* No. 93, 2019, pp. 111-166.

CARBONNIER, Jean, *Sociología Jurídica,* (Traducción de Luis Díez-Picazo), Madrid, Tecnos, 1972.

CARNELUTTI, Francesco, *Cómo nace el derecho* (Traducción de Santiago Sentís Melendo y Marino Ayerra Redín), Buenos Aires, Ediciones Jurídicas Europa-América, 1959.

CARONI, Pio, *Escritos sobre la codificación* (Traducción de Adela Mora Cañada y Manuel Martínez Neira), Madrid, Dykinson, 2012.

CASTILLO AGUILAR, María Carolina, PADRÓN PARDO, Floralba Alejandrina, *La entidad constitucional del procedimiento legislativo y los vicios formales en la elaboración de la ley,* Bogotá, Universidad Externado de Colombia, 2002.

CELEMÍN CAICEDO, Yenny Andrea, *La influencia de la jurisprudencia de la Corte Constitucional en el proceso legislativo en Colombia,* en *Revista Precedente,* No. 11, julio-diciembre, 2017, pp. 53-82.

CERDEIRA BRAVO DE MANSILLA, Guillermo, *Principio, realidad y norma: El valor de las exposiciones de motivos (y de los preámbulos),* México-Madrid, Ubijus-Reus, 2015.

CEREZO MIR, José, *Curso de Derecho penal español,* Parte General, T. I., Madrid, 2005.

CITA TRIANA, Ricardo Antonio, GONZÁLEZ AMADO, Iván, *La proporcionalidad de las penas en la legislación penal colombiana,* Bogotá, Ministerio de Justicia, 2017.

COHEN-ELIYA, Moshe, PORAT, Iddo, *Proportionality and the Culture of Justification,* American Journal of Comparative Law, No. 59, March, 2010 pp. 463-490.

CONSTANT, Benjamín, *Escritos políticos,* traducción, estudio preliminar y notas de María Luisa Sánchez Mejía, Madrid, Centro de Estudios Constitucionales, 1989.

CORRAL MALAVER, Noelia, *Racionalidad Legislativa y Elaboración Del Derecho Penal en La Unión Europea,* Valencia, Tirant lo Blanch, 2020.

COX, Gary W., McCUBBINS, Mathew D., *Legislative Leviathan, Party Government in the house,* California, University of California Press, 1993.

CUERDA RIEZU, Antonio, *El Legislador y el Derecho penal (una orientación a los orígenes),* Madrid, Centro de Estudios Ramón Areces, 1991.

DE ESTEBAN, Jorge, LÓPEZ GUERRA, Luis, *El régimen constitucional español,* Tomo II, Barcelona, Labor Universitaria, 1982.

DE LARDIZABAL Y URIBE, Manuel, *Discurso sobre las penas, contraído* (sic) *a las leyes criminales de España para facilitar su reforma,* Madrid, Imprenta de Repullés, 1828.

DE OTTO, Ignacio, *Derecho Constitucional. Sistema de fuentes,* Barcelona, Ariel, 1987.

DE TOCQUEVILLE, Alexis, *La democracia en América,* Tomo I, Madrid, Alianza Editorial, 2006.

DÍAZ, Elías, *El derecho y el poder, realismo crítico y filosofía del derecho,* Madrid, Dykinson, 2013.

DÍAZ, Elías, *Estado de derecho y sociedad democrática,* Madrid, Taurus, 1991.

DIEZ PICAZO, Luis, *Constitución, Ley, Juez,* en *Revista Española de Derecho Constitucional,* Año 5, Número 15, Madrid, 1985.

DÍEZ RIPOLLÉS José Luis, *La racionalidad de las leyes penales, práctica y teoría,* Madrid, Trotta, 2013.

DÍEZ RIPOLLÉS, José Luis, *El control de constitucionalidad de las leyes penales,* en *REDC,* No. 75, septiembre-diciembre, 2005.

DÍEZ RIPOLLÉS, José Luis, *El control de constitucionalidad de las leyes penales,* en *REDC,* No. 75, septiembre-diciembre, 2005, pp. 59-106.

DITTMANN, Jörg, *El miedo a la delincuencia. Concepto, medida y resultados,* en, *Revista Catalana de Seguretat Pública, No. 18, abril de 2008,* pp. 67-91.

DONINI, Massimo, *Poder Judicial y ética pública, La crisis del Legislador y de la Ciencia Penal en Europa,* Buenos Aires, B de F.

DUFF, Antony, *Sobre el castigo, por una justicia penal que hable el lenguaje de la comunidad,* (Traducción de Horacio Pons), Argentina, Siglo XXI, 2015.

DWORKIN, Ronald, *El imperio de la justicia,* Barcelona, Gedisa, 2012.

DWORKIN, Ronald, *Los derechos en serio,* Barcelona, Ariel, 1989.

EDELMAN Murray, *The politics of Misinformation,* Cambridge, Cambridge University press, 2001.

EDELMAN, Murray, *La construcción del espectáculo político,* Buenos Aires, Manantial, 2001.

ESCOBAR VILLEGAS, Juan Camilo, MAYA SALAZAR, Adolfo León, *Ilustrados y republicanos. El caso de la "ruta de Nápoles" a Nueva Granada.* Medellín, Universidad EAFIT, 2011.

ESCUIN PALOP, Catalina, *El Parlamento en el Derecho,* Madrid, Congreso de los Diputados, 2008.

ESKRIDGE Jr., William N., FRICKEY, Philip P., GARRETT, Elizabeth, *Legislation and Statutory Interpretation,* New York, Foundation Press, 2006.

FAVOREU, Louis, *El bloque de la constitucionalidad,* en *Revista del Centro de Estudios Constitucionales,* No. 5, enero-marzo, 1990.

FERNÁNDEZ CRUZ, José Angel, *La legitimación social de las leyes penales: Límites y ámbito de su aplicación,* en, *Revista de Derecho de la Pontificia Universidad Católica de Valparaíso,* No. XXXIII, 2009, segundo semestre, pp. 231-259.

FERNÁNDEZ CRUZ, José Ángel, *La legitimación social de las leyes penales: Límites y ámbito de su aplicación,* en *Revista de Derecho de la Pontificia Universidad Católica de Valparaíso,* No. XXXIII, 2009, segundo semestre, pp. 231-259.

FERNÁNDEZ-VIAGIAS BARTOLOMÉ, Plácido, *El poder legislativo entre la política y el derecho,* Navarra, Aranzadi, 2008.

FERNÁNDEZ, Tomás-Ramón, *El bloque de la constitucionalidad, en Las Leyes Orgánicas y el bloque de la constitucionalidad,* Madrid, Cívitas, 1981.

FERNÁNDEZ, Tomás-Ramón, *Las leyes orgánicas y el bloque de la constitucionalidad, en torno al artículo 28 de la Ley Orgánica del Tribunal Constitucional,* Madrid, Civitas, 1981.

FERRAJOLI, Luigi, *Derecho y Razón. Teoría del Garantismo Penal* (Prólogo de Norberto Bobbio, Traducción de Perfecto Andrés Ibáñez, Juan Carlos Bayón, Juan Terradillos Basoco, Rocío Cantaroro Bandrés) Madrid, Trotta, 1995.

FERRAJOLI, Luigi, *Derecho y Razón. Teoría del Garantismo Penal* (Prólogo de Norberto Bobbio, Traducción de Perfecto Andrés Ibáñez, Juan Carlos Bayón, Juan Terradillos Basoco, Rocío Cantaroro Bandrés) Madrid, Trotta, 1995.

FERRARO, Francesco, *Razionalità legislativa e motivazione delle leggi un' introduzione teorica,* Milano, Giuffrè, Francis Lefebvre, 2019.

FILANGIERI, Cayetano, *Ciencia de la legislación,* (Redactado por Don Bernardo Latorre), Madrid, Imprenta de Ignacio Boix, 1859.

FILANGIERI, Cayetano, *Ciencia de la legislación, escrita en italiano por el Caballero Cayetano Filangieri, Traducida al castellano,* (Sin cita de su autor), Tomo I, Madrid, Imprenta de Ibarra 1813.

FORST, Rainer, *Justificación y crítica, perspectivas de una teoría crítica de la política,* (Traducción de Graciela Calderón), Buenos Aires, Katz Editores, 2014.

FORST, Rainer, *El derecho básico a la justificación: hacia una concepción constructivista de los derechos humanos,* en *Revista Estudios Políticos,* No. 26. enero-junio 2005, pp. 27-59.

FORST, Rainer, *Justificación y crítica, perspectivas de una teoría crítica de la política,* (Traducción de Graciela Calderón), Buenos Aires, Katz Editores, 2014.

FORST, Rainer, *The right to justification,* New York, Columbia University Press, 2007.

GALIANA SAURA, Ángeles, *La legislación en el Estado de Derecho,* Madrid, Dykinson, 2003.

GALIANA SAURA, Ángeles, *La ley: Entre la razón y la experimentación,* Valencia, Tirant lo Blanch, 2008.

GARCÍA AMADO, Juan Antonio, *Nazismo, Derecho y Filosofía del Derecho,* en, Anuario de Filosofía del Derecho, No. 8, 1991, pp. 341-364.

GARCÍA AMADO, Juan Antonio, *Razón práctica y teoría de la legislación,* en, *Derechos y Libertades. Revista del Instituto Bartolomé de las Casas,* Año V, Número 9, Madrid, 2000.

GARCÍA DE ENTERRÍA Eduardo, MENÉNDEZ MENÉNDEZ Aurelio, *El Derecho, la Ley y el Juez, Dos estudios,* Madrid, Cívitas, 1997.

GARCÍA DE ENTERRÍA, Eduardo, *Justicia y seguridad jurídica en un mundo de leyes desbocadas,* Madrid, Cívitas, 1999.

GARCÍA DE ENTERRÍA, Eduardo, *La lengua de los Derechos. La formación del Derecho Público europeo tras la Revolución Francesa,* Madrid, Alianza.

GARCÍA ESCUDERO-MÁRQUEZ, Piedad, *El procedimiento legislativo en las Cortes Generales, notas y bases para una reforma,* en, *Revista Española de Derecho Constitucional, No. 74, mayo-agosto de 2005.*

GARCÍA ESCUDERO-MÁRQUEZ, Piedad, *Iniciativa legislativa del gobierno y técnica normativa en las nuevas leyes administrativas (leyes 39 y 40/2015),* en, *Teoría y Realidad Constitucional,* No. 38, 2016, pp. 433-452.

GARCÍA FIGUEROA, Alfonso, *Legislación y neoconstitucionalismo,* en *Anales de la cátedra Francisco Suarez,* No. 49.

GARCÍA MARTÍNEZ, María Asunción, *El procedimiento legislativo,* Madrid, Congreso de los Diputados, 1987.

GARCÍA MAYNEZ, Eduardo, *Positivismo Jurídico, Realismo Sociológico y Iusnaturalismo,* México, Universidad Autónoma de México, 1977.

GARCÍA MONTERO, Mercedes, GARCÍA MONTERO, Mercedes, *presidentes y parlamentarios: ¿quién controla la actividad legislativa en América Latina?,* Madrid, Centro de Investigaciones Sociológicas, 2009.

GARCÍA-ESCUDERO MÁRQUEZ, Piedad, *De enmiendas homogéneas, leyes heterogéneas y preceptos intrusos. ¿Es contradictoria la nueva doctrina del Tribunal Constitucional sobre elaboración de las leyes?* en, *Teoría y Realidad Constitucional,* No. 31, 2013, pp. 199-236;

GARCÍA-ESCUDERO MÁRQUEZ, Piedad, *El procedimiento legislativo ordinario en las Cortes Generales,* Madrid, Centro de Estudios Políticos y Constitucionales, 2006.

GARCÍA-ESCUDERO MÁRQUEZ, Piedad, *la iniciativa legislativa del Gobierno,* Madrid, Centro de Estudios Políticos y Constitucionales, 2000.

GARCÍA-ESCUDERO MÁRQUEZ, Piedad, *La ponencia en el procedimiento legislativo en las Cortes Generales,* en *Revista de las Cortes Generales,* No. 59, 2003, p. 156.

GARCÍA-ESCUDERO MÁRQUEZ, Piedad, *La técnica legislativa en derecho comparado, en especial en América Latina,* en *Revista Parlamentaria de la Asamblea de Madrid,* No. 29, 2013, pp. 27-64.

GARCÍA-ESCUDERO MÁRQUEZ, Piedad, *Manual de Técnica Legislativa,* Navarra, Civitas, 2001.

GARCÍA-ESCUDERO MÁRQUEZ, Piedad, *Nociones de técnica legislativa para uso parlamentario,* en *Revista Parlamentaria de la Asamblea de Madrid,* No. 13, diciembre 2005, pp. 121-164.

GARCÍA-ESCUDERO MÁRQUEZ, Piedad, *Regeneración del Parlamento, transparencia y participación ciudadana,* en *Teoría y Realidad Constitucional,* No. 36, 2015, pp. 171-216.

GARCÍA-ESCUDERO MÁRQUEZ, Piedad, *Toma en consideración, retirada y caducidad de las proposiciones de ley,* en *Cuadernos de Derecho Público,* No. 21, enero-abril, 2004, pp. 79-104.

GARGARELLA, Roberto, *Castigar al prójimo, por una refundación democrática del derecho penal,* Buenos Aires, Siglo XXI, 2016.

GARGARELLA, Roberto, *El derecho como una conversación entre iguales,* Argentina, Siglo del hombre, 2021.

GARLAND, David, *La cultura del control, crimen y orden social en la sociedad contemporánea* (Traducción de Máximo Sozzo), Barcelona, Gedisa, 2005.

GARLAND, David, *La cultura del control, crimen y orden social en la sociedad contemporánea* (Traducción de Máximo Sozzo), Barcelona, Gedisa, 2005.

GARRIDO MAYOL, Vicente, *El control extrajudicial de la actividad normativa del Gobierno,* en *Anuario de Derecho Parlamentario,* No. 30, 2018, pp. 101-143.

GASCÓN ABELLÁN, Marina, *La justicia Constitucional: Entre legislación y jurisdicción,* en *Revista Española de Derecho Constitucional,* Año 14, Núm. 41, 1994.

GIMBERNAT ORDEIG, Enrique, *Concepto y Método de la Ciencia del Derecho penal,* Madrid, Técnos, 1999.

GÓMEZ CORONA, Esperanza, *el control parlamentario en la jurisprudencia constitucional,* en *Teoría y realidad constitucional,* No. 19, 2007, pp. 365-396.

GÓMEZ FERNÁNDEZ, Itzier, *Redefinir el bloque de la constitucionalidad 25 años después,* en, *Estudios de Deusto: revista de la Universidad de Deusto,* No. 1, Vol. 54, 2006, pp. 61-98.

GRAY, Emily and JACKSON, Jonathan, FARRAL, Stephen, *Reassessing the fear of crime,* 2008, en, *European Journal of criminology,* pp. 1-16.

GUASTINI, Ricardo, *Derecho dúctil, Derecho incierto* (Traducción al castellano de Marina Gascón), en *Anuario de Filosofía del Derecho,* XIII, 1996.

GUZMÁN BRITO, Alejandro, *Codificación del Derecho civil e interpretación de las leyes –Las normas sobre interpretación de las leyes en los principales códigos civiles europeo-occidentales y americanos emitidos hasta finales del siglo XIX,* Madrid, Iustel, 2011.

GUZMÁN DÍAZ, Carlos Andrés, *Política criminal y libertad de expresión, análisis a partir de la apología al terrorismo,* Bogotá, Ibáñez, 2020.

HABERMAS, Jürgen, *Facticidad y validez,* (Introducción y traducción de Manuel Jiménez Redondo), Madrid, Trotta, 1998.

HABERMAS, Jürgen, *Historia y crítica de la opinión pública* (Traducción de Antoni Domenech), Barcelona, Gustavo Gili, 1981.

HABERMAS, Jürgen, *Más allá del Estado Nacional* (Traducción y presentación de Manuel Jiménez Redondo), Madrid, Trotta, 2008.

HABERMAS, Jürgen, *Teoría de la acción comunicativa, crítica de la acción funcionalista,* T. II., (Traducción de Manuel Jiménez Redondo), Madrid, Taurus, 1999.

HART, Herbert L.A., *El concepto de Derecho,* (Traducción de Genaro R. Carrió), Buenos Aires, Abeledo-Perrot, 1990.

HASSEMER, Winfried, *Fundamentos del Derecho penal,* (Traducción y notas de Francisco Muñoz Conde y Luis Arroyo Zapatero), Barcelona, Bosch, 1984.

HERNÁNDEZ BECERRA, Augusto, *Los servicios técnicos del Congreso deben tener una organización especial,* en *Revista Derecho del Estado,* No. 11, diciembre de 2001.

HERNÁNDEZ SÁNCHEZ, José Luis, *Comisiones legislativas y sistemas penitenciarios: El cambio de la justicia penal,* México, Tirant lo Blanch, 2014.

HIERRO, Liborio Luis, *El imperio de la Ley y la crisis de la Ley,* en, *Doxa, Cuadernos de Filosofía del Derecho,* No. 19, Alicante, 1996.

HOBBES, Thomás, *Leviatán,* (Edición preparada por Carlos Moya y Antonio Escohotado), Madrid, Nacional, 1980.

HOBBES, Thomas, *Tratado sobre el Ciudadano,* (Edición de Joaquín Rodríguez Feo), Madrid, UNED, 2009.

HUERGO LORA, Alejandro, *Las sanciones administrativas,* Madrid, Iustel, 2007.

IGUARTUA SALAVERRÍA, Juan, *El postulado del legislador racional (entre método-logía y mito-logía),* en Revista Vasca de Administración Pública, No. 28, 1990

IRTI, Natalino *La edad de la descodificación* (Traducción e Introducción de Luis Rojo Ajuria), Barcelona, Bosch, 1992.

JIMÉNEZ DE ASÚA, Luis, *Tratado de Derecho penal, Tomo I,* Buenos Aires, Losada, 1964, pp. 959- 999.

JONES, Mark P, SAIEGH, Sebastián, Spiller, Pablo T., TOMASSI, Mariano, *Políticos profesionales – legisladores "amateurs": El Congreso argentino ante el siglo XX,* (artículo preparado para presentar en la Conferencia Anual de la Sociedad Internacional de la Nueva Economía Institucional del 22 al 24 de septiembre de 2000, Tübingen, Alemania), disponible en http://cdi.mecon.gov.ar/bases/doc/cedi/dt45.pdf (consultado el 12 de febrero de 2022).

KANT, Immanuel, *¿Qué es la Ilustración?,* (Traducción de Joan B Llinares), Valencia, Universidad de Valencia, 1990.

KANT, Immanuel, *Crítica de la razón pura,* (Traducción de Pedro Rivas), Valencia, Universidad de Valencia, 1990.

KANT, Immanuel, *La metafísica de las costumbres* (Traducción y notas de Adela Cortina Orts y Jesús Conill Sancho), Madrid, Técnos, 2008.

KARPEN, Ulrich, *Zum gegenwartigen Stand der Gesetzgebungslehre in der Bundesrepublik Deutschland,* (Traducción de Martín Mariscal Lahusen), en *Zeitschrifc für Gesetzgebung,* No. 1, 1986.

KAUFMANN, Arthur, *Filosofía del derecho,* (Traducción de Luis Villar Borda y Ana María Montoya), Bogotá, Universidad Externado de Colombia, 1999.

KELSEN, Hans, *Teoría General del Derecho y el Estado,* (Trad. Eduardo García Máynez), México, Universidad Nacional Autónoma de México, 1995.

KELSEN, Hans, *Teoría Pura del Derecho,* Buenos Aires, Eudeba, 2009.

LANCHEROS GÁMEZ, Juan Carlos, MANTILLA CALDERÓN, María José, PULIDO ORTIZ, Fabio, SUÁREZ OSMA, Ingrid, RINCÓN MONTAÑO, Rocío, *Trámite Legislativo Ordinario,* Bogotá, Fundación Derecho Justo, Fundación Konrad Adenauer, 2011.

LAPORTA J. Francisco, *El imperio de la ley. Una visión actual,* Madrid, Trotta, 2007.

LAVILLA RUBIRA, Juan José, *Las proposiciones de ley remitidas por la Comunidades Autónomas al Congreso de los Diputados.* en *REDC,* Año 10, No. 28, enero-abril, 1990, pp. 9-73.

LEONI, Bruno, *La libertad y la ley,* Madrid, Unión Editorial, 2008.

LÓPEZ DAZA, German Alfonso, *La justicia constitucional colombiana ¿un gobierno de los jueces?,* Huila, Universidad Surcolombiana, 2005.

LÓPEZ GARRIDO, Diego, *La posición de las ponencias en el procedimiento legislativo del Congreso de los Diputados (I y II legislatura),* en *Revista de Derecho público,* No. 17, primavera, 1983.

LÓPEZ GARRIDO, Diego, SUBIRATS, Joan, *El proceso de toma de decisiones legislativas. Las relaciones gobierno-Parlamento en España (1977-1986),* en *Papers, Revista de Sociología,* No. 33, 1990, pp. 35-49.

LÓPEZ GUERRA, Luis, ESPÍN, Eduardo, GARCÍA MORILLO, Joaquín, PÉREZ TREMPS, Pablo, SATRÚSTEGUI, Miguel, *Derecho Constitucional, T. II,* Valencia, Tirant lo Blanch, 2018.

MADRID CONESA, Fulgencio, *La legalidad del delito,* Valencia, Universidad de Valencia, Instituto de Criminología y Departamento de Derecho Penal, 1983.

MARCILLA CÓRDOBA, Gema, *Racionalidad Legislativa, Crisis de la ley y nueva ciencia de la legislación.* Madrid, Centro de Estudios Políticos y Constitucionales, 2005.

MARCILLA CÓRDOBA, Gema, *Razón práctica, creación de normas y principio democrático: una reflexión sobre los ámbitos de la argumentación legislativa,* en *Anales de la Cátedra Francisco Suárez,* No. 47, 2013, pp. 43-83.

MARTÍ SÁNCHEZ, Sylvia, *Sobre la compleja aplicación práctica del artículo 134.6 de la Constitución. Comentario a las sentencias del Tribunal Constitucional 139/2018, de 17 de diciembre y 17/2019, de 11 de febrero, en los recursos de amparo núm. 729-2018 y 1104-2018 (B.O.E. Núm. 22, 25 de enero de 2019 y 67, de 19 de marzo de 2019,* en *Revista de las Cortes Generales,* No. 106, primer semestre, 2019, pp. 559-569.

MARTÍ, José Luis, *La república deliberativa, una teoría de la democracia,* Barcelona, Marcial Pons, 2006.

MARTÍNEZ CABALLERO, Alejandro, *Tipos de sentencias en el control constitucional de las leyes: La experiencia colombiana,* en *Revista Estudios Socio-jurídicos,* Vol. 2., No. 1, junio, 2000.

MARTÍNEZ ELIPE, León, *Tratado de Derecho Parlamentario, Introducción al Derecho Parlamentario, conexiones históricas y político-jurídico-parlamentarios,* Navarra, Aranzadi, 1999.

MARTÍNEZ SANTAMARÍA, Paola, *Facultades de la Mesa respecto de calificación de los escritos de disconformidad del Gobierno y la tramitación de proposiciones de ley,* en *Revista de las Cortes Generales,* No. 106, primer semestre, 2019, pp. 333-547.

McCORMICK, Neil, *Razonamiento jurídico y teoría del derecho,* Lima, Palestra, 2018.

MÉNDEZ RODRÍGUEZ, Cristina, *Los delitos de peligro y sus técnicas de tipificación,* Madrid, Universidad Complutense, 1993.

MENDOZA BUERGO, Blanca, *El Derecho penal en la Sociedad del Riesgo,* Madrid, Cívitas, 2001.

MERINO MERCHÁN, José Fernando, *Enmienda a la totalidad a una proposición de ley. Necesidad de una reforma a los reglamentos de la Cámaras legislativas,* en *Revista del Departamento de Derecho Político,* No. 7, otoño, 1980, pp. 167-177.

MERINO MERCHÁN, José Fernando, *Las facultades de calificación de las enmiendas por las Mesas de las Cámaras,* en *Revista de las Cortes Generales,* No. 23, 1991, pp. 133-152.

MERINO MERCHÁN, José Fernando, *Rasgos definidores de la iniciativa legislativa prevista en el artículo 87 de la constitución (I),* en *Revista de Derecho Político,* No. 17, 1983, pp.

MERINO, Merisa, *La evaluabilidad: de instrumento de gestión a herramienta estratégica en la evaluación de políticas públicas.* Madrid, Ministerio de Administraciones Públicas, 2007. Disponible en https://www.mptfp.gob.es/dam/es/portal/funcionpublica/evaluacion-politicas-publicas/Papeles/Papeles_de_Evaluacion_Merino.pdf.pdf (consultado el 15/03/2023).

MIR PUIG, Santiago, *Introducción a las bases del Derecho penal,* Buenos Aires, B de F., 2003.

MIR PUIG, *Sobre la posibilidad y límites de una ciencia social del Derecho penal,* en *Derecho penal y ciencias sociales,* Universidad Autónoma de Barcelona, 1982.

MOLÁS, Isidre, PITARCH, Ismael, *Las Cortes Generales en el sistema parlamentario de gobierno,* Madrid, Tecnos, 1987.

MONTESQUIEU, Charles-Louis de Secondat, *Del Espíritu de las Leyes,* Libro XIX, capítulo XVI, Madrid, Técnos, 1995.

MONTORO BALLESTEROS, Alberto, *Sobre la teoría imperativista de la norma jurídica,* en *Anales de Derecho.* Murcia, Universidad de Murcia No. 25, 2007.

MONTORO CHINER, María Jesús, *La evaluación de las normas, racionalidad y eficiencia,* Barcelona, Atelier, 2001.

MONTORO CHINER, María Jesús, *Técnica legislativa y evaluación de las normas,* en *Anuario Jurídico de la Rioja,* No. 6-7, 2000-2001, pp. 155-172.

MORA DONATTO, Cecilia, *Importancia de los Servicios de Apoyo Técnico en el Poder Legislativo. Experiencias comparadas útiles para el caso mexicano,* en *Biblioteca del Senado* (Página electrónica, disponible en http://bibliodigitalibd.senado.gob.mx/handle/123456789/1767 (Consultado el 10/01/2023).

MORA-DONATTO, Cecilia, *Teoría de la legislación,* Bogotá, Instituto de Estudios Constitucionales, Universidad Externado de Colombia, 2003.

MOUFFE, Chantal, *En torno a lo político,* Buenos Aires, Fondo de Cultura Económica, 2007.

MUÑOZ CONDE, Francisco, *Edmund Mézger y el Derecho penal de su tiempo,* Valencia, Tirant lo Blanch, 2003.

MUÑOZ DE MORALES ROMERO, Marta, *El legislador penal europeo: Legitimidad y racionalidad,* Pamplona, Civitas, 2011.

MUREINIK, Etienne, *A Bridge to Where? Introducing the Interim Bill of Rights,* en, *South African Journal on Human Rights,* No. 10, 1994, pp. 31–48.

NABOT, Suzie, *Judicial review of the legislative process,* en, *Israel Law Review,* No. 2, Vol. 39, 2006, pp. 182-247.

NIEMBRO ORTEGA, Roberto, *La justicia constitucional de la democracia deliberativa,* Madrid, Marcial Pons, 2019.

NIETO GARCÍA, Alejandro, *Derecho administrativo sancionador,* Madrid, Técnos, 2012, p. 27.

NINO, Carlos Santiago, *Consideraciones sobre la dogmática jurídica,* México, UNAM, 1989, pp. 85-99.

NINO, Carlos Santiago, *Consideraciones sobre la dogmática jurídica,* México, UNAM, 1974.

NINO, Carlos Santiago, *La Constitución de la democracia deliberativa,* Barcelona, Gedisa, 1997.

ORTIZ DE URBINA GIMENO, Iñigo, *La excusa del positivismo, la presunta superación del «positivismo» y el «formalismo» por la dogmática penal contemporánea,* Pamplona, Aranzadi, 2007.

PAREDES CASTAÑÓN, José Luis, *Vademécum del legislador racional (y decente): Noventa reglas para una buena praxis legislativa en materia penal,* en *Libertas, Revista de la Fundación Internacional de Ciencias Penales,* No. 2, 2014, pp. 347-396.

PAREDES CASTAÑÓN, José Manuel, *La justificación de las leyes penales,* Valencia, Tirant lo Blanch, 2013.

PARRA GÓMEZ, David, *La función legislativa en Parlamentos fragmentados,* en *Anuario Jurídico y Económica Escurialense,* No. 53, 2020, pp. 1-37.

PASCULLI, Lorenzo, *Corruptio Legis: Law as a Cause of Systemic Corruption Comparative Perspectives and Remedies also for the Post-Brexit Commonwealth,* en *Proceedings of 6th Annual International Conference on Law, Regulations and Public Policy,* June 2017, pp. 189-197.

PASCULLI, Lorenzo, Seeds of Systemic Corruption in the Post-Brexit UK, en, Journal of financial crime, No. 26.3, (2019), pp. 705–718.

PAU VALL, Francesc, *La admisibilidad de las proposiciones de ley y otras iniciativas parlamentarias en relación con la vulneración del derecho de participación política,* en *Revista de las Cortes Generales,* No. 26, 1992.

PECES-BARBA MARTÍNEZ, Gregorio, *Tránsito a la modernidad y derechos fundamentales,* Madrid, Mezquita, 1982.

PENDAS GARCÍA, Benigno, *Procedimiento legislativo y calidad de las leyes,* en *Revista Española de Derecho Constitucional (REDC),* Año 10. No. 28, enero-abril, 1990.

PERES NETO, Luis, *Prensa, política criminal y opinión pública: El populismo punitivo en España.* Universidad Autónoma de Barcelona, Tesis doctoral, 2010.

PÉREZ JIMÉNEZ, Pablo Jesús, *Las limitaciones a la iniciativa legislativa financiera en la Constitución española,* en *Revista de Derecho Político,* No. 9, 1981, pp. 111-159.

PÉREZ LUÑO, Antonio Enrique, *El desbordamiento de las fuentes del Derecho,* Madrid, La Ley, 2011.

PÉREZ PINZÓN, Álvaro Orlando, *Curso de criminología,* Tolima, Forum Pacis, 1997.

PÉREZ-SERRANO JÁUREGUI, Nicolás, *Tratado de Derecho Parlamentario,* Madrid, Cívitas, 1976.

PÉREZ-SERRANO JÁUREGUI, Nicolás, *Tratado de Derecho Parlamentario,* Madrid, Civitas, 1976.

PONCÉ SOLÉ, Juli, *mejora de la regulación, lobbies y huella normativa, un análisis empírico de la realidad,* Valencia, Tirant lo Blanch, 2019.

PRIETO SANCHÍS, Luis, *"Del mito a la decadencia de la ley. La ley en el Estado Constitucional",* en *Ley, Principios, Derechos.* Madrid, Dykinson, 1998.

PRIETO SANCHÍS, Luis, *Ideología e interpretación jurídica.* Madrid, Técnos, 1993.

PRIETO SANCHÍS, Luis, *La Filosofía Penal de la Ilustración,* México, Instituto Nacional de Ciencias Penales, 2003.

PUFENDORF, Samuel, *De los deberes del hombre y del ciudadano según la ley natural, en dos libros,* (Estudio preliminar de Salvador Rus Rufino, Traducción y notas de María Asunción Sánchez Manzano y Salvador Rus Rufino), Madrid, Centro de Estudios Políticos y Constitucionales, 2002.

PUNSET BLANCO, Ramón, *El Senado y las Comunidades Autónomas,* Madrid, Tecnos, 1992.

PUNSET BLANCO, Ramón, *La fase central del procedimiento legislativo,* en *Revista Española de Derecho Constitucional,* No. 14, 1985, pp. 11-134.

PUNSET BLANCO, Ramón, *La iniciativa legislativa en el ordenamiento español,* en *Revista de derecho político,* No. 14, 1982.

QUINCHE RAMÍREZ, Manuel Fernando, *El control de constitucionalidad,* Bogotá, Universidad del Rosario, 2013.

RAMÍREZ LEÓN, Lucero, *El control parlamentario y el rediseño de las políticas públicas,* México, D.F., Centro de Estudios Sociales y de Opinión Pública, 2013.

RAMÍREZ LEÓN, Lucero, *El control parlamentario y el rediseño de las políticas públicas,* México, D.F., Centro de Estudios Sociales y de Opinión Pública, 2013.

RAZ, Joseph, *La autoridad del derecho, ensayos sobre derecho y moral,* (Traducción y notas de Roberto Tamayo y Salmorán), México, Universidad Autónoma Nacional de México, 1982.

REQUEJO RODRÍGUEZ, Paloma, *Bloque Constitucional y Bloque de la Constitucionalidad,* Oviedo, Servicio de Publicaciones Universidad de Oviedo, 1997.

REYES ECHANDÍA, Alfonso, *Criminología,* Bogotá, Universidad Externado de Colombia, 1982.

ROBLES, Gregorio, *Las reglas del derecho y las reglas de los juegos, ensayo de teoría analítica del derecho,* Palma de Mallorca, Universidad Palma de Mallorca, 1984.

RODRÍGUEZ FERRÁNDEZ, Samuel, *La evaluación de las normas penales.* Madrid, Dykinson, 2016.

ROUSSEAU, Juan Jacobo, *El Contrato Social o principios de Derecho Político,* Madrid, Taurus, 1969.

RUBIO LLORENTE, Francisco, *El bloque de constitucionalidad,* en *REDC,* No. 27, año 9, septiembre-diciembre, 1989.

RUBIO LLORENTE, Francisco, *El procedimiento legislativo en España, el lugar de la ley entre las fuentes del derecho,* en *REDC,* Año 6, No. 16, enero-abril, 1986.

RUIZ ROBLEDO, Agustín, *La delegación legislativa en las comisiones parlamentarias,* en *REDC,* 1995, año 15, No. 43, pp. 73-111.

RUIZ-RICO RUIZ, Catalina, *La transparencia como límite de la autonomía parlamentaria en las asambleas legislativas autonómicas,* en *UNED, Revista de derecho político,* No. 99, mayo-agosto, 2017.

SALVADOR CODERCH, Pablo, *La compilación y su historia, op. cit., La compilación y su historia. Estudios sobre la codificación y la interpretación de las leyes,* Barcelona, Bosch, 1985.

SÁNCHEZ LÁZARO, Fernando Guanarteme, *Política criminal y técnica legislativa. Prolegómenos a una dogmática de lege ferenda,* Granada, Comares, 2007.

SANDOVAL HUERTAS, Emiro, *Sistema Penal y Criminología Crítica,* Bogotá, Temis, 1985.

SANTAMARÍA PASTOR, Juan Alfonso, *Las leyes orgánicas: Notas en torno a su naturaleza y procedimiento de elaboración,* en *Revista del Departamento de Derecho Público,* No. 4, 1979, pp. 39-57.

SANTAMARÍA PASTOR, Juan Alfonso, *Las ponencias como instrumento del trabajo parlamentario,* en *Anuario de Derecho Constitucional y Parlamentario,* No. 6, 1994.

SANTAOLALLA LÓPEZ, Fernando, *Derecho parlamentario español,* Madrid, Espasa, 1990.

SANTAOLALLA LÓPEZ, Fernando, *Por un nuevo procedimiento legislativo,* Madrid, Dykinson, 2015.

SCHAUER, Frederick, *Las reglas en juego. Un examen filosófico de la toma de decisiones basada en reglas en el derecho y en la vida cotidiana,* (Traducción de Claudia Orunesu, Jorge L. Rodríguez), Madrid, Marcial Pons, 2004.

SCHNEIDER, Hans Joachim, *Kriminologie,* Berlin-New York, De Gruyter, 1987.

SENÉN HERNÁNDEZ, Mercedes, *Comentarios al Reglamento del Congreso de los Diputados,* Madrid, Congreso de los Diputados, 2012.

SEPÚLVEDA MUÑETÓN, Jaime Alberto, *Concepto y práctica del procedimiento legislativo colombiano,* Bogotá, Universidad Externado de Colombia, 2014.

SEPÚLVEDA MUÑETÓN, Jaime Alberto, *Procedimiento Legislativo Colombiano,* Bogotá, Fundación Domopaz, 2014.

SIERRA PORTO, Humberto Antonio, *Concepto y tipos de Ley en la Constitución colombiana,* Bogotá, Universidad Externado de Colombia, 1998.

SIEYÈS, Emmanuel-Joseph, *¿Qué es el tercer Estado?,* Barcelona, Orbis, 1985.

SILVA SÁNCHEZ, Jesús María, *La expansión del Derecho penal, Aspectos de la política criminal en las sociedades postindustriales,* Madrid, Cívitas, 2001.

SIMÕES NASCIMENTO, Roberta, *Teoría de la legislación y la argumentación legislativa, Brasil y España desde una perspectiva comparada,* (Traducción de Laura Criado Sánchez), Argentina, Olejnik, 2021.

SIMÓN, Jonathan, *Gobernar a través del delito,* Barcelona, Gedisa, 2012.

SMITH, Adam, *La riqueza de las naciones,* (Estudio preliminar de Carlos Rodríguez Braun), Madrid, Alianza editorial, 1996.

SOLÉ TURA, Jordi, APARICIO PÉREZ, Miguel A. *Las Cortes Generales en el sistema constitucional,* Madrid, Tecnos, 1984.

SOTO NAVARRO, Susana, ***La protección penal de los bienes colectivos en la sociedad moderna,* Granada, Comares, 2003. , pp. 145-163;** DÍEZ RIPOLLÉS José Luis, *La racionalidad..., op. Cit.,* pp. 18-58;

SOTOMAYOR ACOSTA, Juan Oberto, *Las recientes reformas penales en Colombia: Un ejemplo de irracionalidad legislativa,* en *Nuevo Foro Penal,* No. 71, 2007, pp. 13-66.

SUTHERLAND, Edwin H., *El delito de cuello blanco,* (Traducción de Laura Belloqui), Buenos Aires, B de F., 2009.

TOHARÍA, José Juan, *Opinión pública y justicia, la imagen de la justicia en la sociedad española,* Madrid, Consejo General del Poder Judicial, 2001.

TOMÁS BALLÉN, Beatriz, *El derecho fundamental a una buena administración,* Madrid, Instituto Nacional de Administración Pública, 2004.

TOMÁS Y VALIENTE, Francisco, *Manual de Historia del Derecho Español,* Madrid, Técnos, 1983.

TORRES DEL MORAL, Antonio, *Interpretación teleológica de la Constitución,* en *Revista de Derecho Político,* No. 63, 2005.

TORRES DEL MORAL, Antonio, *Interpretación teleológica de la Constitución,* en *Revista de Derecho Político,* No. 63, 2005, pp. 13-38.

TUDELA ARANDA, José, La administración parlamentaria. *La función de los letrados parlamentarios,* en *Fundación Manuel Giménez Abad de estudios parlamentarios y del estado autonómico,* disponible en https://dialnet.unirioja.es/descarga/articulo/5734174.pdf (Consultado el 07/01/2023).

VARONA GÓMEZ, Daniel, *Derecho penal democrático y participación ciudadana,* en *Indret,* No. 2, 2018, pp. 8-11.

VELÁSQUEZ VELÁSQUEZ, Fernando, *DP, PG,* Bogotá, Temis, 1995.

VELÁSQUEZ VELÁSQUEZ, Fernando, *Fundamentos de Derecho Penal, PG,* Bogotá, Jurídicas Andrés Morales, 2017.

VELÁSQUEZ VELÁSQUEZ, Fernando, *Manual de Derecho penal –Parte General,* Bogotá, 2010.

VÉLEZ-RODRÍGUEZ, Luis Andrés, GUZMÁN DÍAZ, Carlos Andrés, *Víctima del delito y racionalidad legislativa penal, comentarios al proyecto de ley sobre acusación particular de la víctima del delito en el sistema procesal colombiano,* en, *InDret,* No. 1, 2015, pp. 1-31.

VÉLEZ-RODRÍGUEZ, Luis Andrés, *Política criminal y justicia constitucional. Particular consideración de los tribunales colombiano y español,* Valencia, Tirant lo Blanch, 2016.

VOGEL, Joachim, *Legislación penal y ciencia del derecho penal (Reflexiones sobre una doctrina teórico-discursiva de la legislación penal),* en *Revista de Derecho Penal y Criminología (RDPC),* No. 11, segunda época, 2003, pp. 249-265.

VOLTAIRE, *Diccionario Filosófico,* T. III., (1764), voz «Leyes», Barcelona, Daimon, 1977.

VON FEUERBACH, Paul Johann Anselm Ritter, *Tratado de Derecho penal,* (Traducción al castellano por Eugenio Raúl Zaffaroni e Irma Hagemeier), Buenos Aires, Hammurabi, 1989.

VON KIRCHMANN, Julius Hermann, *Die Wertlosigkeit der Jurisprudenz als Wissenschaft* (Traducción al italiano de Paolo Frezza), Pisa, 1942.

VON LISZT, Franz, *Tratado de Derecho penal* -1851/1919 (Traducción de la 18ª edición alemana por Quintiliano Saldaña), Madrid, 1914/1917.

VON WRIGHT, Georg Henrik, *Norma y acción, una investigación lógica,* (Traducción de Pedro García Ferrerò), Madrid, Técnos, 1970.

WALDRON, Jeremy, *Contra el gobierno de los jueces, ventajas y desventajas de tomas decisiones por mayoría en el Congreso y en los tribunales,* Buenos Aires, editorial siglo XXI, 2018.

WALDRON, Jeremy, *Derecho y desacuerdos,* (Traducción de José Luis Martí y Agueda Quiroga, Estudio preliminar de Roberto Gargarella y José Luis Martí), Madrid, Barcelona, Marcial Pons, 2005

WALDRON, Jeremy, *Legislating with Integrity,* en, *Fordham Law Review,* vol. 72, 2009.

WELZEL, Hans, *Introducción a la Filosofía del Derecho –Derecho Natural y Justicia Material,* (Traducción de Felipe González Vicén), Madrid, Aguilar, 1971.

WELZEL, Hans, *Más allá del Derecho Natural y del Positivismo Jurídico,* Córdoba, Universidad Nacional de Córdoba, 1962.

WINTGENS, Luc J., *Legisprudencia como una nueva teoría de la legislación,* en, *Doxa: Cuadernos de Filosofía del Derecho,* Alicante, No. 26, 2003.

WINTGENS, Luc. J., *Legitimacy and Legitimation from the Legisprudential Perspective,* Hampshire, Ashgate Publishing, 2007.

WRÓBLEWSKI, Jerzy, *Principles, values and rules in legal decision-making and the dimensions of legal rationality,* Ratio Juris Vol. 3, No. 1, 1990, pp. 100–117.

WROBLEWSKI, Jerzy, *Principles, Values, and Rules in Legal Decision-Making and the Dimensions of Legal Rationality,* en, *Ratio Juris,* Vol. 3, No. 1, marzo, 1990.

WROBLEWSKY, Jersy, *La science de la legislation,* en Travaux du Centre de Philosophie du Droit, París, PUF, 1988.

ZAFFARONI, Eugenio Raúl, ALAGUA, Alejandro, SLOKAR, Alejandro, *Manual de DP, PG,* Buenos Aires, Ediar, 2007.

ZAFFARONI, Eugenio Raúl, *Los códigos Penales Iberoamericanos T.I.* (Introducción de Ignacio Berdugo Gómez de la Torre), Bogotá, Forum Pacis, 1994.

ZAGREBELSKY, Gustavo, *El Derecho Dúctil* (Traducción de Marina Gascón), Madrid, Trotta, 2007.

ZAPATERO GÓMEZ, Virgilio, *De la jurisprudencia a la legislación,* en *Doxa,* No. 15-16, 1994, pp. 788-789.

ZAPATERO, Virgilio, *De la jurisprudencia a la legislación,* en, *Doxa: Cuadernos de Filosofía del Derecho,* Alicante, No. 15-16, 1994, pp. 769-789.

ZAPATERO, Virgilio, *El arte de legislar,* Pamplona, Aranzadi, 2009.

ZIMMERLING, Ruth, *El mito de la opinión pública,* en *Doxa,* No. 14, 1993, pp. 97-117.

ZIMRING, Frankling E, HAWKINS, Gordon, KAMIN, Sam, *Punishment and Democracy: Three Strykes and you're out in California,* Oxford, University Press, 2001.

ZINTL, Reinhard, *Comportamiento político y elección racional,* Barcelona, Gedisa, 1998.

ZÚÑIGA RODRÍGUEZ, Laura, *Bases para un modelo de imputación de responsabilidad penal a las personas jurídicas,* Navarra, Aranzadi, 2000.

ZÚÑIGA RODRÍGUEZ, Laura, *Política criminal,* Madrid, Colex, 2001.